ATHENÄUM

Jahrbuch der Friedrich Schlegel-Gesellschaft

ATHENÄUM

Jahrbuch der Friedrich Schlegel-Gesellschaft

28. Jahrgang 2018

Herausgegeben von

Andrea Albrecht, Christian Benne, Kirk Wetters

Ferdinand Schöningh

Titelabbildung: Der Morgen, Philipp Otto Runge (1808, Öl auf Leinwand).
Redaktion: Tilman Venzl

Bibliografische Information der Deutschen Nationalbibliothek

Die Deutsche Nationalbibliothek verzeichnet diese Publikation in der Deutschen
Nationalbibliografie; detaillierte bibliografische Daten sind im Internet über
http://dnb.d-nb.de abrufbar.

Erscheint jährlich. – Aufnahme nach Jg. 1. 1991

© 2019 Verlag Ferdinand Schöningh, ein Imprint der Brill Gruppe
(Koninklijke Brill NV, Leiden, Niederlande; Brill USA Inc., Boston MA,
USA; Brill Asia Pte Ltd, Singapore; Brill Deutschland GmbH, Paderborn,
Deutschland)

Internet: www.schoeningh.de

Einbandgestaltung: Anna Braungart, Tübingen
Herstellung: Brill Deutschland GmbH, Paderborn

ISBN 978-3-506-79257-0 (hardback)
ISBN 978-3-657-79257-3 (e-book)

Inhalt

Rezensionen

Editorial

Andrea Albrecht, Christian Benne und Kirk Wetters

Mit dem vorliegenden Band vollzieht das *Athenäum. Jahrbuch der Friedrich Schlegel-Gesellschaft* seinen im letzten Jahr angekündigten Herausgeberwechsel. Auch der wissenschaftliche Beirat wurde neu besetzt. Wir danken unseren Vorgängern Ulrich Breuer (Mainz) und Nikolaus Wegmann (Princeton) sowie den Mitgliedern der Friedrich Schlegel-Gesellschaft für das in uns gesetzte Vertrauen. Obgleich wir neue Akzente setzen werden, verbindet sich mit den personellen Veränderungen keine grundsätzliche Neuausrichtung. Das *Athenäum* erhebt den Anspruch, auch in Zukunft zu den international führenden germanistischen Fachzeitschriften zu gehören. Es widmet sich vor allem der Epoche der europäischen Romantik und ihrer Ausstrahlung bis in die Gegenwart. Als Jahrbuch der Friedrich Schlegel-Gesellschaft bleibt es Schlegels Werk in besonderem Maße verpflichtet.

Die Frühromantik fiel in eine Zeit tiefgreifender Veränderungen in Europa und der Welt. Sie war durch den Versuch gekennzeichnet, die epistemologische und gesellschaftliche Disruption mithilfe von Dichtung zu denken und zu bewältigen. Das Studium der klassischen und modernen Literatur, Philosophie und Wissenschaft diente dem Zweck, die ›Tendenz‹ der eigenen Zeit zu verstehen, die unter den sichtbarsten Effekten politischer und kultureller Plattenverschiebungen oft unsichtbar bleibt. Sich heute mit der Frühromantik zu beschäftigen, heißt, die Verzahnung von literarischen, ästhetischen, philosophischen, wissenschaftlichen und politischen Phänomenen ernst zu nehmen, um grundlegende, bis in unsere Zeit ragende Transformationsprozesse zu verstehen und mitzugestalten.

Die Rezeption der Frühromantik hat sich historisch gesehen als wichtiger Indikator gesellschaftlicher Entwicklungen erwiesen. In der Phase der positivistischen, auf nationalromantische Konsolidierung angelegten Deutschen Philologie des 19. Jahrhunderts wurde sie abgewertet, im Nationalsozialismus verfemt und in der DDR missachtet, wo sie freilich auch zum Geheimkode einer Gegenöffentlichkeit avancierte. Ihre erste neuere Konjunktur erlebte sie in der Zwischenkriegszeit: etwa mit Walter Benjamins Dissertation über den *Begriff der Kunstkritik in der deutschen Romantik* (1920), Josef Körners Entdeckung von Friedrich Schlegels

© VERLAG FERDINAND SCHÖNINGH, 2019 | DOI:10.30965/9783657792573_002

Heften *Zur Philologie* (1928) oder Käte Hamburgers Studie zu *Novalis und die Mathematik* (1929). Im Unterschied zu anderen Fachtraditionen fällt die besondere Theorieaffinität der Frühromantikforschung auf. Neben Benjamins Kritik-Begriff wäre etwa an die poststrukturalistische Aufnahme der frühromantischen Rhetorik und Fragmentenästhetik oder die medientheoretischen Rückversicherungen in die Zeit »um 1800« zu denken. Das *Athenäum. Jahrbuch der Friedrich Schlegel-Gesellschaft* möchte daran produktiv anschließen. Neben der historischen Erforschung der Romantik im Allgemeinen und Schlegels Schriften im Besonderen soll es die Theorierezeption der Frühromantik nicht nur aufarbeiten, sondern wenn möglich fortführen. Entgegen dem Narrativ vom ›Ende‹ der Theorie, demzufolge die Theorie ihre generative Kraft verloren habe, weil sie sich selbst historisch geworden sei, soll der Nachweis geführt werden, dass (Selbst-)Historisierung kein Symptom des Verfalls oder gleichbedeutend mit dem Ende seiner produktiven Fortentwicklung ist.

Unsere These besagt vielmehr, dass die Frühromantik auch gegenwärtig noch *konkretes* theoretisches Potential besitzt, das sie für interdisziplinär offene Literaturwissenschaften relevant, wenn nicht sogar zukunftsweisend macht. Unter dieser Bedingung ließen sich die Literaturwissenschaften über die Auseinandersetzung mit der Frühromantik als Gesprächspartner im Kosmos der sich ständig ausdifferenzierenden *humanities* womöglich zu einem Ort ausgestalten, an dem die Gespräche der verschiedenen Disziplinen bevorzugt stattfinden. Das war, bis in die Bedeutung des ›Gesprächs‹ als Genre hinein, der Ehrgeiz der frühromantischen Bewegung selbst. Insbesondere die folgenden Aspekte scheinen geeignet, einer historisch differenzierten und theoretisch versierten Philologie im 21. Jahrhundert entscheidende Impulse zu geben:

Theoretisierung und Datenrevolution: Zentral an Schlegels Überlegungen zur »Philosophie der Philologie« war die semantische Offenheit der Genitivkonstruktion. Unter keinen Umständen wollte er hinter die Emanzipation der Philologie zurückgehen und sie erneut der Philosophie (oder jeder beliebigen anderen Disziplin) unterstellen. Vielmehr sah er die Gefahr, riesige Mengen neu erschlossener Gebiete, Gegenstände, Materialien schlicht anzuhäufen. Die Philosophie der Philologie sollte der theoretischen Durchdringung der philologischen Datenrevolution dienen, um die Daten überhaupt sinnvoll verwenden zu können. Zugleich wird die transzendentalphilosophische Reflexion aber auch ihrerseits vom Standpunkt eben jener philologischen Gegenstände aus kritisiert. In einer Zeit, in der den Literaturwissenschaften erneut riesige neue Gebiete zuwachsen – sei es durch die kultur- und medienwissenschaftliche Öffnung, sei es durch das Potential der Digitalisierung –, steht gerade das *Verhältnis* von Theorie und Gegenstand erneut auf dem Prüfstand. Hierbei ist die enge Beziehung zwischen romantischer Literatur und Philosophie mitgemeint.

Referenz und Selbstreferenz: Friedrich Schlegels Kennzeichnung von Goethes *Wilhelm Meister* als eines »organisierten und organisierenden« Werks ist häufig missverstanden worden als Theorie einer reinen Selbstorganisation des Kunstwerks, das jegliche Verbindungen und Referenzen zur Welt außerhalb seiner selbst kappt oder überflüssig macht. Diese autonomistische Auffassung ist nicht kompatibel mit der zentralen Rolle, die die Literatur und die Künste insgesamt für das gesellschaftliche und politische Wirken der Frühromantiker hatten. Angesichts des umstrittenen Status der Geisteswissenschaften bietet die Auseinandersetzung mit der Romantik insgesamt die Möglichkeit, die Frage nach dem Verhältnis von Referenz und Selbstreferenz, Text und Kontext, Autonomie und Heteronomie neu zu stellen.

Edition und/als (Selbst-)Interpretation: Die Frühromantik war eine einschneidende, noch immer nicht restlos aufgearbeitete geschweige denn verstandene Epoche in der Geschichte der Edition und Selbstedition. Die Herausgabe sowohl klassischer wie moderner, eigener und fremder Schriften war weder vom Schreiben noch vom Interpretieren streng getrennt. Schreiben selbst wurde eine Art von Selbstedition, Interpretieren ging mit dem Edieren Hand in Hand. Heute gibt es zwischen einer hochspezialisierten Editionswissenschaft und -praxis und dem Mainstream der Literaturwissenschaften immer weniger Berührungspunkte. Zugleich entsteht im Netz, aber auch in kleinen Verlagsprojekten eine neue Kultur des Selbstedierens, die zunehmend zur Signatur zeitgenössischen Schreibens und Publizierens wird. Das frühromantische Spektrum an Formaten und Medien sowie an explorativ angelegten, zukunftsoffenen Praxisformen bietet sich als Reflexionsraum für diesen aktuellen buch- und mediengeschichtlichen Wandel an.

Übersetzungsproblematik und Weltliteratur: Die komparatistische und weltliterarische Rahmung der nationalen oder eigenliterarischen Traditionen ist eines der weltweit meistbeachteten Themen der globalen Literaturwissenschaft des vergangenen Jahrzehnts. Diese kosmopolitische Orientierung findet sich bereits und zuallererst in der Frühromantik und ihrer Umsetzung des aufklärerischen Erbes. Anders als heute wurde dabei freilich die literarische Übersetzung praktisch und theoretisch viel grundlegender reflektiert. Der heutige Begriff der Weltliteratur hat eine kulturell und sprachlich stark einseitige Ausrichtung und neigt zur Homogenisierung. Der Frühromantik ging es in ihren weltliterarischen Übersetzungsprojekten immer auch um die Produktion von Andersheit, die nicht als derivativ, sondern als generativ wahrgenommen wurde.

Sprachtheorie und Rhetorik im Vergleich der Künste, der Intermedialität und der Wissenschaften: Im 20. Jahrhundert, dem Jahrhundert des sogenannten *linguistic turn,* war die Frühromantik ein zentraler Stichwortgeber jener theoretischen Paradigmen, die an der Sprache und vor allem ihrem rhetorischen Gebrauch ausgerichtet waren. Paradoxerweise ist die frühromantische Sprachtheorie selbst eher schlecht erforscht. Die Beschäftigung mit der frühromantischen Sprachtheorie scheint in besonderem Maße geeignet, die literaturwissenschaftliche und rhetorische Reflexion der Sprache, die nach dem sogenannten *iconic turn* in den Hintergrund getreten war, auf neuer Grundlage wiederzubeleben. Denn im frühromantischen Begriff der Sprache ist der Vergleich zu den anderen Künsten, zu Musik und bildender Kunst in ihrer gegenseitigen Beeinflussung, bereits enthalten. Hinzu kommt der gesamte Bereich der Intermedialität, zum Beispiel Fragen der Ikonizität und Diagrammatik von Schrift, aber auch der (praxeologische) Blick auf die *rhetoric of the humanities.*

Morphologie. Genretheorie. Tradierung: Die Romantik insgesamt war eine besonders fruchtbare Zeit der Genretheorie, vor allem unter der Perspektive der Auflösung traditioneller Genrebegriffe. In der Tat lässt sich die Zentralität der Genrediskussion zumal in der deutschsprachigen Literaturwissenschaft auf ihre romantische Gründungsphase zurückführen. Das in den letzten Jahren wiedererwachte Interesse am Werk August Wilhelm Schlegels geht wohl nicht zuletzt aus diesem Grunde mit einem wiedererwachenden Interesse an Genrebegriffen und Formaspekten einher. Dies ist insofern bemerkenswert, als sich der Mainstream der verschiedenen theoretischen Paradigmen nur wenig für Genres interessiert hatte. Gattungstheorie galt lange gleichsam als Inbegriff einer rein disziplinär ausgerichteten, selbstbezüglichen Philologie. Schon die Frühromantik lehrt aber, warum das Verständnis von Gattungen und Formen zentral für das interdisziplinäre Gespräch sein könnte. Sie öffnet dergestalt womöglich Wege in eine der wichtigsten disziplinären

Fragestellungen der Literaturwissenschaft, nämlich nach der Möglichkeit von Literaturgeschichte ohne geschichtsphilosophische Rahmung.

Religion und Mythologie: Es ist wenig bekannt, dass die vergleichen-
de Erforschung der Mythologie, die heute vor allem mit der struktura-
listischen Revolution des 20. Jahrhunderts verbunden wird, auf frühromantische Vorläufer und Vorarbeiten verweisen kann. Hinzu kommt das
starke romantische Interesse an Religion. Während die Geisteswissenschaften insgesamt und die Literaturwissenschaft im Besonderen lange
Zeit von verschiedenen säkularisierten Ersatzformen religiöser Praktiken
geprägt waren, steigt derzeit wieder das Interesse an genuin religiösen
und kunstreligiösen Themen. Durch die Integration mythologischer,
religiöser und kunstreligiöser Fragestellungen könnte die Romantik-
forschung weit in andere Geistes- und Sozialwissenschaften hineinwir-
ken. Gleichzeitig eröffnen sich dadurch Möglichkeiten zur vergleichen-
den Neubewertung ästhetischer Dimensionen religiöser Diskurse und
Praktiken.

Literatur und Naturwissenschaften: Schon die Frühromantik befand
sich auf der Schwelle zur Entstehung der modernen, empirischen Naturwissenschaft, auch wenn sie sich zunächst noch für die traditionelle
Naturphilosophie interessierte und ihren Integrations- und Synthese-
anspruch mitunter überdehnte. Im Zuge des 19. Jahrhunderts verlor sich
das geisteswissenschaftliche Interesse an den Naturwissenschaften, eine
Bewegung, die bekanntlich in der methodisch begründeten Trennung
der Geistes- und Naturwissenschaften in der Nachfolge Diltheys und
der Zwei Kulturen-Theorie C. P. Snows im 20. Jahrhundert kulminier-
te. Im Zuge der erneuten Wechselbeobachtung zwischen Geistes- und
Naturwissenschaften, wie sie unter anderem durch den Einfluss der
Quantifizierung und Empirisierung in den verschiedenen Wissenschaften derzeit befördert wird, ist es sinnvoll, auf die Motive und konkreten Verfahren der romantischen Faszination für Naturwissenschaft und
Mathematik zurückzugehen. In diesem Kontext wäre wohl auch das
Frühromantik-Verständnis von Dilthey bis zu Gadamer zu korrigieren:
Über die Rekonstruktion der klassischen Hermeneutik wurde hier der
Begriff der Hermeneutik entmethodologisiert und so eingeschränkt, dass
er die interpretatorische Praxis nicht mehr abbilden konnte und zugleich
das Gegeneinander von Geistes- und Naturwissenschaften zementierte.

Symphilosophieren – Symphilologieren: In den Geisteswissenschaften
spielen kollaborative Arbeitsformen eine zunehmend wichtige Rolle. Sie

stehen indes in einem inneren Spannungsverhältnis zu dem hier besonders ausgeprägten Humboldt'schen Ideal der »Einsamkeit und Freiheit«. Auf der Suche nach Modellen, die beiden Ansprüchen gerecht werden können, stößt man immer wieder auf Versuche, die frühromantische ›Symphilosophie‹ zu revitalisieren. Dabei ist unklar, inwieweit diese überhaupt eine eindeutig abgrenzbare Arbeitsform bezeichnet – noch weniger, inwieweit diese zu den spezifischen Herausforderungen aktueller Wissenschaftsorganisation passt. Die theoretische Selbstreflexion und Selbstvergewisserung der Literaturwissenschaft hat spätestens seit Foucault die Bedeutung der Dispositive und institutionellen Voraussetzungen der Erkenntnis herausgearbeitet. Eine theoretische Rückbesinnung könnte die historischen wie die aktuellen institutionellen Bedingungen beleuchten, unter denen die Philosophie, die Literaturen und die Künste sowie die zugehörigen wissenschaftlichen Reflexionsinstanzen gesellschaftliche Relevanz beanspruchen. Dazu zählen Fragen nach den internationalen und interdisziplinären Anforderungen an die zumeist national und einsprachig orientierten disziplinären Kompetenzen, nach der Prekarisierung wissenschaftlicher Lebensläufe in einem zunehmend globalen Wissenschaftsbetrieb und nach der Rolle von Generationen, aber auch Fragen nach Formen und Funktionen von alten und neuen Distributionsorganen und Distributionsmedien, wie sie sich etwa an Zeitschriftenprojekten wie dem historischen und dem aktuellen *Athenäum* diskutieren lassen.

Der vorliegende, erste gemeinsame Band der neuen Herausgeber zeigt, dass die detaillierte Erforschung des Schlegel'schen Werks und der romantischen Rezeptionsgeschichte zu den selbstgesteckten Zielen nicht im Widerspruch steht. Wir freuen uns auch weiterhin über Funde und Beiträge aus dem Archiv, über genaue Lektüren, Vergleichsstudien oder Teileditionen. Das *Athenäum. Jahrbuch der Friedrich Schlegel-Gesellschaft* soll darüber hinaus auch ein wichtiges Forum zur Besprechung und Kritik einschlägiger Fachliteratur bleiben.

Heidelberg/Kopenhagen/New Haven im Dezember 2018

Andrea Albrecht
Christian Benne
Kirk Wetters

Abhandlungen

Von der kryptokatholischen Spruchdichtung Friedrich Schlegels zum evangelischen Kirchenlied. Ein Beitrag zur Rezeption des *Dichter-Gartens*

Hermann Patsch

Christian Begemann zum 65. Geburtstag

Das geistliche Lied, geerbt aus der jüdischen Synagoge und ausgeübt in allen christlichen Denominationen unterschiedlichster Ausprägung seit der Antike, gehört in unserem Sprachkreis von seinen Anfängen an zur deutschen Poesie. Die Grenzen zur weltlichen Literatur waren, wie die vielen Parodien beziehungsweise Kontrafakturen volkstümlicher Melodien auf religiöse Texte und umgekehrt zeigen, fließend. Und es gehörte zur Ehre der Dichter, dass sie auch religiöse Lyrik schrieben. Manche von ihnen gelangten mit ihren Gedichten in die Gesangbücher der Gemeinden und prägten stilistisch und theologisch diese besondere Form der sangbaren Lyrik. Das kann man für die protestantischen Kirchen am Vorbild Martin Luthers zeigen, der lateinische Texte der mittelalterlichen Kirche aufnahm und eindeutschte und auch durchaus weltliche Melodien als Kontrafakturen nutzte.[1] Daran stieß sich niemand. Eine entsprechende dominierende Persönlichkeit gab es im deutschen Katholizismus nicht; dessen Gesangbuchlieder orientierten sich länger an der lateinischen Hymnen-Tradition, vor allem im Bereich des Marienliedes. Aber im Laufe der Jahrhunderte glichen sich die Gesangbücher der Konfessionen

---

1 Die eingehendste, neuere Darstellung durch Wichmann von Meding: *Luthers Gesangbuch. Die gesungene Theologie eines christlichen Psalters*. Hamburg 1998, ist trotz des titelgebenden Adjektivs an den Melodien nicht interessiert. Das gilt noch deutlicher für die »existential« angelegte Dissertation von Johannes Block: *Verstehen durch Musik: Das gesungene Wort in der Theologie. Ein hermeneutischer Beitrag zur Hymnologie am Beispiel Martin Luthers*. Tübingen/Basel 2002. Die Bedeutung der Musik im Liedschaffen Luthers zeigt hingegen eindrücklich Martin Geck: *Luthers Lieder. Leuchttürme der Reformation*. Hildesheim u. a. 2017.

© VERLAG FERDINAND SCHÖNINGH, 2019 | DOI:10.30965/9783657792573_003

an, was sich in den gegenseitigen Übernahmen beliebter Lieder beweist.[2] Heute ist in den Gesangbüchern beider Konfessionen jeweils angegeben, ob es sich um ökumenische Lieder handelt oder nicht.

Zugleich kann man zeigen, dass die Gesangbücher jeweils ihre Gegenwart widerspiegeln. Man schätzt, dass es im Laufe der Zeit etwa 4000 Gesangbücher im deutschen Sprachraum gegeben hat.[3] Die Gesangbuchmacher wollten es ihren Gemeinden recht machen, die ja nicht lateinisch singen konnten wie die Kleriker, und dazu mussten deutschsprachige geistliche Gesänge gefördert und aufgenommen werden. Man kann das in den oft ausführlichen Nachweis-Anhängen der Gesangbücher nachvollziehen, die – jedenfalls im protestantischen Bereich – gern die Jahrhunderte und die theologischen Schulen unterscheiden. Und es gehört zu den grundsätzlichen Streitigkeiten der Hymnologen seit dem 19. Jahrhundert, inwieweit die alten Texte und Melodien der jeweiligen Gegenwart angeglichen werden sollten oder nicht.[4]

Es verwundert nicht, dass es zunächst Geistliche waren, die deutsche Gesangbuchlieder schufen, darunter so großartige Dichter wie Paul Gerhardt oder Johann Scheffler (Angelus Silesius). Der Individualitätsschub während der Zeit des Pietismus brachte auch Dichterinnen hervor. Und im Zeitalter der Aufklärung wurde die Grenze zur weltlichen Lyrik erneut durchlässig, das heißt auch anerkannte Dichter wie Friedrich Gottlieb Klopstock und Christian Fürchtegott Gellert schrieben geistliche Lieder, die sie in eigenen Sammelwerken veröffentlichten und die von dort in die

---

2 Vgl. Gustav Adolf Krieg (Hg.): *Deutscher Kirchengesang in der Neuzeit. Eine Gesangsbuchanthologie.* Berlin 2013. Vgl. auf S. 595–824 die instruktive Geschichte des deutschsprachigen Gesangbuchs vom Mittelalter bis zur Gegenwart, auf die ich mich im Allgemeinen beziehe.

3 Eine umfängliche Sammlung von Gesangbüchern deutscher Sprache vom 16. bis 20. Jahrhundert befindet sich im Gesangbucharchiv der Universität Mainz, das für die Forschung genutzt werden kann.

4 Ich verweise hier nur auf den beispielgebenden Druck *Deutsches Evangelisches Kirchen-Gesangbuch. In 150 Kernliedern.* Stuttgart/Augsburg 1854, der den textlichen und musikalischen Historismus im deutschen Protestantismus einleitete, um der von orthodoxer Seite empfundenen »Gesangbuchnot« abzuhelfen. Vgl. dazu Ulrich Wüstenberg: »Die Gesangbuchrestauration im Protestantismus und die Entstehung des Deutschen Evangelischen Einheitsgesangbuches«. In: Irmgard Scheitler (Hg.): *Geistliches Lied und Kirchenlied im 19. Jahrhundert. Theologische, musikologische und literaturwissenschaftliche Aspekte.* Tübingen/Basel 2000, S. 139–157. Das Schlagwort von der »Gesangbuchsnot« war seit den dreißiger Jahren des 19. Jahrhunderts geläufig.

zeitgenössischen Gesangbücher gelangten. Klopstocks *Geistliche Lieder* (1758, 1776)[5] und Gellerts *Geistliche Oden und Lieder* (1757)[6] haben ihre Spuren in den evangelischen Gesangbüchern behalten, bei Klopstock mit Betonung auf dem 19. Jahrhundert, bei Gellert bis auf den heutigen Tag.[7] Hier wären von evangelischer Seite noch Friedrich de la Motte Fouqué mit seinen *Geistliche[n] Lieder[n]* zu nennen (1822),[8] die eine regelrechte »innre Reinigungs- und Heiligungsgeschichte«[9] voraussetzten, von katholischer Seite Guido Görres mit seinen *Marienliedern* (1843),[10] denen

---

5   Friedrich Gottlieb Klopstock: *Geistliche Lieder. Erster Theil / Zweyter Theil.* Reutlingen 1776 [u. ö]. In der Vorrede zum zweiten Teil kündigt Klopstock ein eigenes Gesangbuch an, das aber nicht zustande kam.

6   C[hristian] F[ürchtegott] Gellert: *Geistliche Oden und Lieder.* Leipzig 1757 (u. ö.).

7   Im *Evangelische[n] Gesangbuch, Ausgabe für die Evangelisch-Lutherischen Kirchen in Bayern und Thüringen.* München/Weimar o. J. [1993/96], ist noch ein Text Klopstocks erhalten gegenüber sieben von Gellert. Vgl. Wolfgang Töllner (Hg.): *Kleines Nachschlagewerk zum Evangelischen Gesangbuch.* München o. J.

8   *Geistliche Lieder von F. Baron de la Motte Fouqué. Erstes Bändchen. Missions-Lieder. Zum Besten der Rettungsanstalten zu Overdyck, Aschersleben und Düsselthal.* Leipzig 1822. Ein zweites Bändchen ist offenbar nicht erschienen. Der Zyklus von 15 Liedern, durchweg mit Melodie-Angaben geläufiger protestantischer Gesangbuchtradition, beginnend (Nr. I) mit *Abschied der Missionare vom Vaterlande* (Melodie: *O Haupt voll Blut und Wunden*), endend (Nr. XV) mit *Beim Begräbniß eines Missionars* (Melodie: *Der lieben Sonne Licht und Pracht*), haben dank ihrer kolonialen Naivität kein Echo gefunden. Ich danke den Hinweis auf Fouqué Heinz Rölleke: »Dichtung und Gesangbuch«. In: *Geistliches Lied und Kirchenlied im 19. Jahrhundert* (s. Anm. 4), S. 217–232, hier S. 227 ff. – Hier wäre auch noch Ernst Moritz Arndt anzuführen, dessen *Ich weiß, woran ich glaube* von 1819 mit einer Melodie von Heinrich Schütz im *Evangelische[n] Gesangbuch* (s. Anm. 7) Platz gefunden hat (S. 651, Nr. 357).

9   Vgl. Friedrich de la Motte Fouqué an Karl August Varnhagen von Ense, 16. September 1814. In: Karl August Varnhagen von Ense und Friedrich de la Motte Fouqué: *Briefwechsel 1806–1834.* Hg. von Erich H. Fuchs und Antonie Magen. Heidelberg 2015, S. 248: »Vor allem meine ich Dir sagen zu müssen, wie das grosse Jahr dreizehn hauptsächlich auf mich gewirkt hat. Ich bin mehr und fester, als je, dasjenige geworden, was ich schon früher zu werden begann: ein Christ im strengsten Sinn des Wortes. [...] meine innre Reinigung- und Heiligungsgeschichte haben mich umfaßt wie mit Palmenzweigen [...]. Und das Alles ruhet fest und deutlich auf dem Fundament der einfachsten und wörtlich genommensten Christusreligion, und mit dieser Hülfe verhoffe ich, [...] noch manches Tüchtige und Ehrbare auszuführen. oder vielmehr: ich verhoffe, Er soll es thun in mir.«

10 Guido Görres: *Marienlieder zur Feier der Maiandacht gedichtet von Guido Görres. Rom im Mai 1842.* München 1843 [3. Aufl. 1853]. Die Ausgabe ist Clemens Brentano gewidmet. Vgl. dazu Irmgard Scheitler: »Poesie der Unschuld. Geistliche Lieder von Guido Görres«. In: *Geistliches Lied und Kirchenlied im 19. Jahrhundert* (s. Anm. 4),

beiden freilich kein nachhaltiger Erfolg beschieden war. Schließlich darf
an dieser Stelle Friedrich von Hardenberg (Novalis) nicht unerwähnt
bleiben, der ein »neues, geistliches Gesangbuch«[11] hatte schreiben wollen und dessen Gedichte von seinen romantischen Freunden unter dem
(an Klopstock erinnernden) Titel *Geistliche Lieder* im *Musen-Almanach
für das Jahr 1801* und in den *Schriften* von 1802 veröffentlicht wurden.[12]
Diese sind sehr bald von den neuen spätaufklärerischen Gesangbüchern
im protestantischen Bereich entdeckt und, in der Regel überarbeitet,
nach bekannten pietistischen Melodien gesungen worden, mit einer
Nachgeschichte bis an das Ende des Zweiten Weltkrieges.[13]

Im 20. Jahrhundert, so kann man wahrnehmen, ist die alte Spaltung
zwischen geistlicher und weltlicher Lyrik wieder in Kraft getreten; die
Teilnahme bedeutender Lyriker an dem deutschen Kirchenlied hat radikal abgenommen, ja ist geradezu zum Stillstand gekommen.[14] Hier kann
man im Grunde nur Jochen Klepper und Rudolf Alexander Schröder

S. 233–254. Die Marienlieder von Görres sind zunächst mit schlichten Melodien in
zahlreiche katholische Gesangbücher eingegangen. Das *Gotteslob* von 1975 enthält
im Kernbereich keine Görres-Lieder mehr. Überlebt hat etwa im Diözesananteil
des Erzbistums Bamberg das weithin beliebte *Maria Maienkönigin* nach der Melodie von Joseph Hermann Mohr (1834–1892) (*Gotteslob. Katholisches Gebet- und
Gesangbuch. Ausgabe für das Erzbistum Bamberg*. 6. Aufl. Bamberg 2002, Nr. 887).

11   Vgl. Friedrich von Hardenberg an Friedrich Schlegel, 31. Januar 1800, wo er als Titel
für den Druck im *Athenaeum* (!) wünscht: »Probe eines neuen, geistlichen Gesangbuchs.« (in: *KFSA* 25, S. 53 f., hier S. 53). Von »geistlichen Liedern« spricht nach
dem Tode Hardenbergs zuerst Friedrich Schlegel in seinem Brief an Ludwig Tieck,
5. November 1801. In: Ebd., S. 302–305 hier S. 303).

12   August Wilhelm Schlegel und Ludwig Tieck (Hg.): *Musen-Almanach für das Jahr
1802*. Tübingen 1800 [Faksimiledruck der Originalausgabe mit einem Nachwort von
Gerhard vom Hofe. Heidelberg 1967], S. 189–204, Nr. I–VII, und Novalis: *Schriften*.
Hg. von Friedrich Schlegel und Ludwig Tieck. Zweiter Theil. Berlin 1802, S. 123–158.

13   Vgl. Hermann Patsch: »›Wenn Alle untreu werden, erhalte mich dir treu‹. Schleiermachers Einkirchung des Novalis in das Berliner Gesangbuch«. In: Arnulf von
Scheliha und Jörg Dierken (Hg.): *Der Mensch und seine Seele. Bildung – Frömmigkeit –
Ästhetik. Akten des Internationalen Kongresses der Schleiermacher-Gesellschaft in
Münster, September 2015*. Berlin/Boston 2017, S. 619–657. Dort ist auch die Vorge-
schichte und Nachgeschichte der Novalis-Rezeption im evangelischen Gesangbuch dargestellt.

14   Vgl. Hermann Kurzke: »Kirchenlied und Literaturgeschichte. Die Aufklärung und
ihre Folgen«. In: Ders.: *Kirchenlied und Kultur*. Tübingen 2010, S. 152–160.

nennen.[15] Folgerichtig ist die Hymnologie zum Randgebiet der neueren deutschen Literaturwissenschaft geworden.

I.   Eichendorffs katholischer Wunsch

Die römisch-katholische Gesangbuchserneuerung tat sich mit der Übernahme moderner Dichtungen schwerer als die protestantische, auch wenn es mit dem *Katholische[n] Gesangbuch zum allgemeinen Gebrauche bei öffentlichen Gottesverehrungen* (München 1810–1811)[16] eine frühe Ausnahme gab, die neben Klopstock und Novalis auch Goethe integrierte. Noch 1847 klagte Joseph von Eichendorff den Mangel ein:

> Wir haben so viele schöne geistliche Lieder und Sprüche von Fr. Schlegel, von [Zacharias] Werner, Clemens Brentano und den ungenannten Dichtern in [Melchior] Diepenbrock's geistlichem Blumenstrauß; warum werden sie in unseren stereotypen Gebet- und Gesangbüchern nicht zur Erfrischung des religiösen Sinnes benützt?[17]

---

15   Im gegenwärtigen *Evangelischen Gesangbuch* ist Klepper mit 12, Schröder mit 3 Liedern vertreten.

16   [Kaspar Anton von Mastiaux (Hg.):] *Katholisches Gesangbuch zum allgemeinen Gebrauche bei öffentlichen Gottesverehrungen.* Bde. I–III. München 1810–1811 (ohne Namensregister). Vgl. Wolf Bretschneider: *Pädagogische Bedeutung und Funktion des deutschen Kirchenliedes zwischen Aufklärung und Restauration, dargestellt am Werk des Kaspar Anton von Mastiaux (1766–1828).* Diss. phil. Bonn 1980, S. 225: Aufzählung der protestantischen Dichter. Ein gutes Drittel der Texte stammt von Nichtkatholiken. Der (umgearbeitete) Novalis (Bd. II, 1810, S. 471 f) wurde von Bretschneider nicht bemerkt. Zur Übernahme von Goethes *Faust I* (1808), sozusagen druckfrisch (Szene »Nacht« V. 738 ff.), vgl. Bd. II, S. 40 ff.: Chor der Engel, Chor der Weiber, im mehrfachen Wechselgesang. Zu diesen und anderen Einschmelzungen von Gedichten Goethes (und Schillers) siehe Hermann Kurzke: »Goethe im Gesangbuch. Drei Petitessen«. In: *Kirchenlied und Kultur* (s. Anm. 14), S. 85–94.

17   Joseph von Eichendorff: *Die geistliche Poesie in Deutschland* [anonyme Publikation in: *Historisch-politische Blätter für das katholische Deutschland* 20 (1847), S. 449–468]. In: Ders.: *Werke in sechs Bänden.* Bd. 6. *Geschichte der Poesie. Schriften zur Literaturgeschichte.* Hg. von Hartwig Schultz, S. 349–368, hier S. 366 f. Zu Diepenbrock vgl. *Geistlicher Blumenstrauß aus spanischen und deutschen Dichter-Gärten, den Freunden der christlichen Poesie dargeboten von Melchior Diepenbrock, Priester und Privatsecretair des hochwürdigsten Herrn Bischofs von Sailer.*

Die genannten Dichter haben, Eichendorff selbst inbegriffen, im deutschen katholischen Gesangbuch keine merkbaren dauerhaften Spuren hinterlassen.[18] Erstaunlich ist, dass hier Friedrich Schlegel genannt ist, den Eichendorff als Konvertiten – Schlegel konvertierte 1808 – mit höchstem Respekt bedachte und schätzte.[19] Der Grund ist das geradezu sohnesähnliche Verhältnis Eichendorffs zu Dorothea und Friedrich Schlegel während seines Aufenthaltes in Wien 1810/12, denen er seinen Roman *Ahnung und Gegenwart* vorstellte[20] und denen er im Rückblick für ihre »elterlichen Lehren« und die »stille Erhebung« dankte.[21] Wenn er an der zitierten Stelle Schlegels »geistliche Lieder und Sprüche« erwähnt, bringt uns das auf eine noch ältere Spur, nämlich Eichendorffs allererste Veröffentlichung. Im Jahr 1808 konnte dieser, zugleich mit Schlegel, in der *Zeitschrift für Wissenschaft und Kunst* von Friedrich Ast unter dem

---

Sulzbach 1829 (mehrfache Auflagen). Das Buch enthält neben Nachdichtungen des Herausgebers aus dem Spanischen auch »geistliche Lieder deutscher Sänger«, Gedichte von »Ungenannten«, die im Vorwort »Freunde« genannt werden. Das Nachtgebet *Müde bin ich, geh zur Ruh* (S. 270) der Konvertitin Luise Hensel ist volkstümlich geworden und hat den Weg ins *Evangelische[] Gesangbuch* gefunden (s. Anm. 7, Nr. 484). Das hymnologische Schicksal der weiteren Ungenannten ist mir unbekannt. Diepenbrock, der sowohl mit Eichendorff wie mit Clemens Brentano bekannt war, wurde später Fürstbischof von Breslau und Kardinal.

18   Zu Clemens Brentano, der immerhin mit dem Lied *Kein Tierlein ist auf Erden* (aus dem sog. *Urgockel* von 1815/16) noch im *Evangelische[n] Gesangbuch* von 1993/96 (s. Anm. 7) vertreten ist, vgl. Sabine Claudia Gruber: *Clemens Brentano und das geistliche Lied*. Tübingen 2002, S. 262–267.

19   Vgl. Joseph von Eichendorff: *Ueber die ethische und religiöse Bedeutung der neueren romantischen Poesie in Deutschland*. Leipzig 1847, S. 72–84 (=Ders.: *Werke*. Bd. 6 [s. Anm. 17], S. 112–120).

20   Vgl. die Tagebucheinträge Eichendorffs bei Hans Eichner: *Friedrich Schlegel im Spiegel seiner Zeitgenossen*. Hg. von Hartwig Mayer und Hermann Patsch. Bde. 1–4, hier Bd. 2. Würzburg 2012, S. 267, Nr. A1323 (u. ö.). Es ist bekannt, dass Dorothea Schlegel das Werk redigiert hat (S. 363, Nr. A1513). Dass sie auch für den Titel verantwortlich gewesen sei, ist wohl nur ein Gerücht. Vgl. die materialreiche Studie von Detlev W. Schumann: »Friedrich Schlegels Bedeutung für Eichendorff«. In: *Jahrbuch des Freien Deutschen Hochstifts* 1966, S. 336–383, die allerdings den Vorschlag Eichendorffs für das katholische Kirchenlied und den hier besprochenen *Spruch* nicht enthält.

21   Brief an Philipp Veit, den Sohn Dorotheas, 28. Januar 1815. In: Hans Eichner: *Friedrich Schlegel* [s. ebd.], S. 374, Nr. A1534.

Pseudonym Florens acht Gedichte drucken lassen.[22] Hier also bereits lernte er auf literarischem Wege Schlegel als Dichter kennen. Und zugleich konnte er dort Friedrich Asts Rezension des Rostorf'schen *Dichter-Gartens* von 1807 – von dem noch die Rede sein wird – lesen, in der Schlegel ein »Herkules« genannt wird, mit dessen Gedichten »eine neue Epoche« der Poesie angebrochen sei.[23] Diese Rezension endet mit dem vollständigen Abdruck des *Spruchs:* »Geistlich wird umsonst genannt«, der noch eine kleine Folgegeschichte haben wird. Schlegels Gedichte und das Panegyrikon Asts müssen den jungen Dichter beeindruckt haben. Natürlich hat er sich diesen neuen Musen-Almanach beschafft, um das hohe Lob zu prüfen, hat er doch – gemäß Brentanos Spott – Ende 1810 in Berlin »keine andere Lektüre« gehabt als Rostorfs *Dichter-Garten.*[24] So ist es in der Folge kein Zufall, dass Eichendorff nach vierzig Jahren in seinem Werk *Ueber die ethische und religiöse Bedeutung der neueren romantischen Poesie in Deutschland* aus Schlegels Ode *Zu Anfang des Jahrs 1807* zitiert, die in der Ast'schen Zeitschrift erschienen war,[25] und vier Verse aus dem Spruch *Fern von Eitelkeit und innerm Trug* aus dem *Dichter-Garten,*[26] der später die Überschrift »Andacht« erhalten hatte.[27] Schlegels frühe Lyrik war Eichendorff im Gedächtnis, auch wenn er jetzt eine neuere Ausgabe

---

22   *Zeitschrift für Wissenschaft und Kunst* 1 (1808), im 2., 3. und 4. Heft. Zu Schlegel vgl. 1. Heft S. 61–65: *Ode. Im Anfang des Jahres 1807;* S. 81–89: *Der alte Pilger* (=KFSA 5, S. 386–389, und 329–334).

23   Friedrich Ast: »Rezensionen«. In: *Zeitschrift für Wissenschaft und Kunst* 1.2 (1808) S. 142–145.

24   Clemens Brentano berichtet Anfang 1810 aus Berlin: »Seit einiger Zeit ist Isidorus Orientalis [i. e. Otto Heinrich Graf von Loeben] und die beiden Eichendorffs hier. Die drei haben [...] keine andere Lektüre als Rostorfs Dichtergarten« (in: Hans Eichner: »Einleitung«. In: *KFSA* 5, S. XVII-CXVI, hier S. XCI, Anm. 36).

25   Eichendorff: *Ueber die ethische und religiöse Bedeutung* (s. Anm. 19), S. 78 f. (= *Werke.* Bd. 6, S. 116), zitiert V. 10–13: »Sohn der Liebe, woll'st vereinen | doch die Deinen, | Daß der Zwietracht dunkle Binde | Vor dem Blick verschwinde.« (Friedrich Schlegel: *Anruf.* In: *KFSA* 5, S. 386–389, hier S. 387, aus der zweiten Strophe von zwölf).

26   Rostorf (Hg.): *Dichter-Garten. Erster Gang. Violen.* Würzburg 1807, S. 26, dort mit der Überschrift *Spruch* [Faksimiledruck nach der Ausgabe von 1807. Gerhard Schulz (Hg.): *Seltene Texte aus der deutschen Romantik.* Bd. 2. Bern u. a. 1979].

27   Friedrich Schlegel: *Andacht.* In: *KFSA* 5, S. 339. Der neue Titel seit der Gedicht-Ausgabe von 1809. (Ich ergänze mit diesen Nachweisen den Kommentar von Hartwig Schultz [s. Anm. 17], S. 1176).

benutzt haben kann, und er interpretierte sie religiös, als für Katholiken
gesangbuchaffin. Es fehlte nur noch eine sangbare Melodie.

II.   Friedrich Schlegels religiöse Wende im *Dichter-Garten*

Friedrich Schlegel hat sich als Dichter empfunden, seit er sich im Januar
1800 »in den Orden der Poesie« geraten fühlte,[28] und wurde zu seinen
Lebzeiten vor allem mit seinen patriotischen Gedichten bekannt. Einer
»recht kärglichen Begabung abgerungen«,[29] wären seine poetischen
Werke heute vergessen, hätten nicht Franz Schubert und andere[30] eine
Fülle seiner frühen lyrischen Poesien aus der romantischen Zeit komponiert. Geistliche Gedichte im engeren Sinne hat Schlegel nur wenige veröffentlicht. Immerhin hat er ihnen in seinen *Sämmtlichen Werken* von
1823 diese zusammenfassende Überschrift gegeben, wo sie Eichendorff
gefunden haben kann.[31] Wichtiger für die Kirchenliedrezeption in beiden
Konfessionen wurde seine Wiederentdeckung der *Trutznachtigall* von
Friedrich von Spee, die er als »wahrhafte geistliche Volkslieder« mit »ei-
nigen Änderungen« in sein *Poetisches Taschenbuch für das Jahr 1806* aufgenommen, in seinen *Sämmtlichen Werken* aber nicht wieder abgedruckt
hatte.[32] Das sieht anders aus bei der Sammlung seiner *Sittensprüche* in

---

28   Friedrich Schlegel an Johann Diederich Gries, 28. Januar 1800. In: *KFSA* 25, S. 51 f.,
      hier S. 51.
29   Hans Eichner: *Einleitung* (s. Anm. 24), S. CVII.
30   Vgl. Hans Dierkes und Hermann Patsch: »›Die beigelegte Musik für das kleine Lied‹.
      Der Komponist Johann Wilhelm Schneider (1781–1811) und der Schlegel-Tieck'sche
      Musen-Almanach für das Jahr 1802. Früheste Vertonungen der Lyrik Friedrich
      Schlegels und Friedrich von Hardenbergs«. In: *Athenäum* 26 (2016), S. 175–220. Zu
      Schubert vgl. Hans Eichner: *Einleitung* (s. Anm. 24), S. CVII.
31   Friedrich Schlegel: *Friedrich Schlegel's sämmtliche Werke.* Bd. 9. *Gedichte von Fried-
      rich Schlegel.* Zweyte vermehrte Ausgabe. Zweyter Theil. Wien 1823, S. 201–218
      (=*KFSA* 5, S. 411–421). Das *Klagelied der Mutter Gottes* mit 66 Strophen ist wegen
      des Umfangs undenkbar in einem Gesangbuch, die *Heilige Sehnsucht* (S. 218) we-
      gen ihres Themas.
32   Friedrich Schlegel: *Poetisches Taschenbuch für das Jahr 1806.* Berlin 1806, S. 127–
      256 (=*KFSA* 5, S. 431–481). Die obigen Zitate sind aus der Vorrede. Dass Clemens
      Brentano in seiner (anonymen) Ausgabe (*Trutz Nachtigal ein geistlich poetisches
      Lustwäldlein, desgleichen noch nie zuvor in deutscher Sprache gesehen worden.
      Durch den ehrwürdigen Pater Friedrich Spee Priester der Gesellschaft Jesu. Wörtlich
      treue Ausgabe* [...]. Berlin 1817) von einer »übel gelungene[n] Aufstutzung« durch

den *Sämmtlichen Werken.*[33] Diese enthalten zwölf Kurztexte sowie zehn *Sprüche aus dem Indischen.* Der einleitende erste Spruch dieser Sammlung heißt *Geistes Licht.* Nur dieser und der folgende mit dem Titel *Andacht* können bei Eichendorff den Eindruck erweckt haben, es handele sich hier um geistliche Lyrik, was aber insgesamt auf keinen Fall zutrifft – Schlegel behandelt »Adels Sitte«, »Frauentugend«, »Deutscher Sinn« und so weiter, das heißt gewohnt lehrhafte und moralisierende Themen der Sinnspruchdichtung seit der Antike und besonders der mittelalterlichen Spruchlyrik, durchweg in kürzeren oder längeren Paarreim-Gedichten. Beide Gedichte hießen beim ersten Druck im *Dichter-Garten* aus dem Jahr 1807, herausgegeben von Rostorf, das heißt Karl Gottlob Albrecht von Hardenberg, dem jüngeren Bruder des Novalis, noch einfach *Spruch* und standen keineswegs hintereinander.[34] Hier sind die einzelnen Sprüche, fast stets lediglich mit der einfachen Überschrift *Spruch,* über das gesamte Taschenbuch verstreut, vermischt mit den Beiträgen der weiteren Teilnehmer. Erst seit den Ausgaben der *Gedichte* von 1809 und 1816 sind die Sprüche – hier mit dem Obertitel *Sittensprüche* – geschlossen zusammengestellt, und zwar so, dass zuerst *Andacht,* dann *Geistes Licht* abgedruckt werden.[35] Diese Sammlung mit den genannten, wenn auch in der Reihenfolge wechselnden, Gedichten an der Spitze, die eine thematische Einheit suggerieren sollen, hat Eichendorff auf den Gedanken gebracht, dass hier Lieder für ein neues katholisches Gesangbuch zu finden seien, das nicht bloß »stereotyp« entwickelt wäre.

Wann und warum Schlegel begann, »Sprüche« zu formulieren, ist biographisch nicht überliefert. Es gibt auch keine Forschung zu ihnen – wie

---

Schlegel spricht (S. XXI), sei nur erwähnt. Es handelt sich um Brentanos gemeinsames Projekt mit Luise Hensel (vgl. Hartwig Schultz: *Schwarzer Schmetterling. Zwanzig Kapitel aus dem Leben des romantischen Dichters Clemens Brentano.* Berlin 2002, S. 366). – Im jetzigen *Evangelischen Gesangbuch* gibt es noch 6 Liedertexte von Spee, 4 davon auch im *Gotteslob. Katholisches Gebet- und Gesangbuch. Ausgabe für das Erzbistum Bamberg.* Bamberg 1975 (6. Aufl. 2002), als ökumenisches Gut gekennzeichnet, aber – wenn ich recht sehe – keinen einzigen, der auf Schlegels Auswahl zurückginge.

33 Friedrich Schlegel: *Friedrich Schlegel's sämmtliche Werke.* Bd. 9 (s. Anm. 31), S. 79–92 (=*KFSA* 5, S. 339–345).

34 Rostorf (Hg.): *Dichter-Garten* (s. Anm. 26), S. 48 bzw. 26.

35 Friedrich Schlegel: *Friedrich Schlegels Gedichte.* Berlin 1809, S. 232–243, hier S. 332 f., Friedrich Schlegel: *Fridrich* [so!] *Schlegel's Gedichte.* Zweyter Theil. Neueste Auflage. Wien 1816, S. 191–199, hier S. 191 f. (=*KFSA* 5, S. 337).

es ja insgesamt kaum Forschung zur Lyrik Schlegels gibt.[36] Dass er dieser
speziellen Gattung der Lyrik in seinen theoretischen Überlegungen zur
Poesie größere Aufmerksamkeit geschenkt hätte, ist nicht bekannt,[37] abgesehen von seiner Äußerung, dass der Spruch eine gemeinsame Form
der Poesie und Philosophie darstelle und nicht für Poesie angesehen werden könne, wenn er nicht »in Gesang« vorgetragen werde.[38] Diese Tendenz zum Gesang verdient, beachtet zu werden.

Dagegen ist die Tatsache, dass Schlegel seine Sprüche zuerst im *Dichter-
Garten* publiziert hat, biographisch deutlich herzuleiten. Karl von Hardenberg war im Besitz des Novalis-Nachlasses, und so musste Schlegel für
die mit Tieck geplante Ausgabe der *Schriften* des Novalis (1802) mit ihm
in Kontakt treten. Vielleicht nicht ohne Berechnung haben Tieck und A.
W. Schlegel in dem *Musen-Almanach für das Jahr 1802* dem Bruder des
Novalis die Möglichkeit eingeräumt, sich der Öffentlichkeit mit einem
Gedicht *Der Frühling* – unter der Chiffre H. – vorzustellen.[39] Schlegel be-
arbeitete die nachgelassenen Fragmente dann in Paris – übrigens nicht,
ohne ad personam in die Texte einzugreifen.[40] Beide hatten sich im
Herbst 1801 persönlich kennen gelernt.[41] Schlegels erster Brief aus Paris

36 Die letzten Behandlungen sind ein Jahrhundert alt: Ernst Wieneke: *Patriotismus und Religion in Friedrich Schlegels Gedichten.* München 1913, wo die Sprüche nur in einer Anmerkung erwähnt, aber nicht analysiert sind (S. 85), zumal der Autor den *Dichter-Garten* gar nicht kennt; Richard Volpers: *Friedrich Schlegel als politischer Denker und deutscher Patriot.* Berlin/Leipzig 1917, S. 141–173. Bei der Besprechung des *Dichter-Gartens* nennt Volpers die oben genannten Sprüche nicht ein einziges Mal, offensichtlich weil sie zu seinem nationalpatriotischen Ansatz nicht passen. Für die religiöse Grundschicht des Almanachs hat er keinerlei Gespür.
37 In seinen Aufzeichnungen von 1820 erwähnt Schlegel lediglich biblische und indische Traditionen (*KFSA* 15.2. *Vorlesungen und Fragmente zur Literatur.* Zweiter Teil. *Über deutsche Sprache und Literatur* [1807]. Mit Einleitung und Kommentar hg. von Hans Dierkes. Paderborn u. a. 2006, S. 215 ff., 225).
38 Ebd., S. 215, 217.
39 August Wilhelm Schlegel und Ludwig Tieck (Hg.): *Musen-Almanach für das Jahr 1802* (s. Anm. 12), S. 251–253.
40 Vgl. Helmut Schanze: »›Dualismus unsrer Symphilosophie‹. Zum Verhältnis Novalis – Friedrich Schlegel«. In: *Jahrbuch des Freien Deutschen Hochstifts* 1966, S. 309–335, hier S. 328.
41 Friedrich Schlegel an Ludwig Tieck, 5. November 1801. In: *KFSA* 25, S. 302 f. (Kommentar, S. 628 f.).

galt Hardenberg als dem neuen Freund.[42] In sein *Poetisches Taschenbuch für das Jahr 1806* nahm er unter die »Vermischten Gedichte« zwei Gedichte Karls – hier unter dem Dichternamen Rostorf – auf, dazu auch zwei Gedichte des jüngeren Bruders Georg Anton von Hardenberg, der hier das Pseudonym Sylvester trägt.[43] Schlegel besuchte Karl von Hardenberg im August-September 1806 in dessen Gut Unterzell bei Würzburg. Und beide verstanden sich sichtlich blendend. Die Herausgabe eines Taschenbuches war wohl schon vorher geplant worden, aber nun bot Schlegel seine Mitarbeit an und fügte dem *Dichter-Garten* 31 lyrische Werke hinzu, darunter acht mit dem schlichten Titel *Spruch*. Diese können vor Ort entstanden sein, denn für seine Frau Dorothea sind sie neu: »Für die kleinen gedruckten ›Sprüche‹ danke ich Dir; sie sind gar schön.«[44] Als das Taschenbuch nicht reüssierte, meinte Schlegel mit ungetrübtem Selbstbewusstsein, Hardenberg hätte gewiss besser getan, seinen Namen mit auf den Titel zu setzen.[45]

Man kann den *Dichter-Garten* als das erste Zeugnis eines Neokatholizismus aus der romantischen Schule heraus betrachten, denn alle drei Hauptbeiträger – neben Schlegel und Karl (»Rostorf«) auch Georg Anton (»Sylvester«) von Hardenberg – (von Sophie Bernhardi abgesehen) werden 1807 beziehungsweise 1808 zur römischen Kirche konvertieren.[46] Das private und öffentliche Urteil hat einen innerlichen Wandel der Poesie bemerkt. August Wilhelm Schlegel sprach von einer »ganz neuen Seite« seines Bruders,[47] Maria Alberti von seiner »Rückkehr zur

42   Der Brief vom 31. Juli 1802 ist nicht erhalten. Vgl. Karl von Hardenbergs an Ludwig Tieck, 31. August 1802. In: Hans Eichner: *Friedrich Schlegel im Spiegel seiner Zeitgenossen* (s. Anm. 20), Bd. 1, S. 493 f., Nr. A681a.
43   Friedrich Schlegel: *Poetisches Taschenbuch* (s. Anm. 32), S. 407–414.
44   Dorothea an Friedrich Schlegel, 1. Oktober 1806. In: Hans Eichner: *Friedrich Schlegel im Spiegel seiner Zeitgenossen* (s. Anm. 20), Bd. 2, S. 15, Nr. A934). Offenbar hat Dorothea Schlegel Druckfahnen erhalten. Das Buch erschien erst im März 1807.
45   Friedrich an August Wilhelm Schlegel, 7. Juli 1807. In: Josef Körner (Hg.): *Krisenjahre der Frühromantik. Briefe aus dem Schlegelkreis*. Bd. 1. 2. Aufl. Bern/München 1969, S. 420.
46   Vgl. die instruktive Einführung von Gerhard Schulz: *Seltene Texte* (s. Anm. 26), S. 5*–38*, zum Nachdruck, zu den Daten S. 7*. Zur Rezeption vgl. ebd., S. 28*–38*.
47   August Wilhelm Schlegel an Luise von Voß, 20. Juni 1807. In: Hans Eichner: *Friedrich Schlegel im Spiegel seiner Zeitgenossen* (s. Anm. 20), Bd. 2, S. 32, Nr. A957). Der ältere Schlegel half durch eine positive Besprechung in der *Jenaischen Allgemeinen Literatur-Zeitung* mit vielen Zitaten seines Bruders (ebd., S. 35–40, Nr. A965a). Auch hier ist die Rede von einer »ganz neuen Seite« Friedrichs (S. 37).

Wahrheit«;[48] Friedrich Ludwig Stolberg, selbst Konvertit, fand in seinen Gedichten »Liebe zum Christenthum«.[49] Aber man konnte, zumindest bei den Gedichten der Brüder Hardenberg, auch kritisch vom
frömmelnden Spiel »mit christkatholischen Bildern und Vorstellungen«
sprechen.[50]

Diesen Eindruck, ins Positive gewendet, muss auch Eichendorff seinerzeit gehabt haben, zumal in der Erinnerung an den katholischen Wie-
ner Schlegel. 1846 fand er sein Gedicht *Der Frühling schaut zum Fenster
herein* in dem christlichen Almanach *Deutsches Hausbuch,* herausgegeben von Guido Görres, unmittelbar hinter *Drei Sprüchen von Fr. Schlegel,*
darunter *Geistes Licht.*[51] Dieses Gedicht hatte längst auch in katholischen
akademischen Kreisen Wertschätzung gefunden, nicht zuletzt bei dem
bekannten Tübinger Theologen Franz Anton Staudenmaier.[52] 1847 konnte er deshalb mit voller Überzeugung »zur Erfrischung des geistlichen
Sinnes« den inzwischen verstorbenen Dichter in seinen Wunsch nach
einem katholischen Gesangbuch einbringen. Aber er ahnte nicht, dass
sein Wunsch längst – seit 1829 – für einen der genannten Sprüche erfüllt
worden war, freilich in einem evangelischen Gesangbuch.

---

48   Maria Alberti an Karl von Hardenberg, 24. November 1807. In: Ebd., S. 41, Nr. A968.
49   Friedrich Ludwig Stolberg an Karl von Hardenberg, 26. August 1807. In: Ebd.,
      S. 34 f., hier S. 34, Nr. A964.
50   So in der Rezension der *Allgemeinen Literatur-Zeitung* (Halle) vom 24. Februar 1808
      (in: Ebd., S. 54 f., Nr. A983a), die im Gegensatz dazu Schlegels Gedichten »Innig-
      keit« und »männlichen kräftigen Geist« zuspricht.
51   Vgl. Guido Görres (Hg.): *Deutsches Hausbuch* 1.3 (1846), S. 70 f. Görres druckt ab:
      Geistes Licht, Adels Sitte, Gesinnung des Königs, alle aus dem *Dichter-Garten,* hier
      freilich aus den *Sämmtlichen Werken* (s. Anm. 31).
52   Franz Anton Staudenmaier: »Andenken an Friedrich von Schlegel. Mit einer kurzen
      Hindeutung auf seine literarischen Thätigkeiten, besonders im Fache der religiö-
      sen Philosophie«. In: [*Tübinger*] *Theologische Quartal Schrift* 14 (1832), S. 607–650,
      hier S. 613, gleichfalls in dessen: *Der Geist des Christenthums, dargestellt in den hei-
      ligen Zeiten, in den heiligen Handlungen und in der heiligen Kunst.* 2. Theil. 3. Aufl.
      Mainz 1843, S. 730 f., mit Bezug auf die bischöfliche Weihe des Neupriesters. – Noch
      vor Staudenmaier zitiert Schlegels Freund Franz von Bucholtz in seinem Nekrolog
      Zur Erinnerung an Friedrich von Schlegel im *Neue[n] Archiv für Geschichte, Staaten-
      kunde, Literatur und Kunst,* 13.–16.3.1829, den Spruch als »jene bekannten Verse«
      für eine Einheit von Erkennen und Glauben (in: Hans Eichner: *Friedrich Schlegel
      im Spiegel seiner Zeitgenossen* [s. Anm. 20], Bd. 2, S. 635–649, Nr. A2019, hier S. 642).
      Schlegel gilt ganz unbedenklich als katholischer Autor.

III.   Friedrich Schlegels geistlicher *Spruch*

Die Rede ist von Schlegels *Geistes Licht* aus dem *Dichter-Garten* (als
»Spruch«) beziehungsweise (als »Sinnspruch«) aus den späteren Ausgaben.[53] Ich gebe hier den Text aus dem *Dichter-Garten:*[54]

> S p r u c h
> Geistlich wird umsonst genannt,
> Wer nicht Geistes Licht erkannt;
> Wissen ist des Glaubens Stern,
> Andacht alles Wissens Kern.
> Lehr' und lerne Wissenschaft,
> Fehlt dir des Gefühles Kraft
> Und des Herzens frommer Sinn,
> Fällt es bald zum Staube hin;
> Schöner doch wird nichts gesehn,
> Als wenn die beisammen gehn,
> Hoher Weisheit Sonnenlicht
> Und der Kirche stille Pflicht.

Im Vergleich mit Schlegels früheren Gedichten, gelehrt mit antikem
Inventar wie *An Heliodora* aus dem *Athenaeum* von 1800,[55] dem Form-
experiment *Der welke Kranz* nach altspanischem (und griechischem)
Muster,[56] den betont romantischen Strophen des Zyklus der *Abendröthe*

---

53   Abgesehen von der aus Zeile 2 gewonnenen neuen Überschrift »Geistes Licht« gibt
es lediglich kleine Unterschiede in der Satzzeichengebung und Apostrophierung,
die inhaltlich keine Rolle spielen: Z. 8 hin;] seit 1823 hin.], Z. 10: gehn:] gehn,], Z. 9
gesehn] geseh'n], Z. 10 gehn] geh'n.

54   Rostorf (Hg.): *Dichter-Garten* (s. Anm. 26), S. 48. Die Angabe des Autors im
Verzeichnis der Dichter.

55   Friedrich Schlegel: *An Heliodora.* In: *KFSA* 5, S. 152 f.

56   Friedrich Schlegel: *Der welke Kranz.* In: *KFSA* 5, S. 160 f. Zur Datierung 1800, zur
Druckgeschichte und vor allem zu dem poetologischen Anliegen vgl. Hermann
Patsch: »›Wir dichten in italiänischen und spanischen Weisen‹. Friedrich Schlegels
Gedicht *Der welke Kranz* und der *Cancionero General*«. In: *Geistiger Handelsverkehr.
Komparatistische Aspekte der Goethezeit. Für Hendrik Birus zum 16. April 2008.* Hg.
von Anne Bohnenkamp und Matías Martínez. Göttingen 2008, S. 357–373. Wich-
tig zu Schlegels Programm ist der Brief an A. W. Schlegel aus dem Dezember 1800
(in: *KFSA* 25, S. 214 f. mit S. 554 f.). Den altgriechischen Aspekt des anspruchsvollen

in der Tieck-Nachfolge aus dem *Musen-Almanach für das Jahr 1802*,[57]
die Schubert zur zyklischen Vertonung angeregt haben,[58] oder schließlich das provokative Diana-Gedicht aus demselben Musen-Almanach,[59]
stellt dieses Spruch-Gedicht in der Tat eine »ganz neue Seite« des
Poeten dar, und zwar unüberlesbar die christlich-fromme, zu der er
sich – anders als in seinem späteren gewundenen öffentlichen und
privaten Verhalten anlässlich seiner Konversion[60] – ganz unverborgen
bekennt. Schlegels Gedichte gehören – nicht nur nach seinem eigenen
Empfinden – zum Kern seines Werkes.[61]

Gedichtes hat Mark-Georg Dehrmann untersucht: *Studierte Dichter. Zum Spannungsverhältnis von Dichtung und philologisch-historischen Wissenschaften im 19.
Jahrhundert.* Berlin/Boston 2015, S. 181–190.

57   Friedrich Schlegel: *Abendröte.* In: *KFSA* 5, S. 177–191.

58   Vgl. Walther Dürr: »Schuberts ›romantische‹ Lieder am Beispiel von Friedrich
      Schlegels *Abendröte*-Zyklus«. In: *Schubert-Jahrbuch* 2.1 (1997), S. 47–60.

59   Friedrich Schlegel: *Hymnen II.* In: *KFSA* 5, S. 306 f., hier S. 306. Vgl. Hermann Patsch:
      »›Der Brüste Füll' im Marmor‹. Friedrich Schlegels Gedicht *Diana Ephesina* – mit
      einem Seitenblick auf Goethe«. In: *Romanticism, Humanism, Judaism. The Legacy
      of Hans Eichner/Romantik, Humanismus, Judentum. Hans Eichners Vermächtnis.*
      Hg. von Hartwig Mayer, Paola Mayer und Jean Wilson. Bern u. a. 2013, S. 83–114. Der
      nur in Dorothea Veits Handschrift überlieferte Titel ist wohl in »Diana Ephesiae«
      zu konjizieren.

60   Das Material ist bei Hans Eichner: *Friedrich Schlegel im Spiegel seiner Zeitgenossen*
      (s. Anm. 20), Bd. 2, S. 78 ff., zusammengestellt. Bemerkenswert ist Schlegels brief-
      liche Verschleierung gegenüber seinem Bruder Karl, der evangelischer Theologe
      war, die Dorothea Schlegel dann zurechtrücken musste (Josef Körner [Hg.]: *Kri-
      senjahre* [s. Anm. 45], Bd. 1, S. 542 f., 564; Bd. 3, S. 315–317: Hier bezeichnet Körner
      das als »ein unerfreuliches Dokument vollendeter Doppelzüngigkeit«). Vgl. allge-
      mein: Winfried Eckel und Nikolaus Wegmann (Hg.): *Figuren der Konversion. Fried-
      rich Schlegels Übertritt zum Katholizismus im Kontext.* Paderborn u. a. 2011. Hinzu-
      weisen ist insbesondere auf Ulrich Breuer und Maren Jäger: »Sozialgeschichtliche
      Faktoren der Konversion Friedrich und Dorothea Schlegels«. In: Ebd., S. 127–147,
      sowie Nikolaus Wegmann: »Schlegels intellektuelle Konversion. Eine Skizze«. In:
      Ebd., S. 148–159, die freilich auf die Gedichte nicht eingehen. Das gilt auch für die –
      grundsätzlich unüberholte – Studie von Jean–Jacques Anstett: *La Pensée religieuse
      de Friedrich Schlegel.* Paris 1941, schließlich auch für Claudia Brauers: *Perspektiven
      des Unendlichen. Friedrich Schlegels ästhetische Vermittlungstheorie: Die freie Reli-
      gion der Kunst und ihre Umformung in eine Traditionsgeschichte der Kirche.* Berlin
      1996.

61   So mit Recht Mark-Georg Dehrmann: »Eine ›neue Epoche in der Geschichte der
      Poesie‹. Friedrich Schlegels philologische Poesie der Moderne am Beispiel des
      Roland-Epos«. In: Ulrich Breuer, Remigius Bunia und Arnim Erlinghagen (Hg.):
      Friedrich Schlegel und die Philologie. Paderborn u. a. 2013, S. 203–217; vgl. ders.:

Der religiöse Sinn der Spruchdichtung, die »neue Seite« Schlegels, ergibt sich aus der Gesamtanlage des Almanachs, aus der in den späteren
Ausgaben gezielten Zusammenstellung mit dem Spruch *Andacht,* aber
natürlich besonders aus dem Wortschatz des Gedankengangs, der auf
das Wort »Kirche« zuführt. Ob das Incipit eine Anlehnung an ein Vorbild
enthält – wie es denkbar wäre[62] –, ist nicht erkennbar. Das scheint auch
deshalb unwahrscheinlich zu sein, weil Schlegel die beiden titelgebenden
ersten Verse mit den zentralen Begriffen »Geist« und »Licht« in einem
stark theologischen Brief an seine Frau im Jahr 1819 als die entscheidenden Mittel zu einem wahren katholischen Mystizismus und einem rechten katholischen inneren Christentum anführt.[63] Das kann kein bloßes
fremdes Zitat sein, sondern ist die Erinnerung an eine auch ihr bekannte
frühere Formulierung seiner eigenen theologischen Überzeugung.

Entsprechend dem philosophisch-theologischen Gehalt des Gedichtes ist der poetische Aufwand gering: Zwölf Verse 4-hebiger Trochäen mit
durchgehend männlicher Endung. Man kann die Verse in drei Vierzeiler
aufteilen, die syntaktisch zusammengebunden sind. (Diese Chance hat
die spätere Nutzung als Gesangbuchverse ergriffen.) Einer anfänglichen
Aufzählung dessen, was das Licht des Geistes ausmacht, in der ersten
Quasi-Strophe folgt ein mittlerer Teil mit der Angabe der Folgerung aus
dem Mangel dieses Lichtes, worauf in der abschließenden Strophe die
Lösung angeboten wird. Sie heißt: Kirche. Der Spruch hat also einen klaren dreistufigen didaktischen Aufbau: Problem – Folge – Lösung.

»Gedichte«. In: Johannes Endres (Hg.): *Friedrich Schlegel Handbuch.* Stuttgart 2017,
S. 179–183. Zur *Roland*-Dichtung (in: *KFSA* 5, S. 99–150), die Schlegel dominierend
zu Anfang in seinem *Taschenbuch auf das Jahr 1806* (s. Anm. 32, S. 1–124) veröffent-
lichte, vgl. auch die wichtige gattungsgeschichtliche Untersuchung bei Dietmar
Pravida: *Die Erfindung des Rosenkranzes. Untersuchungen zu Clemens Brentanos
Versepos.* Frankfurt a. M. 2005, S. 228–233.

62   Bei der Untersuchung der Vertonung von Schlegels *Lied. Schaff das Tagwerk meiner
Hände* aus dem *Musen-Almanach für das Jahr 1802.* In: *KFSA* 5, S. 154, ergab sich die
überraschende Entdeckung, dass der Dichter dreimal die Anfangszeilen von Goethes kurzem Gedicht *Hoffnung* aus dem Jahr 1789 (Johann Wolfgang Goethe: *Sämtliche Werke, Briefe, Tagebücher und Gespräche.* Bd. 1. Hg. von Karl Eibl. Frankfurt a.
M. 1987, S. 305) zitiert (Hans Dierkes und Hermann Patsch: ›*Die beigelegte Musik für
das kleine Lied*‹ [s. Anm. 30], S. 196 f.).

63   Friedrich an Dorothea Schlegel, 9. Februar 1819. In: Heinrich Finke (Hg.): *Der Briefwechsel Friedrich und Dorothea Schlegels 1818–1820 während Dorotheas Aufenthalt in
Rom.* München 1923, S. 171–175, hier S. 173.

Die Semantik des Gedichtes wird durch die Häufung der Substantive geprägt, vielfach in Genitiv-Verbindungen (»Geistes Licht« usw.).
Während Wörter wie »Licht, Stern, Gefühl, Herz« noch an einen roman-
tisierenden Wortschatz denken ließen, wird dieser aber durch die philosophischen Termini »Geist, Wissen, Wissenschaft, Weisheit, Pflicht«
überboten, die durch »geistlich, Glaube, Andacht, frommer Sinn, Kirche«
in die theologische Richtung gedrängt werden.

Die logische Folge der Gedanken ist durchsichtig: Die Bedingung für
das Epitheton »geistlich« ist ein Wissen, das vom Geist (im theologischen
Sinn von Pneuma, Spiritus), durch Glauben (Pistis, Fides) und Andacht
(Euphemia, Meditatio) erworben ist. An diesem Zusammenhang ist auch
der Begriff des Lichtes (Phôs, Lumen) theologisch konnotiert. Damit ist
von Anfang an der religiöse Mangelzustand benannt, für den eine Lösung
gesucht werden muss.

Das zweite Quartett fasst zusammen, dass das Lehren und das Ler-
nen der Wissenschaft dann keinen Bestand hat, »zum Staube hin[fällt]«,
wenn es nicht durch die Kraft des Gefühls oder den frommen Sinn des
Herzens fundiert ist. Das »Gefühl« – eine in der zeitgenössischen Philosophie und Theologie vielfach genutzte Metapher für einen vorrationa-
len Sinngrund des Lebens (Friedrich Heinrich Jacobi, Friedrich Schleiermacher) – bleibt hier ebenso wie der »fromme Sinn« unbestimmt. Es
muss durch die »hohe Weisheit« der »Kirche« (letztes Quartett) gefüllt
werden. Anzustrebendes Ergebnis ist die von der römisch-katholischen
Kirche garantierte Harmonik von Wissen und Glauben, die sich in der
gläubigen »stillen« Einhaltung der von der Kirche vorgeschriebenen
Pflichten zeigt. Damit verabschiedet sich Schlegel sehr entschieden
von dem kritischen Gedankengebäude seiner frühromantischen Zeit
und dem Jenaer Ringen um eine eigene Transzendentalphilosophie.[64]
Das zeigt er in seiner Poesie eher als in den theoretischen Schriften der

---

64   Vgl. Friedrich Schlegel: *Neue philosophische Schriften Erstmals in Druck gelegt.* Er-
      läutert und mit einer Einleitung in Fr. Schlegels philosophischen Entwicklungs-
      gang versehen von Josef Körner. Frankfurt a. M. 1935, S. 117–219, dazu Kommentar
      S. 293–321. Körners Einleitung ist unüberholt. Der Text in der *KFSA* 12 druckt Kör-
      ners Text nach. Vgl. auch Andreas Arndt: »Philosophie«. In: Johannes Endres (Hg.):
      Friedrich Schlegel Handbuch. Stuttgart 2017, S. 189–213, bes. S. 201–205, sowie Jure
      Zovko: *Friedrich Schlegel als Philosoph.* Paderborn u. a. 2010.

folgenden Jahre. Und genau hier konnte die kirchliche – katholische wie protestantische – Rezeption ansetzen.[65]

IV.   Scherers protestantische Erfüllung

Von dieser Grundlegung her ist der Sprung zur protestantischen Theologie kleiner als gedacht. Es müssen lediglich – natürlich gegen Wunsch und Willen des Autors – ein paar Substantive ausgetauscht werden. Das geschah in einem spätaufklärerischen Gesangbuch, das 1813 zum ersten Mal erschien und das (mindestens) sechs Auflagen erlebte, also den Geschmack seiner Zeit traf: *Sammlung christlicher Lieder für die kirchliche Andacht evangelischer Gemeinen. Zunächst der zu Jauer.* Breslau und Jauer 1813.[66] Sein Herausgeber Johann Wilhelm August Scherer (1771–1834) war Superintendent und Pastor primarius in Jauer in Schlesien.[67] Scherer preist in seiner ausführlichen Vorrede, dass dem frommen Gemüte »des religiösen Gesanges uralte Wunderkraft« über die Predigt hinaus wichtig sei, da die Worte und heiligen Handlungen des Gottesdienstes allein seine Sehnsucht nicht stillen könnten: »Der gemeinschaftliche Gesang ist es, der die süße Sehnsucht stillt.«[68] Dem gewaltigen und zerstörenden Übergewicht, das in der neueren Zeit der Verstand über Phantasie, Gefühl und Vernunft bekommen habe, will er durch die Wiedergewinnung der Poesie und der Musik im Kirchenlied beikommen. Das Wesen der Religion sei verkannt, wenn man sie für »Erkenntniß aus Begriffen oder Gesetzgebung für das Handeln oder beides zugleich« halte, wobei die

---

65   Vgl. Anm. 52. Zu dieser katholischen Rezeption kann auch die Inauguraldissertation von Hildegard Kalthoff: *Glauben und Wissen bei Friedrich Schlegel.* Bottrop 1939, gezählt werden, die das Gedicht zwar zitiert (S. 63 f.), Schlegel aber ganz im Spiegel der Spätschriften darstellt.

66   Johann Wilhelm August Scherer (Hg.): *Sammlung christlicher Lieder für die kirchliche Andacht evangelischer Gemeinen. Zunächst der zu Jauer.* Breslau/Jauer 1813 (nicht erreichbar). Ich zitiere nach der 6. unveränderten Auflage *Sammlung christlicher Lieder für evangelische Gemeinen zur öffentlichen und stillen Erbauung.* Breslau 1835 (mit den Vorreden von 1813 und zur 4. Auflage von 1829). Das Gesangbuch enthält 1011 Lieder mit Angaben der Melodien, aber ohne Noten. Ein Verzeichnis der Autoren und Komponisten fehlt.

67   Siehe den Nekrolog in: *Schlesische Provinzialblätter* 99 (1834), S. 587 f.

68   Johann Wilhelm August Scherer (Hg.): *Sammlung christlicher Lieder* (s. Anm. 66), S. I–X, Zitate S. I, II, III, V, VI.

Kirche in eine theologisch-moralische Lehranstalt verwandelt worden
wäre, während die »himmlischen Künste der Dichtung und der Töne«
ihres »priesterlichen Amtes entsetzt« worden seien, so dass der »Sinn für
Gemüth und Kraft« durch ein bewährtes oder auch neues Kirchenlied
durch »geweihte Dichter« gegen die »sogenannten Aufgeklärten« zu allererst wiedergewonnen werden müsse. Als Beispiel dient Scherer nicht
zuletzt das Herrnhuter Gesangbuch. »Fromme Dichter, von Luther bis
auf die neueste Zeit«, will er darum in seiner Sammlung bringen, und
dazu gehören dann auch etwa die *Geistlichen Lieder* des Novalis. Freilich scheut sich Scherer bei den neueren Autoren – außer bei Gellert
und Klopstock, die überwiegend ebenso tabu sind wie Luther – keinesfalls, »unbedenklich« Fassungen wählen zu dürfen, welche »entweder in
poetischer Rücksicht oder für den kirchlichen Zweck« die geeignetsten
erschienen.

> Die Sprache der Poesie wird von dem frommen Gemüthe und von
> der kindlichen Seele besser verstanden, als viele meinen, ja viel kla-
> rer, als von denen, welchen eine einseitige Verstandesbildung den
> Blick in die ewige Welt getrübt hat.

Man versteht, warum der Herausgeber auch neue und neueste Lieder
etwa von Lavater, Wieland, Christian Daniel Schubart, Johann Heinrich
Voß aufgenommen hat, aber auch von weniger bekannten Lyrikerinnen
wie Anna Gräfin von Stollberg und Karoline Rudolphi,[69] schließlich auch
von Rostorf (also Karl von Hardenberg). Dessen Lied, protestantisch
überarbeitet, stammt – wie später Friedrich Schlegels – aus dem *Dichter-
Garten.*[70] Wenn Friedrich Schlegel das Gesangbuch vor Augen gekommen

---

69   Von Rudolphi sind *Des Lebens Pfad ist Labyrinth* (S. 423, Nr. 548) und *Leben ist
      des Himmels Gabe* (S. 565, Nr. 723) angeführt. Vgl. zu dieser Autorin Gudrun
      Loster-Schneider: »›Laß mir noch Manch kleines Liedchen glücken, Das weiche
      Schwesterseelen einst An ihre Busen drücken‹. Zur Lyrik der ›Erzieherin‹ Caroline
      Rudolphi«. In: Walter Salmen (Hg.): *Johann Friedrich Reichardt und die Literatur.
      Komponieren Korrespondieren Publizieren.* Hildesheim 2003, S. 271–290.
70   *Wer in der Welt Getümmel als armer Fremdling steht* (S. 429, Nr. 557), nach der
      Melodie *Valet will ich dir geben* (von Melchior Teschner 1614), die noch immer im
      Evangelischen Gesangbuch überliefert ist. Es handelt sich um die Strophen 3, 5–7
      des novalisierenden Gedichtes *Trost-Lied* aus dem *Dichter-Garten* (s. Anm. 26),

wäre, hätte er sehen können, dass auch sein Vater Johann Adolf Schlegel (1721–1793) mit mehreren Liedern vertreten war. Der Vater gilt, was sein Sohn natürlich wahrgenommen haben muss, als ein wichtiger Kirchenlieddichter, -sammler und -bearbeiter in der Epoche der Aufklärung, die wie selbstverständlich das Recht für sich in Anspruch nahm, die überlieferten Text zu »verbessern«.[71] Der Gesamtentwurf zeigt, dass Scherer wohl antirationalistisch, aber nicht nur rückwärtsgewandt konservativ gesinnt war.[72]

1829 erschien in Breslau die vierte Auflage der *Sammlung christlicher Lieder für evangelische Gemeinen zur öffentlichen und stillen Erbauung.* Der Herausgeber Scherer war inzwischen Pastor emeritus. Er fügte eine neue Vorrede hinzu, vor allem aber einen Nachtrag von 150 neuen Liedern. In der Vorrede äußert er sich deutlich ökumenisch. Er freut sich, dass ein katholisches Gesangbuch aus Liegnitz in einem überwiegenden Teil, »theils zweckmäßig verändert«, Lieder evangelischer Tradition, auch aus dem vorliegenden Gesangbuch, übernommen habe, und betont die »durch Christum und seinen Geist verknüpfte Familie des ewigen Vaterhauses«. Diese gestatte es, Angelus Silesius und Luther neben einander zu stellen. Und so erweise sich im kirchlichen Gesang »Poesie als Prophetie«, »Dichtung als Weissagung« der den beiden Kirchen eigenen »höhere[n] Einheit«, die die sehr große Mannigfaltigkeit und Verschiedenheit religiöser Anschauungen und Gefühle zu umfassen vermögen.

S. 122–125. Die protestantische Überarbeitung geschieht so, dass in den beiden letzten Strophen aus »Maria! die Geliebte« »Jesus, der Geliebte« gemacht wird und aus »der treusten Mutter Hand« »des ew'gen Freundes Hand«, d. h. die Mariologie wird zurückgenommen.

71 Johann Adolf Schlegel: *Sammlung Geistlicher Gesänge zur Beförderung der Erbauung.* Bde. 1–3. Leipzig 1766–1772; Bd. 1 in zweiter »verbesserter« Ausgabe Leipzig 1772. Über den Texten ist stets vermerkt, ob sie »verbessert« wurden. Luther war, wie in Bd. 1 ausführlich begründet wird, keinesfalls von den Verbesserungen ausgenommen. Vgl. auch Wolfdietrich von Kloeden: »Johann Adolph [Schlegel]«. In: *Neue Deutsche Biographie.* Bd. 23. Berlin 2007, S. 37 f., sowie Roger Paulin: *August Wilhelm Schlegel. Biographie.* Paderborn 2017, S. 25–27.

72 Das Gesangbuch wurde von der Kommission für das *Berliner Gesangbuch* (*Gesangbuch zum gottesdienstlichen Gebrauch für evangelische Gemeinen.* Berlin o. J. [1829]), dessen Spiritus rector Friedrich Schleiermacher war, vielfach genutzt, nicht zuletzt für die Novalis-Rezeption (vgl. Hermann Patsch: ›*Wenn alle untreu werden*‹ [s. Anm. 13]).

Zu dieser höheren Einheit wird dann auch der Konvertit Friedrich Schlegel zählen können.[73]

In dem Nachtrag, der zwei Drittel Lieder aus neuerer Tradition enthält, begegnen neben vielen heute verschollenen Namen aus Theologenkreisen wenige Nichttheologen als geistliche Lyriker wie Johann Peter Uz, Johann Georg Jacobi, Ernst Moritz Arndt, Friedrich de la Motte Fouqué mit einem erwähnenswerten Danklied,[74] vor allem aber Friedrich Schlegels *Spruch* von 1806 in der Sparte »Glauben und Wissen«.[75]

Da dieser Spruch als Lied natürlich nicht unverändert übernommen werden konnte, sondern nach der üblichen Methode für »den kirchlichen Zweck« (Scherer) eines protestantischen Gesangbuches passend gemacht werden musste, lohnt ein synoptischer Druck. Die veränderten Wörter sind durch Kursive herausgehoben.

Spruch

Geistlich wird umsonst genannt,
Wer nicht Geistes Licht erkannt;
Wissen ist des Glaubens Stern,
Andacht alles Wissens Kern.
Lehr' und lerne Wissenschaft,
Fehlt dir des Gefühles Kraft
Und des Herzens frommer Sinn,
Fällt es bald zum Staube hin;
Schöner doch wird nichts gesehn,
Als wenn die beisammen gehn,
Hoher Weisheit Sonnenlicht
Und der Kirche stille Pflicht.

Glauben und Wissen
M. Gott sei Dank in etc.
[Belehrend.]

65. Geistlich wird umsonst genannt,
Wer nicht Geistes Licht erkannt;
Wissen ist des Glaubens Stern,
Glaube alles Wissens Kern.
2. Lehr und lerne Wissenschaft;
fehlet dir des *Glaubens* Kraft,
und des Herzens frommer Sinn,
fällt es bald zum Staube hin.
3. Schöner doch wird Nichts gesehn,
Als wenn die *vereinet* gehn:
hoher Weisheit Sonnenlicht
Und *des Glaubens* stille Pflicht.
F. Schlegel.

---

73   Johann Wilhelm August Scherer: »Vorrede zur vierten Auflage«. In: Ders. (Hg.): *Sammlung christlicher Lieder für evangelische Gemeinen zur öffentlichen und stillen Erbauung* (s. Anm. 66), S. X–XVI, Zitate S. X, XI, XIV. Die Lieder des Nachtrags sind neu paginiert und neu beziffert.

74   Ebd., Anhang, S. 29, Nr. 50: *Herr, Dank sei dir und Ehre, der unserm Vaterland die selge Christuslehre hat segnend zugewandt* (nach der Melodie *Valet will ich dir geben*). Es handelt sich nicht um eines der oben (s. Anm. 8) genannten Missionslieder.

75   Ebd., Anhang, S. 37, Nr. 65.

Die Einfügung in die Rubrik »Glauben und Wissen«, eine klassische theologische Wortkombination (fides et scientia), führt den Leser und Sänger zu dem beabsichtigten Vorverständnis, zitiert aber natürlich zugleich die zentralen Begriffe der ersten Verse des Schlegel'schen Gedichtes. Die passende Melodie eines katholischen Kirchenliedes schien dem Herausgeber nicht einzufallen, zur evangelischen Eingemeindung – wenn ich so sagen darf – gehörte eine allgemein bekannte Melodie protestantischer Tradition. Die Melodie zu *Gott sei Dank durch alle Welt* wird noch im gegenwärtigen *Evangelischen Gesangbuch* genutzt und wird auf »Frankfurt/M 1659, Halle 1704, bei Johann Georg Stötzel 1744« zurückgeführt.[76] Der Text dieses Lieds ist von Heinrich Held von 1658. Schlägt man dieses Lied im alten Teil des Scherer'schen Gesangbuch nach, so wird dort als Melodie *Nun komm der Heiden Heiland* vorgeschlagen,[77] das sich gleichfalls noch im neuesten evangelischen Gesangbuch findet und auf Luther zurückgeführt wird.[78] Beide Melodien sind bis heute nicht ökumenisch.

Die Änderung der im engeren Sinne katholisch konnotierten Substantive ist einfach und durchschlagend: Andacht, Gefühl, Kirche – besonders dieses Wort – haben bei Friedrich Schlegel natürlich die römisch-katholische ekklesiologische Bedeutung; sie werden durch das urprotestantische, von Paulus geerbte Fachwort »Glauben« (pistis, fides) ersetzt. Damit ist für Scherer aus einem katholischen ein evangelisches Lied geworden, das man unbedenklich nach einer Melodie singen konnte, die für einen protestantischen Text komponiert worden war.[79] Das kann, dem neuen Vorwort nach, durchaus ökumenisch gedacht gewesen sein.

76   *Evangelisches Gesangbuch* (s. Anm. 7) S. 46, Nr. 12.

77   Johann Wilhelm August Scherer (Hg.): *Sammlung christlicher Lieder für evangelische Gemeinen zur öffentlichen und stillen Erbauung* (s. Anm. 66), S. 123, Nr. 149.

78   *Evangelisches Gesangbuch* (s. Anm. 7), S. 35, Nr. 4: Text Martin Luther 1524 nach dem Hymnus *Veni redemptor gentium* des Ambrosius von Mailand um 386. Mel. Einsiedeln 12. Jh., Martin Luther 1524.

79   Ganz sicher ist nicht zu erkennen, welche Melodie sich Scherer vorgestellt hat. Johann Gottfried Schicht: *Allgemeines Choral-Buch für Kirchen, Schulen, Gesangvereine, Orgel- und Pianoforte-Spieler. Vierstimmig gesetzt.* Drei Theile. Leipzig [1819], im Vorwort Scherers angegeben, führt gemäß dem Register zwölf verschiedene Melodien für *Gott sei Dank in aller [durch alle] Welt* an, deren keine – abgesehen von *Nun komm der Heiden Heiland* – der im gegenwärtigen *Evangelischen Gesangbuch* angeführten Melodie völlig gleicht.

Vielleicht ist die Änderung von »beisammen« zu »vereinet« andeutungs-
weise so gemeint gewesen. Aber die Formulierung »Pflicht des Glaubens«
(eigentlich ganz unpaulinisch) statt »Pflicht der Kirche« klingt doch gegen die alleinselig machende Kirche gewendet. Ganz konnte Scherer –
wenn er der Bearbeiter war – doch nicht aus seiner protestantischen
Haut.

   Was für eine Karriere! Ein katholisierendes Spruchgedicht von 1806
wird 1829 ein ökumenisch gezieltes evangelisches Kirchenlied! Das geschah kurz nach Friedrich Schlegels Tod. Ob ein katholisches Gesangbuch mit einer solchen Übernahme vorausgegangen war, ist unbekannt,
auch eher unwahrscheinlich, da die Rezeption des *Spruches* niemals auf
eine Gesangstradition verweist. Dann freilich wäre auch kaum mit der
Änderung der allerletzten Zeile zu rechnen gewesen, auf dessen Wortlaut
es dem Autor ankam. Mit dem Wort »Kirche« verband er die römisch-katholische Ecclesia Mundi, auch wenn seine eigentliche, kirchenrechtlich
verbindliche Konversion erst im April 1808 Wirklichkeit wurde.

   Schlegel, der selbst keinen inneren Bezug zur Musik hatte, hat wohl
wahrgenommen, dass seine frühen Gedichte gelegentlich als volkslied-
haftes Kunstlied vertont wurden. Ob er bemerkt hat, dass Franz Schubert
ihn mehrfach in seiner musiktheoretisch »romantisch« genannten Manier komponiert hat, ist unbekannt. In Wien hätte sich das herumspre-
chen können. Aber dass seine Spruchdichtung nach seinem Tode in ein
evangelisches Gesangbuch gelangte, hätte zwar seiner Eitelkeit schmei-
cheln können, ihm aber wegen des Fehlens des römisch-katholischen
Kirchenbezugs mit Sicherheit nicht behagt.

   Da nicht genau bekannt ist, welche Melodie-Fassung von *Gott sei Dank
in aller Welt* sich der Herausgeber der *Sammlung christlicher Lieder für
evangelische Gemeinen* im Jahr 1829 vorgestellt hat, sei hier die gegenwärtige Noten-Fassung des *Evangelischen Gesangbuchs* mit Friedrich
Schlegels Text in der Bearbeitung Scherers abgedruckt.[80] Der gesangliche
Nachvollzug mag vielleicht auch erkennen lassen, warum sich diese ein-
malige Novität nicht durchgesetzt hat.

---

80   Vgl. *Evangelisches Gesangbuch* (s. Anm. 7) S. 46, Nr. 12. Notensatz: Gertraud
     Steinhaeusser.

Glauben und Wissen

Melodie: Gott sei Dank durch alle Welt (Belehrend)

Text: Friedrich Schlegel

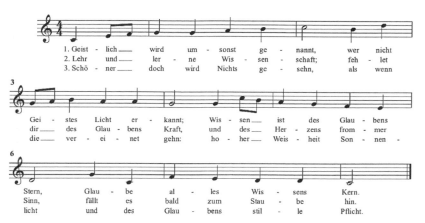

Text: *Sammlung christlicher Lieder für die kirchliche Andacht evangelischer Gemeinen.* 6. Aufl. Breslau 1835, Anhang S. 37; Melodie: *Gott sei Dank durch alle Welt* [Frankfurt a. M. 1679]. In: *Evangelisches Gesangbuch. Ausgabe für die Evangelisch-Lutherischen Kirchen in Bayern und Thüringen.* München/Weimar o. J. [1993/96], S. 12.

Gewalt im Wald. Figurationen des Banns bei Fouqué (*Der böse Geist im Walde*) und Stifter (*Die Pechbrenner*)

Florian Stocker

I.   Zur Einleitung

Als Peter Wohlleben im Sommer 2015 ein Sachbuch veröffentlichte, war die Aufregung denkbar gering: Den Förster einer kleinen Gemeinde in der Eifel kannte kaum jemand. Das ließe sich so heute nicht mehr sagen. Zwischenzeitlich ist »Deutschlands bekanntester Waldmensch«[1] zum gefeierten Bestsellerautoren und routinierten Talkshowgast, für die *New York Times* nachgerade zur »sensation«[2] avanciert. Seit seinem Erscheinen behauptet sich Wohllebens Buch auf diversen Bestsellerlisten; neben verschiedenen Übersetzungen liegt eine sechsstündige Hörbuch-Version vor. Der schillernde Titel des Erfolgsbuches: *Das geheime Leben der Bäume*.[3] Gefragt nach einer Erklärung für seinen unvorhersehbaren Erfolg, räsoniert der Autor: »Irgendwie ist bei jedem Menschen sehr tief verwurzelt eine ganz starke Natur- und auch Baumliebe vorhanden«.[4] Eine Liebe, die sich in Zahlen messen lässt – mehr als eine Million Exemplare wurden allein in Deutschland bereits verkauft.

Die Liebe zum Wald ist so ungebrochen wie alt. Das Jahrhunderte zurückreichende Interesse, die Begeisterung der Deutschen für ihre Bäume

---

1   Jan Heidtmann: »Der Baumflüsterer«. In: *Süddeutsche Zeitung,* 20.11.15. http://www.sued deutsche.de/leben/historie-der-baumfluesterer-1.2742510 (31.10.18).

2   Sally McGrane: »Where We See Tangled Trees, He Sees Social Networks«. In: *The New York Times,* 30.01.16. https://www.nytimes.com/2016/01/30/world/europe/german -forest-ranger-finds-that-trees-have-social-networks-too.html (31.10.18).

3   Peter Wohlleben: *Das geheime Leben der Bäume. Was sie fühlen, wie sie kommunizieren – die Entdeckung einer verborgenen Welt.* München 2015.

4   Interview im alpha-Forum, Bayerischer Rundfunk. Sendung vom 24.02.17. Gesprächsprotokoll: https://www.google.de/url?sa=t&rct=j&q=&esrc=s&source=web& cd=14&cad=rja&uact=8&ved=0ahUKEwjykdG5gYfXAhVCnR0KHXlaD6s4ChAWCD 8wAw&url=http%3A%2F%2Fwww.br.de%2Ffernsehen%2Fard-alpha%2 Fsendungen%2Falpha-forum%2Fpeter-wohlleben-gespraech-100~attachment .pdf%3F&usg=AOvVaw1QyfW7qwyIkjLcjrnDFQUx (31.10.18).

© VERLAG FERDINAND SCHÖNINGH, 2019 | DOI:10.30965/9783657792573_004

manifestiert sich nicht erst an Verkaufslisten der Postmoderne, sie lässt sich nachverfolgen in zahlreichen Heimatfilmen, in der bildenden Kunst und namentlich in der Literatur. Gerade die deutschen Vertreter der Romantik ließen ihre Protagonisten in den Wald wandern, er wurde »zu einem der einprägsamsten Hintergrundmotive ihres literarischen Schaffens« und »Leitbild einer ganzen Epoche«.[5] Elias Canettis im Jahr 1960 formulierte Beobachtung, dass nirgendwo »das Waldgefühl so lebendig geblieben« sei, wie hierzulande, verdankt sich zu einem wesentlichen Teil der Romantik.[6] Unter allen Räumen, welche die Literatur dieser Zeit entwirft, arriviert der Wald zum favorisierten Raum schlechthin. Seinen literarischen Wurzeln hat die Forschung denn auch verschiedentlich nachgespürt, und so lässt sich die Literatur- und Kulturgeschichte des Waldes heute schwerlich als unerforschtes Terrain bezeichnen.[7]

Wenn hier nun gleichwohl noch einmal literarische Waldformationen des 19. Jahrhunderts in den Blick geraten, geschieht eben dies in einer bestimmten Perspektive. Unter Rückgriff auf das – seit dem ›spatial turn‹ der Literatur- und Kulturwissenschaften in der Forschung allenthalben bemühte[8] – Heterotopie-Konzept Michel Foucaults soll der Wald in

---

5 Christian Heger: »Der Wald – eine mythische Zone. Zur Motivgeschichte des Waldes in der Literatur des 19. und 20. Jahrhunderts«. In: Ders.: *Im Schattenreich der Fiktionen. Studien zur phantastischen Motivgeschichte und zur unwirtlichen (Medien-)Moderne.* München 2010, S. 61–85, hier S. 63.

6 Elias Canetti: *Masse und Macht.* München 1960, S. 202.

7 Vgl. Robert Pogue Harrison: *Forests. The Shadow of Civilization.* Chicago 1992, Florian Schneider: »Waldsterben. Zur Mediengeschichte des deutschen Waldes«. In: *Archiv für Mediengeschichte* 7 (2007), S. 23–47, Christian Heger: *Wald* (s. Anm. 5), und Johannes Zechner: *Der deutsche Wald. Eine Ideengeschichte zwischen Poesie und Ideologie 1800–1945.* Darmstadt 2016. Vgl. auch Sonja Klimek: »Waldeinsamkeit. Literarische Landschaft als transitorischer Ort bei Tieck, Stifter, Storm und Raabe«. In: *Jahrbuch der Raabe-Gesellschaft* 53 (2012), S. 99–126.

8 Eine dem ›spatial turn‹ verpflichtete Literaturwissenschaft richtet ihre Aufmerksamkeit auf die räumliche Seite der in literarischen Texten entworfenen Welten, wobei freilich schon Jurij M. Lotman: *Die Struktur literarischer Texte.* Übers. von Rolf-Dietrich Keil. 4., unveränd. Aufl. München 1993, S. 329, darauf verwies, »daß der Ort der Handlung(en) mehr ist als eine Beschreibung der Landschaft oder des dekorativen Hintergrunds«. Zum ›spatial turn‹ vgl. Doris Bachmann-Medick: »Spatial Turn«. In: Dies.: *Cultural Turns. Neuorientierungen in den Kulturwissenschaften.* Reinbek b. H. 2006, S. 284–328, Jörg Döring und Tristan Thielmann: »Einleitung: Was lesen wir im Raume? Der Spatial Turn und das geheime Wissen der Geographen«. In: Dies. (Hg.): *Spatial turn. Das Raumparadigma in den Kultur- und Sozialwissenschaften.* Bielefeld 2008, S. 7–45, Michael C. Frank u. a.: »Räume – Zur Einführung«. In: *Zeitschrift für*

einer spezifischen Lesart analysiert werden: als Raum der Verhandlung von Fragen der Gewalt, des Rechts und Banns. Den Referenzrahmen für dieses Vorhaben bildet neben Foucault eine im Anschluss an Giorgio Agambens *Homo-sacer*-Projekt formulierte ›Theorie des Banns der Gewalt‹ der Literaturwissenschaftler Maximilian Bergengruen und Roland Borgards.[9] In der Verknüpfung von Fragen des Raums mit solchen des Gewaltenbanns verfolgt dieser Beitrag insofern originär differente theoretische Stränge, die sich jedoch, wie anhand von Erzählungen Friedrich de la Motte Fouqués und Adalbert Stifters nachzuvollziehen ist, in ihrer Verbindung sinnvoll fruchtbar machen lassen, um unbeachtete Komponenten des Waldes in der Literatur des frühen 19. Jahrhunderts exemplarisch zu fokussieren.

II.   Vom Bann der Gewalt

In seinem 1984 veröffentlichten Essay *Von anderen Räumen* beschreibt Foucault Heterotopien als Räume, die in einem spezifischen Verhältnis stehen zu etablierten Raumformationen: Es handelt sich um »Gegenorte [...], in denen [...] all die anderen realen Orte, die man in der Kultur finden kann, zugleich repräsentiert, in Frage gestellt und ins Gegenteil verkehrt werden«.[10] Wenn sich Heterotopien in ihrem Status der Entgrenztheit

---

Kulturwissenschaften 2 (2008), S. 7–16, Sigrid Weigel: »Zum ›topographical turn‹. Kartographie, Topographie und Raumkonzepte in den Kulturwissenschaften«. In: *KulturPoetik* 2 (2002), S. 151–165, sowie Katrin Winkler, Kim Seifert und Heinrich Detering: »Die Literaturwissenschaften im Spatial Turn«. In: *Journal of Literary Theory* 6 (2012), S. 253–269.

9   Giorgio Agamben: *Homo sacer. Die souveräne Macht und das nackte Leben.* Aus dem Italienischen von Hubert Thüring. 10. Aufl. Frankfurt a. M. 2015. – Maximilian Bergengruen und Roland Borgards: »Einleitung«. In: Dies. (Hg.): *Bann der Gewalt. Studien zur Literatur- und Wissensgeschichte.* Göttingen 2009, S. 7–20; der Text erschien vorab als Teil eines Aufsatzes, vgl. Maximilian Bergengruen und Roland Borgards: »Bann der Gewalt. Theorie und Lektüre (Foucault, Agamben, Derrida/ Kleists *Erdbeben in Chili*)«. In: *Deutsche Vierteljahrsschrift für Literaturwissenschaft und Geistesgeschichte* 81 (2007), S. 228–256.

10   Michel Foucault: *Von anderen Räumen.* In: Ders.: *Schriften in vier Bänden. Dits et écrits.* Bd. 4. Hg. von Daniel Defert und François Ewald. Übers. von Michael Bischoff. Frankfurt a. M. 2005, S. 931–942, hier S. 935. – Die Forschung hat sich zuletzt geradezu inflationär (und in zuweilen unverhältnismäßigem Ausmaß) mit Foucaults Heterotopien beschäftigt, weshalb sich eine weitere erschöpfende Darstellung des

»grundsätzlich über ihr Zusammenspiel mit dem ersten Raum« bestimmen, handelt es sich nicht um schlichtweg binomisch-komplementäre
Gegen-Räume, die einander entsprächen beziehungsweise ergänzten.[11]
Zwar gründet die Heterotopologie eines Raumes auf gegensätzlichen
Raumverhältnissen des wechselseitigen Ausschlusses, diese werden aber
durchbrochen, indem der heterotope Raum Aus- und Einschlussverfahren miteinander verknüpft: »Das Ausgeschlossene ist Teil des Inneren.
So gründen Heterotopien auf Trennungen und Demarkationen, die sie
umkehren und zugleich entgrenzen.«[12] Diese Figur inkludierender Exklusion markiert, so wird zu zeigen sein, einen wesentlichen Kreuzpunkt
zwischen der heterotopen Disposition von Fouqués und Stifters literarischen Wäldern und dem Bann der Gewalt.

Dabei geht es eben dem zweiten theoretischen Bezugspunkt dieser
Untersuchung vorderhand nicht um den Raum: Im ersten Buch seines
Homo-sacer-Projekts beleuchtet Agamben die Politisierung menschlichen Lebens, indem er das Moment der Souveränität fokussiert, welches
er im Verhältnis eines Staats beziehungsweise einer Rechtsordnung zum
›nackten Leben‹, das heißt zur bloßen leiblichen Existenz des Menschen,
begriffen sieht. Unter Rückgriff auf Foucaults Konzept der Biopolitik und
Walter Benjamin, der in seinem Aufsatz *Zur Kritik der Gewalt* auf die unauflösbare Verknüpfung von Gewalt und Recht hingewiesen hat,[13] untersucht Agamben die »geheime Komplizenschaft«, welche »zwischen der
Heiligkeit des Lebens und der Macht des Rechts«[14] besteht und im Dilemma einer Doppelbewegung der sukzessiven Verrechtlichung und

---

Konzepts an dieser Stelle erübrigt. Vgl. stattdessen einführend etwa Tobias Klass:
»Heterotopie«. In: Clemens Kammler, Rolf Parr und Ulrich Johannes Schneider
(Hg.): *Foucault-Handbuch. Leben – Werk – Wirkung. Sonderausgabe*. Stuttgart 2014,
S. 263–266, Heiko Christians: »Landschaftlicher Raum: Natur und Heterotopie«.
In: Stephan Günzel (Hg.): *Raum. Ein interdisziplinäres Handbuch*. Stuttgart/Weimar 2010, S. 250–265, insbes. S. 255–258, ferner Brahim Moussa: *Heterotopien im
poetischen Realismus. Andere Räume, Andere Texte*. Bielefeld 2012, insbes. S. 35–39.

11   Brahim Moussa: *Heterotopien* (s. Anm. 10), S. 58.
12   Vittoria Borsò: »Grenzen, Schwellen und andere Orte. ›... La géographie doit bien
     être au cœur de ce dont je m'occupe‹«. In: Dies. und Reinhold Görling (Hg.): *Kulturelle Topografien*. Stuttgart 2004, S. 13–41, hier S. 29.
13   Vgl. ebd., S. 24.
14   Giorgio Agamben: *Homo sacer* (s. Anm. 9), S. 76 f.

einhergehender Entrechtung menschlichen Lebens gipfelt.[15] Seine in den letzten Jahren vieldiskutierte These lautet, »daß die Einbeziehung des nackten Lebens in den politischen Bereich den ursprünglichen – wenn auch verborgenen – Kern der souveränen Macht bildet«;[16] diese Politisierung des nackten Lebens markiere »das entscheidende Ereignis der Moderne«[17] und müsse in letzter Konsequenz zur Annahme einer »innersten Solidarität zwischen Demokratie und Totalitarismus«[18] führen, insofern der »Ausnahmezustand« zum Regelfall zu werden drohe.[19]

Mit Blick auf den hier in Rede stehenden literarischen Wald sind nun die Überlegungen zum ›Bann‹ relevant, die Agamben im zweiten Teil des *Homo sacer* formuliert. Dabei greift er bekanntlich zurück auf eine Figur aus dem archaischen römischen Recht:[20] ›Homo sacer‹ war die Bezeichnung für einen Menschen, der aus der Gemeinschaft ausgestoßen und von der weltlichen Rechtsordnung geächtet wurde, mithin etwaige Rechte auf Schutz oder körperliche Unversehrtheit verlor und von jedermann getötet werden durfte. Zugleich von der religiösen Rechtsordnung ausgeschlossen, durfte er nicht den Göttern geopfert werden, weshalb sich seine Tötung erübrigte und er unberührbar wurde. Der *homo sacer* ist dieserart und dem Doppelsinn des Wortes *sacer* gemäß eine sowohl ›heilige‹ wie ›verfluchte‹ Figur, er »stellt eine doppelte Ausnahme von zwei Rechtsordnungen dar, die den zum *homo sacer* erklärten Menschen schutzlos beiden Mächten ausliefert«.[21] Die sakrosankte Figur des Verbannten ist auf der Grenze zwischen Kultur und Natur situiert:

15 Vgl. Eva Geulen: *Giorgio Agamben zur Einführung*. 2., vollst. überarb. Aufl. Hamburg 2009, S. 10–13.
16 Giorgio Agamben: *Homo sacer* (s. Anm. 9), S. 16.
17 Ebd., S. 14.
18 Ebd., S. 20.
19 Vgl. Giorgio Agamben: *Ausnahmezustand*. Aus dem Italienischen von Ulrich Müller-Schöll. Frankfurt a. M. 2004, S. 9. Der Ausnahmezustand, gemeinhin unter den Vorzeichen einer Verunklarung rigider Trennung von Judikative, Legislative und Exekutive (ebd., S. 14), ist gleichsam eine Dunkelzone des Rechts, eine Zone der Ununterscheidbarkeit zwischen Außen und Innen, Aus- und Einschließung, in dem »die Gesetzeskraft aus dem Gesetz herausgelöst wird« – er »definiert einen Zustand des Gesetzes, in dem die Norm zwar gilt, aber nicht angewendet wird (weil sie keine ›Kraft‹ hat), und auf der anderen Seite Handlungen, die nicht den Stellenwert von Gesetzen haben, deren ›Kraft‹ gewinnen« (ebd., S. 49).
20 Zum Folgenden vgl. Giorgio Agamben: *Homo sacer* (s. Anm. 9), S. 18 f., 81–84, sowie Eva Geulen: *Agamben* (s. Anm. 15), S. 99–102.
21 Eva Geulen: *Agamben* (s. Anm. 15), S. 100.

»Das Leben des Verbannten ist [...] kein Stück wilder Natur ohne jede
Beziehung zum Recht und zum Staat; es ist die Schwelle der Ununterschiedenheit und des Übergangs zwischen Tier und Mensch, zwischen
phýsis und *nómos,* Ausschließung und Einschließung.«[22] Der Verbannte
ist eine Schwellenfigur: nicht allein dem Gesetz entrückt, »sondern von
ihm *verlassen [abbandonato],* das heißt ausgestellt und ausgesetzt auf
der Schwelle, wo Leben und Recht, Außen und Innen verschwimmen«.[23]

Wenn Agamben betont, dass in der Figur des *homo sacer* »das menschliche Leben einzig in der Form ihrer Ausschließung in die Ordnung eingeschlossen wird«,[24] verweist er auf das Moment einer Gleichzeitigkeit
von In- und Exklusion, das neben dem Verbannten auch den verbannenden Souverän klassifiziert. So bedeutet der Bann immer auch Schutz und
Recht, indem er Verbannenden und Verbannten aneinander ›bindet‹ und
Letzteren damit einschließt:

> Der Bann ist wesentlich die Macht, etwas sich selbst zu überlassen,
> das heißt die Macht, die Beziehung mit einem vorausgesetzten Be-
> ziehungslosen aufrechtzuerhalten. Dasjenige, was unter Bann ge-
> stellt wird, ist der eigenen Abgesondertheit überlassen und zugleich
> dem ausgeliefert, der es verbannt und verläßt, zugleich ausgeschlos-
> sen und eingeschlossen, entlassen und gleichzeitig festgesetzt.[25]

Im Bann entsteht eine »Zone der Ununterschiedenheit«, deren Ursprung
in der spiegelbildlichen Situierung beider Antagonisten begründet ist:[26]
Wie der *homo sacer* steht auch der Souverän außerhalb wie innerhalb
der Rechtsordnung: »Der Souverän, der die legale Macht innehat, die
Geltung des Rechts aufzuheben, setzt sich legal außerhalb des Rechts.«[27]
Qua seiner Omnipotenz garantiert er die Sicherung der Ordnung und befindet sich insofern innerhalb dieser; ist ihr dabei selbst jedoch nicht unterstellt, kann sie modifizieren oder auflösen und ist insofern außerhalb
situiert – auch er ist eine Schwellenfigur. Seine Macht gründet gerade »in

---

22   Giorgio Agamben: *Homo sacer* (s. Anm. 9), S. 115.
23   Ebd., S. 39.
24   Ebd., S. 18 f.
25   Ebd., S. 119.
26   Ebd.
27   Ebd., S. 25.

der ausschließenden Einschließung des nackten Lebens in den Staat«.[28]
Beide Größen konstituieren sich wechselseitig: »Souverän ist derjenige,
dem gegenüber alle Menschen potentiell *homines sacri* sind, und *homo
sacer* ist derjenige, dem gegenüber alle Menschen als Souveräne handeln.«[29] Mithin ist die Figur des *homo sacer* »das Zentrum bzw. der Bezugspunkt«, auf dem das Gesetz, die souveräne Macht erst basiert.[30]

Es sind nun die hier skizzierten Überlegungen Agambens, auf deren
Grundlage Bergengruen und Borgards Ansätze einer ›Theorie des Banns
der Gewalt‹ formuliert haben, die »das Phänomen der Gleichzeitigkeit
von Ein- und Ausschluss in Machtverhältnissen gleich welcher Art«
analysieren will.[31] In der behaupteten Interdependenz von ›Macht‹
und ›Gewalt‹ liegt das Interesse ihres theoretischen Zugriffs an den
»ambivalente[n] Verstrickung[en] von Macht und Gewalt« begründet.[32]
Dieser setzt sich vor allem in zwei Punkten von Agamben ab: Während
Agamben, für den das nackte Leben und die souveräne Macht gleichsam
Derivate des Banns sind, auch danach fragt, was vor dem Akt des Bannens
liegt, interessieren sich Bergengruen/Borgards allein für dessen »Verfah-
rensweisen«,[33] also für die Frage, unter welchen Vorzeichen der Bann der
Gewalt etwa in Politik, Theologie, Recht und Naturwissenschaft konkret
vollzogen wird: »Nicht das, was vor der Handlung des Banns liegt [...],

---

28   Ebd., S. 117.
29   Ebd., S. 94.
30   Andrea Wilden: *Die Konstruktion von Fremdheit. Eine interaktionistisch-konstrukti-
      vistische Perspektive.* Münster 2013, S. 167. – »Entscheidend ist [...], daß dieses hei-
      lige Leben von Beginn an einen eminent politischen Charakter besitzt und eine
      wesentliche Bindung mit dem Boden offenbart, auf dem sich die souveräne Macht
      gründet« (Giorgio Agamben: *Homo sacer* [s. Anm. 9], S. 109).
31   Maximilian Bergengruen und Roland Borgards: *Einleitung* (s. Anm. 9), S. 12.
32   Ebd., S. 12. Während Agamben auf ein herkömmliches Verständnis von ›Macht‹ als
      Potenzialität und ›Gewalt‹ als ihrer Aktualisierung verweist (vgl. Giorgio Agam-
      ben: *Homo sacer* [s. Anm. 9], S. 55 f.), sprengt der Begriff der ›Gewalt‹ bei Bergen-
      gruen und Borgards »die mit ihm implizierte Differenz von der Macht. Deshalb
      beschreibt eine Theorie des Gewaltenbanns weder die Fiktion einer von aller Ak-
      tualität losgelösten Macht noch das bloße Ausagieren von tatsächlicher Gewalt,
      sondern gerade die Grauzone zwischen Macht und Gewalt« (ebd.). Wie Eva Ge-
      ulen: *Agamben* (s. Anm. 15), S. 78, Anm. 45, erläutert hat, versteht Agamben den
      Bann als *Rückzug* der höchsten Gewalt der Rechtskraft, die den Verbannten die-
      serart seiner Tötung *über-lässt;* wohingegen es Bergengruen und Borgards gerade
      auch um die (aktive) Ver-Bannung *durch* und *von* Gewalt geht.
33   Maximilian Bergengruen und Roland Borgards: *Einleitung* (s. Anm. 9), S. 14.

noch das, was damit verwandt dahinter liegt [...], ist von Interesse, sondern die Handlung selbst.«[34] Den Verfassern geht es um »die historische Analyse von Machtverhältnissen, genauer: der strukturellen Identität ihrer scheinbar bipolaren Strukturen in ihren geschichtlich variierenden Erscheinungsformen«. Allein vermeintlich bipolar sind die Strukturen der Machtverhältnisse, da sie sich tatsächlich durch jenes Moment des Ein- und Ausschlusses auszeichnen, das Agamben in seiner Analyse des Verhältnisses von souveräner Macht und nacktem Leben zum Recht herausgearbeitet hat.

Zweitens erweitern Bergengruen/Borgards Agambens »Zone der Ununterschiedenheit«[35] unter Rückgriff auf Thomas Hobbes' *Leviathan* (1651), Martin Luthers Obrigkeitsschrift (1523) und Jacques Derridas *Gesetzeskraft* (1990) um eine Instanz, die Agamben im *Homo sacer* weitgehend unberücksichtigt lässt: Sie fokussieren jene »dritte Größe«, welche »als Einzelne die Machtfülle des Souveräns und damit auch dessen Macht des Bannens garantiert«, sich mithin »ebenfalls in einem paradoxalen Verhältnis zum Souverän befindet« – gemeint ist gewissermaßen das ›Volk‹.[36] Das Verhältnis zwischen den zur Staatsgründung Souveränität abgebenden Menschen und dem Souverän ist asymmetrisch aufgrund des notwendigen Vertrauensvorschusses, den die potenziell Unterworfenen leisten, wenn sie die Gewalt an den Souverän abgeben in der Hoffnung, dieser möge sie in der Zukunft zu ihrem Schutz einsetzen. Der Souverän indes schiebt die Erfüllung seines Teils des Vertrags mit den Gewalt-Gebenden endlos auf – »denn im Aufschub liegt seine Macht«.[37] Somit lässt sich mit der Formel von der ›Zone der Ununterschiedenheit‹ sowohl das Verhältnis von Verbannendem und Verbanntem wie das von Gewalt-Abgebendem und Gewalt-Erhaltendem umreißen:

> Beides, die Ausübung der Macht und der Vorschuss, der das Ausüben möglich macht, sind gleichermaßen innerhalb und außerhalb der Gesetze angesiedelt. Innerhalb, da die Ausübung von Gewalt auf diesen beiden spiegelbildlich angeordneten Fundamenten

---

34   Ebd., S. 16. Dort das folgende Zitat.
35   Giorgio Agamben: *Homo sacer* (s. Anm. 9), S. 119.
36   Maximilian Bergengruen und Roland Borgards: *Einleitung* (s. Anm. 9), S. 16, insbes. S. 16–18.
37   Ebd., S. 19. Dort das folgende Zitat.

beruht, außerhalb, da der Glauben an ein in der Zukunft liegendes
[...] Heil, genauso wie die Ausübung der Gewalt angesichts ihres
unendlichen Aufschubs, niemals von den Gesetzen in irgendeiner
Form wieder eingeholt werden kann.

Es sind also zwei Spielarten des Banns der Gewalt, die Bergengruen/Bor-
gards aufzeigen: Während die erste Variante als inkludierende Exklusion
die *Verbannung* der (personifizierten) Gewalt durch den Machthaber bezeichnet, umfasst die zweite Variante die *Bannung* der Gewalt im Sinne
einer Exklusion von Gewalt, die vom Gewalt-Gebenden zum -Empfan-
genden transferiert wird. Mit anderen Worten: Während die eine (hori-
zontale) Achse des Gewaltenbanns auf ein ›Innen‹ respektive ›Außen‹
der Macht abzielt, geht es der anderen (vertikalen) Achse um das ›Oben‹
respektive ›Unten‹ der Macht; in ihrer Differenz verfolgen dabei jedoch
beide Achsen ein gemeinsames Interesse, nämlich den Ausschluss von
Gewalt:

> Auf der ersten Herrschaftsachse sollen die Träger der Gewalt, sollen
> die gewaltsamen Subjekte ausgeschlossen werden; auf der zweiten
> soll die Gewalt selbst ausgeschlossen werden, deren vormalige Trä-
> ger jedoch eingeschlossen bleiben. In beiden Fällen indes impliziert
> der Ausschluss von Gewalt immer zugleich deren Einschluss.[38]

Mit diesen beiden Formen des bannenden Umgangs mit Gewalt lassen
sich nach Bergengruen/Borgards politisch-rechtliche Herrschaftsverhält-
nisse, kulturelle Konstellationen der Gewalt sowie Fragen nach Machtverhältnissen, wie sie von literarischen Texten problematisiert werden,
untersuchen. Diesem Anliegen widmen sich die folgenden Textlektüren,
indem sie ausgewählten literarischen Wäldern nachspüren.

III.   *Der böse Geist im Walde* (Fouqué). Von Wald und Welt

Als der Philologe Heinrich Voß im Jahr 1812 einen kritischen Blick auf
das literarische Reich wirft, kommt er zu einem emphatischen Urteil:
»Welch ein Riesengenie erblüht uns in La Motte Fouqué! O wie winzig

---

38   Ebd., S. 20.

erscheinen mir dagegen die kleinen Erzählungsmännchen, ohne Gemüt, ohne Erfindungsgabe!«[39] Mit seinem Enthusiasmus für Fouqué steht Voß nicht alleine da: Zu Beginn des 19. Jahrhunderts zählt der Brandenburger zu den meistgelesenen Autoren im deutschsprachigen Raum. Seiner großen Produktivität und Popularität verdankt der Schüler August Wilhelm Schlegels bald Beziehungen zu Brentano, Arnim, Kleist und Tieck; seine Werke treffen vor allem im zweiten Jahrzehnt den Geschmack der Zeit.[40] Auch wenn man Einschätzungen, wonach Fouqué seinerzeit der »bekannteste und einflußreichste Romantiker«[41] gewesen wäre, zurückhaltend begegnen mag, lässt sich sein großer Bekanntheitsgrad und Einfluss auf das literarische Leben nicht nur Berlins konstatieren. Zehn Jahre später indes muss das »Riesengenie« bilanzieren, »daß ich nicht mehr so in der Mode bin«.[42] Nimmt das Interesse an den Werken des »Schnellschreiber[s]« in den letzten Jahrzehnten seines Lebens stark ab, geraten sie nach dem Tod 1843 großteils in Vergessenheit.[43] Bis heute ist die wissenschaftliche Auseinandersetzung mit Fouqué überschaubar geblieben, gerade zu den Erzählungen liegen kaum Untersuchungen vor. Wenn hier zunächst der literarische Wald des frühen 19. Jahrhunderts im Zentrum stehen soll, scheint es sinnvoll, sich mit Fouqué an einen der wichtigsten Vertreter dieser Zeit zu halten. In seinen Texten begegnet der Wald vorzüglich unter Vorzeichen, die für die Romantik als charakteristisch gelten dürfen, wird er hier doch (etwa in den Kunstmärchen *Undine* und *Das Waldabentheuer*)[44] zum »Ort des Anderen, als Sphäre des

---

39   Maria Fehling (Hg.): *Briefe an Cotta. Das Zeitalter Goethes und Napoleons 1794–1815.* Stuttgart/Berlin 1925, S. 330.

40   Zur zeitgenössischen Rezeption vgl. Frank Rainer Max: *Der ›Wald der Welt‹. Das Werk Fouqués.* Bonn 1980, S. VII–XII, Claudia Stockinger: *Das dramatische Werk Friedrich de la Motte Fouqués. Ein Beitrag zur Geschichte des romantischen Dramas.* Tübingen 2000, S. 5–11, und Gerhard Schulz: »Nachwort: Fouqué als Erzähler«. In: Ders. (Hg.): Friedrich de la Motte Fouqué: *Romantische Erzählungen.* München 1977, S. 493–515, hier S. 494–497.

41   Katja Diegmann-Hornig: »*Sich in die Poesie zu flüchten, wie in unantastbare Eilande der Seeligen«. Analysen zu ausgewählten Romanen von Friedrich Baron de la Motte Fouqué.* Hildesheim u. a. 1999, S. 127, die ausgewählte Romane Fouqués auf autobiographische Züge befragt.

42   Fouqué an Cotta, 11. Juli 1824. In: Herbert Schiller (Hg.): *Briefe an Cotta. Das Zeitalter der Restauration 1815–1832.* Stuttgart/Berlin 1927, S. 345.

43   Claudia Stockinger: *Werk* (s. Anm. 40), S. 9.

44   Fouqué: *Ein Waldabentheuer* (1816), *Undine* (1811). Vgl. ferner die dramatischen Stücke *Die Nacht im Walde* (1812), *Der Wandrer und die Bäume* (1816), *Nächtliche Andacht im Walde* (1816).

Wunderbaren«[45] potenziert. Mit der Märchennovelle *Der böse Geist im Walde* steht ein Text im Fokus, den die Forschung bislang unberücksichtigt ließ, gleichwohl auch dieser Fouqués »offenkundiges Geschick in der Handhabung der kleineren Prosaformen« hinreichend demonstriert.[46]

Im Zentrum des 1812 von Julius Eduard Hitzig[47] veröffentlichten »phantastischen Stück[s]« *Der böse Geist im Walde,* für das sich der spätere Novellendichter Theodor Storm zumindest »[i]nteressiert« zeigte,[48] steht das Erzählen: Eines Abends beginnt der in einem Waldschloss lebende Ritter Eckenbrecht, seiner Hausgemeinschaft – bestehend aus den Söhnen Heerwald und Rickbert, Tochter Wintrude und Knecht Wehrbold – unvermittelt eine Geschichte zu erzählen. Diese handelt vom Ritter Schreckinsland, der einst mordend durchs Land zog und nach dem Tod als Geist weiter sein Unwesen treibt, ausgerechnet in jenem Wald, in den Eckenbrecht vor den Übeln der »Welt« floh.[49] Auf die Binnenerzählung des Vaters folgen Berichte der Kinder, die allesamt gestehen, geheime Freundschaften im Wald geschlossen zu haben: Heerwald mit einem Krieger, der ihn zum Dienst in seinem »Waldheer« (FG 124) verpflichten möchte, Rickbert mit einem Spielgefährten, Wintrude mit einem Verehrer. Eben dessen Leiche hat scheinbar paradoxerweise der Burgknecht, wie ein fünfter Bericht offenbart,

45 Inken Frost: »Märchenwälder. Der Topos Wald im europäischen Märchen und in seinen modernen Interpretationen«. In: Lars Schmeink und Hans-Harald Müller (Hg.): *Fremde Welten. Wege und Räume der Fantastik im 21. Jahrhundert.* Berlin/Boston 2012, S. 319–338, hier S. 334.
46 Christoph F. Lorenz: »Fluchtwege aus dem Weltlabyrinth. Das erzählerische Werk Friedrich de la Motte Fouqués«. In: Friedrich de la Motte Fouqué: *Sämtliche Romane und Novellenbücher.* Hg. von Wolfgang Möhrig. Bd. 1. *Alwin. Ein Roman von Pellegrin.* Berlin 1808. Reprint: Hildesheim u. a. 1990, S. 1*–55*, hier S. 32*.
47 Nahezu alle seiner Dramen und Erzählungen veröffentlichte Fouqué, der mit Hitzig befreundet und dessen »wichtigster Autor« war, bei dem Berliner Verleger, der auch Erzählungen und Romane von Fouqués zweiter Frau Caroline publizierte. Vgl. Anna Busch: *Hitzig und Berlin. Zur Organisation von Literatur (1800–1840).* Hannover 2014, S. 47.
48 In seinem Brief an Paul Heyse vom 19. November 1871 nennt Storm neben *Der böse Geist im Walde* noch Fouqués Novellen *Rothmantel* und *Das Galgenmännlein* (in: Clifford Albrecht Bernd [Hg.]: *Theodor Storm – Paul Heyse. Briefwechsel. Kritische Ausgabe.* Bd. 1. *1853–1875.* Berlin 1969, S. 41).
49 Friedrich de la Motte Fouqué: *Der böse Geist im Walde.* In: Ders.: *Sämtliche Romane und Novellenbücher.* Hg. von Wolfgang Möhrig. Bd. 5.1. *Kleine Romane.* Tl. 2 und 3. Berlin 1812/1814. Reprint: Hildesheim u. a. 1990, S. 103–140, hier S. 119. Zitiert wird im Folgenden unter Verwendung der Sigle FG in Klammern im Haupttext.

bereits vor Längerem im Wald vergraben. Den anschließenden Streit zwischen Vater und ältestem Sohn unterbricht die Ankunft eines Gastes, der sich als ominöser Freund aller Kinder in einer Person entpuppt: Es ist der Gestaltenwandler Schreckinsland, der als Waldgeist aus der Vergangenheit in die Gegenwart einbricht und schließlich mit Eckenbrecht und seinen Söhnen verschwindet – von ihnen bleibt nur Staub zurück.

Im Mittelpunkt von Rahmen- und Binnenerzählung steht der Wald als zentrale Ereignisregion.[50] Der Erzähler führt ihn als lebensfeindliche Wildnis ein:

> Die Burg, welche sie bewohnten, lag sehr abgesondert von aller menschlichen Gemeinschaft, in einem wüsten, gefürchteten Walde, jenseit dessen sich unter den Kindern nur der einzige Heerwald bisweilen dunkel etwas von einer andern, lustigern Welt erinnerte; doch hatte auch er die Gedanken daran beinahe aufgegeben, und seine Geschwister, in dieser Wüsteney geboren, gedachten an gar nichts, als an die Bäume und Klippen ringsum, oder an die wilden lebendigen Kreaturen, denen sie etwa dazwischen begegnen mochten. (FG 105 f.)

Eckenbrechts Kinder wachsen in der »rauhen Gegend« jenseits aller menschlichen Zivilisation »einsam und vieler Dinge unbewußt heran, ohne eben oft zu fragen oder zu erzählen«, und haben die Bäume und Tiere des Waldes als einzigen Bezugspunkt, es scheint »als ob der finstre Wald ihnen seine Art und Weise mitgetheilt habe« (FG 106).[51] Die schweigsamen Kinder sind Zöglinge des Waldes und werden diesem in der Anverwandlung seiner »Art und Weise«, im Modus einer Parallelisierung von Figur und Raum geradezu einverschrieben, im Fall des Sohnes Heerwald noch in der Namensgebung. Es ist das Gebiet dieses wilden Waldes, in dem der Ritter mit dem sprechenden Namen Schreckinsland einst Furcht verbreitet hat und noch immer spukt, wie der Vater erzählt:

---

50   Zum Begriff Katrin Dennerlein: *Narratologie des Raumes.* Berlin/New York 2009, S. 127–132.

51   Damit stehen sie freilich in einer langen Tradition, die sich zurückführen ließe etwa auf den *Parzival* Wolframs von Eschenbach.

Gräßlicher Tod, oder vom Schrecken geborner Wahnsinn, schritten als furchtbare Boten [des Geistes] durch die Lande, Jeder, der noch fliehen konnte, floh, bald verödete das ganze Land zu einem ungeheuern, weither gescheutem Walde. [...]

Wo liegt denn der Wald? fragte Rickbert, der Knabe.

Wir wohnen mitten drin, entgegnete Eckenbrecht, bey welchen Worten sich Alle von eiskaltem Schauer beschlichen fühlten. (FG 117)

Der unheimliche Wald fungiert dieserart als Kreuzpunkt zwischen Binnen- und Rahmenerzählung und verknüpft als erzählter Raum und Raum der Erzählung die extradiegetische mit allen intradiegetischen Erzähleben: Die Berichte der Hausgemeinschaft rekapitulieren jeweils Ereignisse in diesem Wald, der konsequent beschrieben wird als »wilde[] Gegend« (Heerwald, FG 121), »verderbliche Wildniß« (Knecht Wehrbold, FG 130) und »wilde[r] Wald« (Wintrude, FG 127), in dem fabelhafte, anthropomorphisierte Tiere hausen (Rickbert, vgl. FG 126). Der Raum erfährt so eine deutliche Stilisierung zum *locus terribilis* im Medium von Erzähler- und Figurenrede und im Zeichen der Frühromantik.

Sein unorthodoxes Erziehungsprogramm, die unterbundene Sozialisation der Kinder durch die Isolation im Wald, rechtfertigt der Vater im Entwurf einer antagonistischen Raumordnung:

Ihr Kinder, es ist stürmisch, freudlos draußen in der Welt jenseit unsres Waldes. Wie sie sich über einander erheben wollen, oder sich gar abgewinnen, was ihnen an fremden Gütern gefällt, darauf denken sie meistentheils, von dem was sie Liebe nennen, ist ihnen wohl nur die schlechte Larve bewußt, und der schlechte Stolz, von andern Verehrten verehrt zu werden. Ach, es ist so arg draußen, daß man sich, wollend oder nicht, in ihrer unklaren Gluth, sey's auch im Zorne darüber, doch mit entzünden muß. – Ich hatte schöne Güter, Eure Mutter war eine schöne Frau – die Feinde trachteten nach Beiden, die Freunde fielen feigherzig von mir ab, – ich erlag, und mußte mich in diesen Wald flüchten [...]. Hier habe ich mir denn die öde Burg, welche ich vorfand, zurecht gebaut, hier meine Frau begraben, und Euch dreie so weit aufgezogen, als Ihr jetzt seyd. (FG 119 f.)

Der Innenraum des Waldes funktioniert für Eckenbrecht als Refugium, während er von der »Welt jenseit unsres Waldes« das kontrastive Bild eines komplementären Gegenraums konstruiert, indem er ausführlich aus dem Lasterkatalog der sieben Hauptsünden der katholischen Glaubenslehre zitiert: Im bewohnten Raum des »Draußen« und der »Ebene« (FG 120 f.) sind die Menschen demnach von Hochmut (*superbia*), Habsucht (*avaritia*), Neid (*invidia*), Zorn (*ira*) und Feigheit (*acedia*) beherrscht, wohingegen die Eckenbrechts Burg umgebenden einsamen »Klippen und Wälder« (FG 122) vor diesen Lastern scheinbar Schutz bieten und diese aus dem Waldraum ausgrenzen. Nach der Rede des Vaters ließe sich mit Jurij Lotmans Narratologie dieserart eine Aufteilung des Raums der fiktiven Welt in zwei Teilräume konstatieren, so dass den räumlichen Oppositionen innen/außen und oben/unten die »binären semantischen Opposition[en]« Sicherheit/Sünde, Familie/Feinde, Isolation/Zivilisation, Wald/Welt entsprächen.[52]

Die genauere Lektüre muss ein derartiges Konstrukt indes hinterfragen. Zum einen wird das vom Vater entworfene Verhältnis von Welt und Wald in den Reden des ältesten Sohnes mehrfach konterkariert. Dieser kann sich »bisweilen dunkel« an »etwas von einer andern, lustigern Welt« erinnern, die dem »wüsten, gefürchteten Walde« positiv gegenübersteht (FG 103). Angesichts verwilderter Pfade im Wald erinnert sich Heerwald weiter, »daß draußen in der Ebene durch Korn und Anger von einem Wohnort zum andern wohlgegleiste sichre Wege führten« (FG 121 f.). Das vom Sohn entworfene Bild einer Ordnung der Welt und Unordnung des Waldes steht dem des Vaters diametral gegenüber, er vermutet, es lebe »sich draußen, wo wir sonst waren, [...] besser« (FG 118), verflucht »diese vermaledeiten Klippen und Wälder«, in denen der Vater seine Familie festhält, und fasst den Vorsatz, wieder »in die lust'gere Gegend« zu ziehen (FG 122). Trist, unterstreicht der Sohn, ist es im Wald, lustig in der Welt. Zum anderen muss auch die Rede der Erzählinstanz, wonach die früh verstorbene Mutter ihren Kindern »niemals von ihrer eigenen glücklichen Jugend« außerhalb des Waldes berichten konnte, Zweifel am Wahrheitsgehalt der väterlichen Schimpfrede auf den Raum jenseits des Waldes aufkommen lassen (FG 106); wie auch der Schluss der Erzählung im Unterschied zum Vater ein freundlicheres Bild von jenen »Bewohner[n] der Ebene« zeichnet, denen Wintrude bei ihrem

---

Gang aus dem Wald schließlich begegnet: »Niemand wagte sie zu hindern, vielmehr förderte man recht ehrerbietig ihre Reise« (FG 139). Und schließlich wird im Verlauf der Erzählung sukzessive deutlich, dass es mit der vermeintlich konsequenten Ausgrenzung des Bösen aus dem Wald nicht weit her ist, mithin die vom Vater vorgeschlagene Semantisierung der Räume Brüche zeigt.

IV.   Vater, Sohn und Geist. Figurationen des Banns

An dieser Stelle ist es sinnvoll, den Fokus auf die Frage nach dem Bann der Gewalt zu richten. Tatsächlich gründet Fouqués Erzählung auf drei verschiedenen, wiewohl miteinander verknüpften Momenten des Gewaltenbanns, die sich um die Figuren des Vaters Eckenbrecht, des Sohnes Heerwald und des Geistes konzentrieren lassen. Bereits der erste Satz der Erzählung hält dabei wesentliche Informationen über die grundsätzliche Machtkonstellation im Text bereit, dort begegnet auf der einen Seite der Herrschaftsachse mit dem »Hausvater« Eckenbrecht der familiäre Souverän, während sein Gefolge – darunter »halberwachsene[]« Söhne, ein »eben aufgeblühtes Mägdlein« und der »alte« Diener – den ihm schon physisch subordinierten Teil der »Hausgenossenschaft« darstellt (FG 103). Es ist der »sehr finster[e] und in sich gekehrt[e]« Familienpatriarch, der sich und sein Gefolge in den Wald verbannt hat, um mit diesem Wechsel der Räume der in ihrer Multipolarität bereits skizzierten Gewalt des Bösen zu entfliehen, um diese von der Familie zu bannen. Eckenbrechts Akt der Selbstverbannung ließe sich so mit der horizontalen Gewaltenachse erfassen, die Bergengruen/ Borgards skizzieren – wenngleich es in Fouqués Text weniger um personalisierte Träger von Gewalt außerhalb des Waldes geht (derartige Figuren nennt die Binnennarration nicht), als vielmehr deren ausgeübte, entpersonalisierte Gewalt.[53] In jedem Fall ist es die wesentliche Funktion des Waldraums, diesen Bann wirksam zu erhalten. Indes zeigt sich: Der Wald ist keineswegs ein Raum der Inexistenz von vermeintlich gebannten Übeln; vielmehr kommt es gerade hier zur Radikalisierung namentlich von Zorn und Rache (*ira*) des apokalyptisch prophezeienden Waldritters:

---

53   Vgl. Maximilian Bergengruen und Roland Borgards: *Einleitung* (s. Anm. 9), S. 20.

Ihr werdet dereinst wieder hervorgehn aus diesen Schatten, meine
tapfern Söhne! fuhr Eckenbrecht glühend fort. Vor Euch her sollt
Ihr das Panier der Rache tragen, und leicht stürzt Ihr Sie alsdann
zusammen, die schwächlichen Kinder des Volks, das da draußen
wohnt! (FG 120)

Gravierendere Hinweise auf eine Existenz der vermeintlich gebannten
Gewalt des Bösen im Waldraum signalisiert die Infiltrierung der Familie
durch die dubiosen Freundschaften der Kinder mit der Figur des Geistes,
der ihnen in verschiedener Gestalt als Kriegsmann, Spielgefährte oder
Verehrer begegnet und ihre Treue einfordert, bis er schließlich in perso-
na vor der Hausgemeinschaft erscheint, um diese zu vernichten. So zeigt
eine genauere Analyse des Banns der Gewalt durch den souveränen Vater
im Moment des Raumwechsels in den Wald die dem Bann eignende Para-
doxie inkludierender Exklusion: Das gebannte Böse ist auch und gerade
im Wald zu finden; das tragische Schicksal Eckenbrechts und seiner Söhne unterstreicht, in welchem Maß das Ausgeschlossene eingeschlossen
ist. Diesem Umstand entspricht die spezifische Struktur des Waldraums,
welche sich mit Foucaults Heterotopie-Konzept veranschaulichen lässt.
Heterotopien wie Fouqués Wald gründen auf antagonistischen Raumverhältnissen, wobei diese Verhältnisse eben durchbrochen werden, indem
der heterotope Raum Aus- und Einschlussverfahren paradoxal aufeinander bezieht. In dieser Figur inkludierender Exklusion liegt der eingangs
behauptete Kreuzpunkt zwischen Gewaltenbann und Raumdisposition
begründet.

Die zweite, gewichtigere Figuration des Banns der Gewalt ereignet
sich unter den Vorzeichen eskalierenden Streits zwischen dem familiären Souverän Eckenbrecht und seinem Sohn Heerwald. Sukzessive
scheint der älteste Sohn am Projekt einer Nivellierung des Machtgefäl-
les zwischen souveränem Herrscher und subordiniertem Sohn, am Um-
sturz gesetzter (väterlicher) Ordnung, zu laborieren. So fordert Heerwald
den Vater auf, ihm »Rechenschaft« zu geben »über unsern Wohnsitz« –
den der Sohn mehrfach kritisiert und zum Anlass nimmt, die Sinnhaf-
tigkeit des souveränen Beschlusses vom freiwilligen Bann in den Wald
zu hinterfragen: »Wohnt es sich draußen, wo wir sonst waren, nicht
besser?« (FG 118). Der Stammhalter befindet, es sei eine Fehlentschei-
dung und »Unrecht« des Vaters, die Familie »in diese vermaledeiten

Klippen und Wälder *gebannt*« zu halten und sinnt bereits auf das Ende
des Patriarchen und die Zeit, da »der Alte erst einmal todt ist« (FG 121 f.,
Herv. F. S.). In der wiederholten Zurechtweisung des Knechts, der mit
beachtlicher Ausdauer beständig um eine Beendigung des Gesprächs
bittet, erprobt sich Heerwald weiter in der Rolle des Souveräns: »Was
schwatzt er denn? schrie Heerwald zornig. Hier fragt ein Ritterssohn [...],
drum still Gesinde!« (FG 118). In der Folge avanciert der Sohn neben dem
Vater zum »zürnenden Richter« der Schwester, die ihre geheime Lieb-
schaft im Wald gesteht: »ich will Euch beichten, Ihr strengen Männer«
(FG 127). Die neue Hierarchie zwischen brüderlichem Beichtvater und
schwesterlicher Sünderin manifestiert Heerwald im eigenmächtig ge-
fassten Vorsatz, den Ordnungsverstoß Wintrudes gewaltsam zu sank-
tionieren, was schließlich die Intervention des bisherigen Burgherrn
hervorruft:

> Heerwald [...] gürtete sich sein breites Schwerdt um, und rief mit
> einem furchtbaren Schwure: dies thu' ich nicht von mir, ich habe
> denn Wintrudens Liebling damit erschlagen. [...] Heerwald [...]
> lachte höhnisch, und schlug auf seinen Schwerdtgriff.
> Da erhob sich der alte Eckenbrecht. Ingrimmig blickte er auf sei-
> nen ältesten Sohn, und fragte: Wer ist denn der Stammherr in die-
> ser Burg? Schon vorhin wagt' es der Knabe, meinen alten vieltreuen
> Wehrbold zu schelten, und nun hält er gar über meine Tochter Ge-
> richt, und beschließt's, und sieht nach dem Vater kaum einmal hin.
> Ab von der Hüfte das Schwerdt, du Bursch!
> Ich hab' nun schon geschworen Vater, entgegnete Heerwald, und
> das Schwerdt bleibt an meiner Hüfte. (FG 131)

Das Schwert, Symbol der Maskulinität wie eben auch souveräner Herrschaft und (göttlicher) Rechtsprechung (zu denken wäre an das zwei-
schneidige Schwert aus dem Mund des souveränen Richters Christus in
den Sieben Sendschreiben und Prophetischen Visionen der Johannesof-
fenbarung),[54] markiert den Herrschaftsanspruch und das Gewaltpoten-
zial des aufrührerischen Sohnes. Es kommt zur Subversion des herkömm-
lichen Gefüges der vertikalen Herrschaftsachse, die differenzieren lässt

---

54 Vgl. Offb 19, 15; 1,16; 2,12–17.

zwischen dem »Gewalt-Habende[n] und de[m] Gewalt-Gebende[n], genauer: Gewalt-Abgebende[n]«[55] – mit Macht-habendem Vater auf der einen und Macht-gebendem Sohn auf der anderen Seite. Im Showdown zwischen »Bursch« und »Stammherr« (ebd.) und im Zuge wechselseitiger Diffamierung[56] wirft der Vater dem Sohn vor, »verhext« und von »blinde[r] Tollheit« befallen zu sein, während Heerwald gerade den Vormund für die eigene Rebellion verantwortlich macht: »Erzählt nicht sinneverwirrende Geschichten um Mitternacht […], wenn ihr wollt, daß man in dem gewohnten Gleise forttraben soll, wohnt nicht in einer halbtollen Wildniß, wenn Euch an Vernunft und Gelassenheit liegt!« (FG 132). Dem Befehl des Burgherrn – »Steh! donnerte Eckenbrechts Stimme, mit gleichem Nachdruck, als sie vor vielen Jahren das Schlachtfeld durchtönt hatte; steh! Nun gebiet' ich's, gebiet es im Zorn« – widersetzt sich Heerwald auf dem aktualisierten »Schlachtfeld« der Konfrontation zwischen patrimonialem Gesetz: dem souverän gesetzten ›Gebot‹ des Vaters einerseits und der selbsttätig legalisierten Bindungskraft des eigenen »Schwure[s]« andererseits (FG 131). Auf der Schwelle zwischen zwei divergenten, inkompatiblen Gesetzen – Gebot gegen Gelöbnis – kündigt der rebellierende Sohn dem souveränen Herrscher die Gefolgschaft auf und proklamiert, sich mit dem befreundeten Kriegsherrn im Wald »zu Schutz und Trutz« zu verbünden (FG 132). Als Reaktion auf die offenbarte Konspiration spricht Eckenbrecht den Bann über seinen Sohn aus:

> Verschleudre Dich an Räuber, wenn Du den Vater nicht mehr vernehmen willst. Fahr hin, ausgearteter Wahnwitziger, und räche Dich, wie Du's mit Deinem tollen Buschklepper zusammen vermagst. Ich stoße Dich aus, Empörer!
> Aus stößt er mich! Aus' rief Heerwald. Nun, so nimm mich denn hin, Du grimmiger Waldgenoß! Dein bin ich, Dein bleib ich, und wär'st Du der Teufel selber! (ebd.)

---

55 Maximilian Bergengruen und Roland Borgards: *Einleitung* (s. Anm. 9), S. 19.
56 Zur »Verletzungsmacht von Sprache« und »Sprache als Gewalt« vgl. einführend Elke Koch: »Einleitung«. In: Sybille Krämer und dies. (Hg.): *Gewalt in der Sprache. Rhetoriken verletzenden Sprechens*. München 2010, S. 9–20, hier S. 13 f; dort die einschlägige Literatur.

Im Zuge des Banns wird der »Empörer« – der nach Adelungs *Wörter-buch* mit seiner »empörende[n] That« nicht nur »einen hohen Grad des Unwillens erwecken«, sondern eben auch sich »seinen Obern thä-tig widersetzen« und »besonders Untreue zur Widersetzlichkeit gegen ihre Obern bewegen« muss – aufgrund seiner ›Ausgeartetheit‹ aus der Familiengemeinschaft verbannt, dem patrimonialen Recht entsetzt und gleichsam zum Apatriden.[57] In dieser Schwellensituation ist das gewalt-bereite Subjekt Heerwald »der eigenen Abgesondertheit überlassen und zugleich dem ausgeliefert, der es verbannt und verläßt, zugleich ausge-schlossen und eingeschlossen, entlassen und gleichzeitig festgesetzt«.[58] Bemerkenswert ist der anschließende Schritt Eckenbrechts:

> Und von mir schleudr' ich, rief Eckenbrecht, den alten Siegelring meines Hauses! bevor er mit seinen Rechten an diesen ruchlosen Erstgebornen falle, nehme mich und Alles der Satan zum unlösba-ren, freudlosen Besitz. Der Siegelring flog klirrend durch's alte Ge-mach [...]. (FG 133)

Nicht nur suspendiert der Vater im Moment der Trennung vom Siegelring das Gesetz der Tradition und Erbrecht des verbannten Sohnes: Neben der den zunächst mündlichen Bann nun ratifizierenden Handlung des Ring-wurfs und Entrechtung Heerwalds kommt es zugleich zur Selbstentrech-tung des souveränen Familienvaters. Eckenbrecht trennt sich von den »Rechten« der überkommenen Tradition des »Hauses« und ererbten Souveränität, es kommt zur prekären Selbstentmachtung des Machtha-bers und unmittelbaren Unterordnung unter die Souveränität des perso-nifizierten Bösen: »Satan[s]«. Diesem hat sich auch der verbannte Sohn überantwortet: »Dein bin ich, Dein bleib ich« (FG 132). Im Akt des Aus-schlusses sind so doch beide Größen, Verbannter und Verbannender, wie-der zusammengeschlossen,[59] nun unter der Herrschaft des Bösen, des-sen Abbild der Geist darstellt. Dieser neue Souverän manifestiert prompt

57   Johann Christoph Adelung: »empören«. In: Ders.: *Grammatisch-kritisches Wör-terbuch der Hochdeutschen Mundart, mit beständiger Vergleichung der übrigen Mundarten, besonders aber der Oberdeutschen. Mit D. W. Soltau's Beyträgen.* Revid. u. bericht. von Franz Xaver Schönberger. Bd. 1. *A–E.* Wien 1811, Sp. 1801 f.

58   Giorgio Agamben: *Homo sacer* (s. Anm. 9), S. 119.

59   Vgl. Maximilian Bergengruen und Roland Borgards: *Einleitung* (s. Anm. 9), S. 19 f.

seinen Herrschaftsanspruch: »Ihr Alle seyd nun mein!« (FG 135). Einst vom König verbannt (FG 112 f.), füllt Schreckinsland, der sich bei seinem Tod ebenfalls »den Teufeln« verschrieb (FG 116), das durch Eckenbrechts Suspendierung der eigenen Herrschaftsgewalt und Verbannung Heerwalds entstandene Machtvakuum aus.

Das dritte Moment des Gewaltenbanns lässt sich daran anschließend auf die Figur des Waldgeistes konzentrieren. Am Ende der Erzählung kann er von Wintrude und dem Knecht wider Erwarten erfolgreich verbannt werden. Vor dem »stille betenden Wehrbold« und der »reinen Jungfrau«, die »das heilige Kreuz« zeichnet und die Reinheit ihrer Liebe zum (verstorbenen) Verehrer im Wald beschwört (vgl. FG 136), muss das Böse schließlich weichen; der Geist verschwindet mit Eckenbrecht und seinen rebellischen Söhnen, es kommt zur Auslöschung der Genealogie.[60] Die Macht von Liebe und Glaube wird hier zur erzählten Wirklichkeit, in der die Gewalt von Geist und ehemaligem Souverän letztgültig verbannt wird.[61] Mit dem erfolgreichen Exorzismus nimmt der Spuk im Wald ein Ende, »so ganz war seine Macht gesprengt« (FG 139). Wie eingangs schon beim Vater, kommt es bei Wintrude und Knecht zur Selbstverbannung aus dem Raum menschlicher Gesellschaft, nun unter den Vorzeichen der Religion: Die Tochter wechselt als Nonne ins Kloster, wo sie bald stirbt, während der Diener mit einer »Einsiedeley« ebenfalls einen heterotopen Raum bezieht (ebd.).[62]

Indem das Böse gebannt ist und alle Figuren den Wald verlassen haben, vollzieht sich eine Transformation des Raumes. Von der Burg bleibt nur eine Ruine im Wald, der nun seinen Schrecken verloren hat:

---

60   Auch die Ringübergabe an den Geist durch den jüngeren Rickbert vollzieht sich
      unter den Vorzeichen des Aufruhrs gegen die patrimoniale Ordnung (vgl. FG 135).
61   Wie Claudia Stockinger: *Werk* (s. Anm. 40), S. 243, festgehalten hat, geht es bei Fouqué immer wieder um das »Spannungsverhältnis antagonistischer Prinzipien: um
      den Kampf des Guten gegen das Böse nämlich, der sich mit wenigen Ausnahmen
      als Auseinandersetzung des Christentums mit heidnischen Mächten gestaltet«.
62   Gerade in den Erzählungen Fouqués begegnet, so Frank Rainer Max: *Wald* (s. Anm.
      40), S. 167, »oft eine Wendung ins Klösterliche. Doch solcher Rückzug in halbmetaphysische Weltabgeschiedenheit bleibt stets unüberzeugend, ist matte Ausflucht
      und Kapitulation Fouqués vor der tragisch-enigmatischen Daseinsbeschaffenheit,
      die sein eigentliches Thema ist«.

Bald darauf bemerkten die Leute, welche dem großen Walde zunächst wohnten, daß der nächtliche Lermen des bösen Schreckins-
lands darinnen verstumme. Kühn dadurch geworden, wagten sich
einige Wandrer erst bey Tageszeit, zuletzt gar um Mitternacht hin-
durch, und siehe! Keinem geschah ein Leides [...]. Woher das kom-
me, glaubten Viele zu errathen, wenn sie an Wintrudens Geschichte
und gottseliges Leben dachten. Die aber wurden dessen völlig ge-
wiß, denen vergönnt war, die Jungfrau zu erblicken, wie sie in ver-
klärter Lichtgestalt [...] bey nächtlicher Stille durch die Wipfel des
Waldes hinzog, eine selige Schönheit, den Wandrer behütend, und
süße Schauer durch seinen Sinn ausgießend. (FG 139 f.)

Nach dem umfassenden Bann aller Gewalt haben Spuk und Zauber fort-
an scheinbar keinen Raum mehr im nunmehr vereinzelt Waldgängern
verfügbaren Wald. Tatsächlich aber besiedelt nach Wintrudes Tod mit
deren Geist erneut ein Wiedergänger den Wald. Noch im letzten Satz
scheint Fouqués Text so die dem Bann inhärenten Paradoxien inkludierender Exklusion zu reflektieren: Der Bann des jahrelangen Spuks wird
zur ›völligen Gewissheit‹ (ebd.) authentifiziert ausgerechnet durch einen
neuen Spuk. Dass mit dem Zauber des Waldgeistes jenes unheimliche
Phänomen, das zum Ende der Erzählung endlich ausgeschlossen wurde,
tatsächlich verbannt ist, wird beglaubigt, indem es (unter anderen Vorzeichen) wieder in die erzählte Wirklichkeit, in den Wald, eingeschlossen
wird. Auch hier ist es wieder der Wald als Raum, der die Geltungskraft
des Banns dokumentiert und garantiert: An den »Wipfel[n] des Waldes«
werden die Spuren des Banns der Gewalt ablesbar (ebd.).

V.   »Ein Wort zu viel«. Bann von Wissen und Wort bei Tieck und Fouqué

Neben den drei skizzierten Figurationen des Gewaltenbanns ist es
schließlich ein weiteres spezifisches Moment des Banns, das auf den
Kern von Fouqués Erzählung verweist. Diese Verhandlung des Banns
vollzieht sich auf abstrakterer Ebene, gründet auf der Verschachtelung
von Narrationen in der Narration und konzentriert weniger die Figuren
der erzählten Welt als (scheiternde) Träger von Gewalt und Souveränität
denn vielmehr die Sprache und ein in diesem Medium transportiertes

Wissen. Fouqués Text ist gerade auch eine Erzählung über das Erzählen, die Rede und ihr inhärente, den Figuren zum Verhängnis werdende Gewalt. In dieser Qualität lassen sich Bezüge unter anderem zu Ludwig Tiecks Kunstmärchen *Der blonde Eckbert* (1796) erkennen, die hier kursorisch angedeutet werden.

Das Leben auf Eckenbrechts Waldburg ist ein durchweg schweigsames: Der Vater lebt »in sich gekehrt« (FG 106) und hält sich »in Worten und Werken [...] still« (FG 120), der Knecht betet »fast in Einem fort still vor sich hin«, die Kinder wachsen im Wald auf »ohne eben oft zu fragen oder zu erzählen«, abends sitzt man »schweigend« beisammen (FG 106). In diese universale Stille dringt unvermittelt die Rede des Burgherrn: Als Eckenbrecht plötzlich »wider alles Vermuthen« zu sprechen beginnt und überraschend erklärt, »doch auch einmal eine Geschichte erzählen« zu wollen, sind seine Zuhörer »beynahe erschreckt, und sämmtlich ungewiß, wie er das wohl meinen könne« (FG 106 f.). Während Eckenbrecht erzählt, unterbricht der Knecht mehrfach und fordert, »von der wilden Geschichte« (FG 118) und »so seltsamen Historien [abzulassen], bey denen man leicht ein Wort zu viel über die Zunge gehen läßt« (FG 116). Folgt man dem Bediensteten, so sind »die Worte unheimlich« (FG 118). Mit seinen zahlreichen Versuchen, Eckenbrechts Narration zu unterbinden, verweist der Diener auf die Gefahr, die vom Erzählen ausgeht: »Ach! wir reden zu viel!« (FG 120). Wenn es jeweils »sinneverwirrende Geschichten« (FG 132) sind, namentlich die Rede ist, die bei allen Zuhörern wahlweise »eiskalte[] Schauer«, »ein[] seltsame[s] Bangen [...] in jeder Brust« oder »seltsame Bewegungen« bis hin zum »[r]öther und röther erglühend[en]« Körper evoziert (FG 126), unterstreicht dies den Befund, dass in Fouqués Text das Reden am Körper nachgezeichnet, in jedem Fall prominent ausgestellt und beständig verhandelt wird. Die Erzählung reflektiert das Erzählen (in seinen Möglichkeiten, vor allem Gefährdungen) kontinuierlich als solches – und damit freilich auch sich selbst.

Die Anstrengungen des Knechts, die Rede zu bannen, bleiben indes erfolglos – es ist gerade das Verbannte, das nun gewaltsam wörtlich zur Sprache kommen muss, wie der Burgherr erklärt: »Vielleicht [...] hab' ich schon zu viel gesprochen, aber nun treibt mich's fort und fort, als müßten urplötzlich alle heimlichen Dinge offenbar werden.« (FG 119). Es ist die Wiederkehr des Verbannten, die Rückkehr verdrängter Worte und Offenbarwerdung des Heimlichen, um die Fouqués Erzählung kreist. Nach langer Zeit wird die Stille der Hausgemeinschaft vom familiären Souverän gebannt: »Das lange Verstummen weicht: viele seither verschwiegne Worte drängen sich auf unsre Zungen« (ebd.), und tatsächlich folgen auf Eckenbrechts Binnengeschichte die drei umfangreichen Geständnisse der Kinder und schließlich die Erzählung des Knechts über den Toten im Wald.

Indem auf der Burg erstmals gesprochen wird und es zum Austausch von Worten und Wissen kommt, vollzieht sich die Katastrophe. Die Kinder erhalten die Kenntnis über Existenz und Wirken des Waldgeists zu spät, ist es dem Bösen doch mit den heimlichen Freundschaften längst gelungen, die Familie zu infiltrieren. Es ist die vom Vater eingeforderte Beichte der Tochter – »alle heimlichen Dinge [müssen nun] offenbar werden«, zitiert diese Eckenbrecht zu Beginn ihres Geständnisses (FG 127) – über ein verbotenes Verhältnis im Wald, die den Streit zwischen Vater und Sohn entfacht, der letztlich in die Selbstverfluchung mündet. Dass der Geist daraufhin prompt erscheint und die Familie heimsucht, unterstreicht das den Worten inhärente Gefahrenpotential und ihre den Figuren zum Verhängnis werdende Gewalt: »brav genug versündiget« haben sich seine Opfer mit ihren Flüchen, befindet der Geist zufrieden, bevor er mit ihnen verschwindet (FG 136).

Fouqués Erzählung kreist so um das Problem »der unzeitigen Erzählung« und »des Bekenntnisses, das eine unerträgliche Wahrheit enthüllt«[63] – dieses zeitlich, räumlich und inhaltlich inadäquate Reden, das Verderben folgert, begegnet schon in der ungleich prominenteren Erzählung *Undine* (1811). Dort erfolgt das folgenschwere Geständnis der Protagonistin gegenüber dem Gatten Huldbrand über ihre außerordentliche Herkunft gewissermaßen verspätet: erst unmittelbar nach ihrer Beseelung in der Hochzeitsnacht, während Huldbrand Undine – trotz ihres Gebotes, sie nie »auf einem Wasser, oder wo wir auch nur einem Gewässer nahe sind«,[64] zu schimpfen – schließlich auf der Donau verwünscht, da sich »seine vor Zorn stammelnde Zunge«[65] nicht länger »jedes Wortes unmittelbar wider sie« enthalten kann. Auf dem Wasser

---

63   Renate Böschenstein: »Undine oder das fließende Ich«. In: Irmgard Roebling (Hg.): *Sehnsucht und Sirene. Vierzehn Abhandlungen zu Wasserphantasien.* Pfaffenweiler 1991, S. 101–130, hier S. 114.

64   Friedrich de la Motte Fouqué: *Undine. Eine Erzählung.* In: Ders.: *Sämtliche Romane und Novellenbücher.* Hg. von Wolfgang Möhrig. Bd. 2. *Der Todesbund, Undine.* Halle/Berlin 1811. Reprint: Hildesheim u. a. 1992, S. 1–188, hier S. 134.

65   Ebd., S. 160. Dort die folgenden Zitate.

formuliert, zwingt seine Rede Undine zum Fortgang, in diesem Raum er-
langt sein Bann vorläufig Wirkkraft: »Bleib bei ihnen [den Elementargeis-
tern] in aller Heren [sic] Namen [...] und laß' uns Menschen zufrieden,
Gauklerin Du!«

Es ist ferner namentlich Tiecks Kunstmärchen *Der blonde Eckbert,*[66]
das mit Fouqués Erzählung vom *Geist im Walde* nicht nur das Motiv der
verhängnisvollen Offenbarung des Geheimen und gefährlichen Wissens
im Modus der (unzeitigen) Rede, sondern einhergehend auch das Problem des Einbruchs von Vergangenem ins Gegenwärtige teilt. Lassen sich
generell erstaunlich viele intertextuelle Parallelen ziehen, ähneln sich
beide Erzählungen insbesondere in ihrer Verzahnung von Rahmen- und
Binnenerzählungen; sie präsentieren dabei jenes komplexe »Geflecht
von Ereignis, Erinnerung, Verdrängung und Außenblick«, das Tiecks be-
rühmtes Märchen auszeichnet.[67] Die Ausgangsszenerie im *Blonden Eck-*
bert ähnelt frappierend jener, die Fouqués Erzählung entwirft. Gleichen
sich bereits die Angaben von Zeit und Raum in beiden Texten (jeweils ist
es Herbst und Mitternacht, zentraler Handlungsort eine einsame Burg
im wilden Wald), verfügen beide Texte über ein überschaubares Figu-
renpersonal, das unter Vorsitz des »[v]erschlossen[en]«[68] respektive »in

---

66   Ludwig Tieck: *Der blonde Eckbert.* In: Ders.: *Schriften in zwölf Bänden.* Bd. 6. *Phan-*
      tasus. Hg. von Manfred Frank. Frankfurt a. M. 1985, S. 126–146.

67   Gerhard Neumann: »Kindheit und Erinnerung. Anfangsphantasien in drei roman-
      tischen Novellen: Ludwig Tieck: *Der blonde Eckbert,* Friedrich de la Motte Fouqué:
      Undine, E.T.A. Hoffmann: *Der Magnetiseur*«. In: Günter Oesterle (Hg.): *Jugend. Ein*
      romantisches Konzept? Würzburg 1997, S. 81–103, hier S. 88. – Die zahlreichen Pa-
      rallelen zwischen Tiecks und Fouqués Erzählungen können an dieser Stelle nur
      exemplarisch angedeutet werden. Neben den im Haupttext genannten ist ferner
      zu verweisen auf die offensichtliche Verwandtschaft der Namen Eckbert/Eck-
      enbrecht/Rick-bert (wie Eck/Berth/a unterhalten dabei auch Heerwald/Wehrbold
      eine linguistische Beziehung); den vertraulich-distanzierten Freundschaften zwi-
      schen Eckbert und Walther resp. Hugo entsprechen die »wunderliche[n] Freund-
      schaft[en]« der Kinder mit dem Waldgeist (FG 124), und auch das jeweilige Ende
      beider Erzählungen ließe sich parallel lesen: In beiden Texten kommt es zur spezi-
      fischen Aufhebung von Raum und Zeit (vgl. Ludwig Tieck: *Eckbert* [s. Anm. 66],
      S. 145 f., und FG 137), und scheint im *Blonden Eckbert* eine einzelne Figur sowohl
      die Alte als auch Walther und Hugo zu verkörpern (vgl. Ludwig Tieck: *Eckbert*
      [s. Anm. 66], S. 145), so ist es bei Fouqué der Waldgeist, der sich in seiner unheim-
      lichen Dreifaltigkeit sowohl als Heerwalds Kamerad, Rickberts Spielgefährte und
      schließlich Wintrudes Verehrer in einer Person entpuppt.

68   Ludwig Tieck: *Eckbert* (s. Anm. 66), S. 126.

sich gekehrt[en]« Burgherrn (FG 104) vor dem Kaminfeuer versammelt ist.[69] Wie in Fouqués Erzählung setzt die Handlung bei Tieck mit einer mündlich vorgetragenen Binnenerzählung ein; in beiden Fällen wird mit einer erinnerten »Geschichte«[70] erstmalig ein »Geheimnis« vorgetragen, das bislang »mit vieler Sorgfalt verborgen« blieb:[71] »alle heimlichen Dinge« sollen im Modus der Rede »offenbar« werden (FG 119). Es ist eine Gründungsgeschichte, die sowohl Bertha als auch Eckenbrecht erzählen, sie gibt jeweils Aufschluss über Besitznahme und Herkunft der Waldbewohner.

In beiden Erzählungen bedingt die Offenbarung des Geheimen die Katastrophe, jeweils bricht im Modus der Rede ein vormals gleichsam verbanntes Wissen, und damit Vergangenes in Gegenwärtiges, ein. Das figuriert in Fouqués Text gerade der finale Auftritt des lange Zeit totgeschwiegenen und dieserart gebannten, nun indes buchstäblich herbeigeredeten Geistes, dessen einstiges Leben und Wirken Eckenbrecht eingangs erinnert. Wenn Walther im *Blonden Eckbert* der in diesem Punkt erinnerungslosen Bertha den Namen des Hundes »*Strohmian*«[72] ins Gedächtnis ruft, wird »gerade dieser Name und die Erinnerung an ihn [...] zum zentralen Handlungspunkt«.[73] Die Nennung des Namens und Erinnerung an ihn fragt nach der »Wahrheit des Anfangs«[74] und induziert bei Tieck die Tragödie von Tod und Wahnsinn der Protagonisten; auch darin ähnelt der Text Fouqués Erzählung. Dort benennt der Knecht den Grund, der neben den Flüchen der Protagonisten zum folgenschweren Erscheinen des Geistes führt: »Wir haben wohl das Wort Schreckinsland zu oft ausgesprochen [...]. Man soll den Wolf nicht beym Namen nennen« (FG 118). Sowohl bei Tieck als auch Fouqué hat dieserart »die Sprache selbst, die [...] beschreibt und die Entsetzen hervorruft, ihre Unschuld verloren«.[75] Die Gewalt, die erwächst, wenn »ein Wort zu viel über die Zunge« wandert (FG 116) und verbanntes Wissen über Erfahrungen im Wald wieder zutage kommt, führen beide Erzählungen vor.

---

69   Vgl. FG 105, 118 sowie Ludwig Tieck: *Eckbert* (s. Anm. 66), S. 127.

70   Ebd., und FG 106.

71   Ebd., S. 126 f.

72   Ebd., S. 140.

73   Liliane Weissberg: »Wiederholungen«. In: Günter Oesterle (Hg.): *Erinnern und Vergessen in der europäischen Romantik*. Würzburg 2001, S. 177–191, hier S. 185.

74   Gerhard Neumann: *Kindheit* (s. Anm. 67), S. 98.

75   Liliane Weissberg: *Wiederholungen* (s. Anm. 73), S. 191.

VI.   *Die Pechbrenner* (Stifter). Vom Selbstbann der Waldgänger

Wer die deutschsprachige Literatur des 19. Jahrhunderts nach ihren
Wäldern durchforstet, wird an Adalbert Stifter nicht vorbeikommen:
Wie kaum ein anderer Schriftsteller nach der Romantik hat Stifter den
Wald in seinen Texten verwurzelt, es hat ihm dies schon früh den Ruf
als »Dichter des Böhmerwaldes« eingebracht.[76] Im Großteil seines Werks
begegnet »lauter Wald und lauter Wald«.[77] So auch in der 1848 veröffent-
lichten Erzählung *Die Pechbrenner,* die später überarbeitet unter dem
Titel *Granit* in den *Bunten Steinen* erschien. Gerade in der weitläufigen
Binnenerzählung der *Pechbrenner* funktioniert der Wald als heterotoper
Raum, an dem sich Figurationen des Banns von Gewalt abzeichnen. Die
Erzählung berichtet, wie ein Pechbrenner mit seiner Familie aus Angst
vor einer Infektion mit der Pest in einen Bergwald flüchtet. Im Glauben,
dieserart der Seuche entgehen zu können, richtet sich die Familie in
einer Waldeinsamkeit ein, wie sie Tieck erstmals in *Der blonde Eckbert*
installiert. Das Projekt scheitert indes: Die Pest dringt in das abgelegene
Refugium vor und rafft binnen kurzer Zeit nahezu alle Familienmitglieder hin. Schuld daran scheint der Pechbrenner-Sohn Joseph zu sein, der
gegen den Willen seines Vaters heimlich eine fremde Familie im Schutz-
raum versteckt. Kurz darauf erkranken alle Waldbewohner mit Ausnahme des Pechbrennerjungen und der Tochter der Fremden. Noch vor seinem eigenen Tod bestraft der Pechbrenner den Sohn, indem er ihn auf
einem Felsen aussetzt; der Junge kann sich jedoch befreien und verlässt
gemeinsam mit seiner späteren Braut den Wald.

   In der Rahmenerzählung der *Pechbrenner,* einer Erinnerung des
Ich-Erzählers an Zeiten, in denen »ich noch ein sehr kleiner Bube

---

76   Moriz Enzinger: »Die Welt der Sterne bei Adalbert Stifter«. In: Ders.: *Gesammelte*
     Aufsätze zu Adalbert Stifter. Wien 1967, S. 391–412, hier S. 391. Vgl. Rolf Selbmann:
     »Späte ›bunte Steine‹. Die Denkmäler für Adalbert Stifter«. In: *Jahrbuch des*
     Adalbert-Stifter-Institutes des Landes Oberösterreich 3 (1996), S. 110–128, S. 111. –
     Zu Stifters Wäldern einführend Klara Schubenz: »Botanik/Wald«. In: Christian
     Begemann und Davide Giuriato (Hg.): *Stifter-Handbuch. Leben – Werk – Wirkung.*
     Stuttgart 2017, S. 257–262, insbes. S. 259–261.
77   Adalbert Stifter: *Der Hochwald.* In: Ders.: *Werke und Briefe. Historisch-kritische Ge-*
     samtausgabe. Bd. 1.4. *Studien. Buchfassungen.* Hg. von Helmut Bergner und Ulrich
     Dittmann. Stuttgart 1980, S. 254.

war«,[78] wandert dieser mit seinem Großvater durch den Böhmer-
wald. Unter Anleitung des ortskundigen Großvaters wird die bewan-
derte und beschaute Landschaft verortet und benannt, zugleich dem
Schüler und Stammhalter ein tradiertes Wissen über den Wald überliefert. Die in ihrer Größe kindlichem Imaginationsvermögen vorge-
ordneten Wälder sind »weit außerhalb des Dorfes« situierte Räume
der Natur, die allerdings durchzogen werden von »schöne[n] blaue[n]
Rauchsäulen« – Zeichen im Raum, die auf Kulturtechniken der Menschen
verweisen, für die der Wald lebenswichtige Funktionen erfüllt (SP 20):
Mit Holzknechten, Heuarbeitern, Kohle- und Pechbrennern sind vier
Berufsstände auf den Wald angewiesen, erklärt der Großvater in seiner
knappen Einführung in die waldbasierte Ökonomie, die schon den Ex-
port in fremde Länder kennt, »die kein Holz haben« (SP 20) und jenseits
»unsere[r] Waldländer« liegen (SP 22). Der Wald ist den Pechbrennern
Arbeits- und Lebensraum, als Waldbewohner stehen sie paradigmatisch
für ein auf der Unität von Mensch und Natur gegründetes »Leben des
Waldes« (SP 20): Sie »wachsen [...] in dem Walde auf, sie sind an jedes
Wetter gewöhnt, und sie genießen grobe Speisen und die harte Waldluft«
(SP 30). Wenn der Großvater anschließend »aber auch das andere Leben, das außerhalb des Waldes«, skizziert, entwirft er zwei Lebensräume,
deren Differenzmerkmal eben der Wald ist. Diese Unterscheidung eines
Lebens inner- und außerhalb des Waldes greift die Binnenerzählung auf
und erweitert sie um eine zweite topologische Differenz: Neben das ›In-
nen‹ und ›Außen‹ des Waldes tritt eine Unterscheidung von ›Unten‹ und
›Oben‹, die »Menschen der Ebene« von solchen auf dem »Hutland« im
Gebirgswald sondert (SP 53).

Beim Hutland handelt es sich um einen Bergwald mit Felsblöcken,
unter denen einer als »Steinhut« hervorsticht: »wohl so groß [...], wie
ein mittelmäßiges Haus«, hat er »unten rings herum eine Stufe, gleichsam wie eine Hutkrempe, dann geht er gerade wie eine Mauer empor«
(SP 28). Es ist ein Raum, der mit »Walderdreich«, »viele[n] Bäume[n]«
und »mannigfaltige[m] Gebüsche« aufwartet (SP 27). Ebendieses
Hutland ist die zentrale Ereignisregion der Binnenerzählung. Wie der

---

78   Adalbert Stifter: *Die Pechbrenner*. In: Ders.: *Werke und Briefe. Historisch-kritische
Gesamtausgabe*. Bd. 2.1. *Bunte Steine. Journalfassungen*. Hg. von Helmut Bergner.
Stuttgart 1982, S. 11–55, hier S. 11. Zitate im Folgenden unter Verwendung der Sigle
SP in Klammern im Haupttext.

Großvater in der Rahmennarration berichtet, zieht sich die Pechbren-
nerfamilie dorthin zurück, um der Pest zu entgehen. Figuriert schon der
Raum, umschrieben als »Haus«, »Hutkrempe«, »Mauer«, »Steinhut«
und »Hutschärfe« (ebd.), unter den Vorzeichen des Artefakten im Modus
einer engen Verflechtung von ›Kultur‹ und ›Natur‹, wird der Wald als Lebensraum der flüchtenden Pechbrenner Gegenstand eines umfassenden
Kolonisierungsprojekts:[79]

> Man hatte Schaufeln, Karste, Hauen und andere Werkzeuge, um
> den Boden zu lockern, und sich Dinge zum Vorrathe ansäen zu kön-
> nen. Die Hütten […] wurden doch jetzt ordentlich ausgebessert, gu-
> tes Heu zu Schlafstellen hinein gethan, und für die Ziegen ein Stall,
> und für das trockene Futter […] eine Scheune besser eingerichtet,
> als gewöhnlich. Weiter waldwärts, um feuersicher zu sein, wurde
> ein Vorrathshaus gezimmert […]. Da war oft bei diesem Bauen oder
> Ausbessern ein Gehämmer […]. Das Brennen der Waare wurde in
> den Oefen gemeinschaftlich betrieben. Auf der Heerdstelle der
> Wohnhütte brannte das Kochfeuer […]. (SP 31)

Der Natur- wird zum Kulturraum, auf dem Berg entsteht eine Exklave der
Zivilisation im Wald, und zwar auf Geheiß des Pechbrenners. In Stifters
Erzählung steht »ein ganzer Clan unter der unbestrittenen Dominanz

---

79   Vgl. Johann Lachinger: »Der Umgang des Menschen mit der Natur in Stifters Werk.
     Ein Modell für unsere Zeit?«. In: *Literaturwissenschaftliches Jahrbuch* 20 (1979),
     S. 139–153, hier S. 145. – Zum Verhältnis von ›Kultur‹ und ›Natur‹, das zu den zent-
     ralen Themen der Stifter-Forschung gehört, vgl. Christian Begemann: »Natur und
     Kultur. Überlegungen zu einem durchkreuzten Gegensatz im Werk Adalbert Stif-
     ters«. In: Roland Duhamel u. a. (Hg.): *Adalbert Stifters schrecklich schöne Welt. Bei-
     träge des internationalen Kolloquiums zur A. Stifter-Ausstellung.* Antwerpen 1993,
     S. 41–52; einführend unlängst Werner Michler: »Naturkonzepte«. In: Christian
     Begemann und Davide Giuriato (Hg.): *Stifter-Handbuch. Leben – Werk – Wirkung.*
     Stuttgart 2017, S. 246–249. Zum Problem vgl. ferner Albrecht Koschorke: »Zur Epis-
     temologie der Natur/Kultur-Grenze und zu ihren disziplinären Folgen«. In: *Deut-
     sche Vierteljahrsschrift für Literaturwissenschaft und Geistesgeschichte* 83 (2009),
     S. 9–25, sowie Michael Titzmann: »›Natur‹ vs. ›Kultur‹. Kellers *Romeo und Julia auf
     dem Dorfe* im Kontext der Konstituierung des frühen Realismus«. In: Ders. (Hg.):
     *Zwischen Goethezeit und Realismus. Wandel und Spezifik in der Phase des Bieder-
     meier.* Tübingen 2002, S. 441–480, hier S. 441–445.

eines patriarchalischen Übervaters«;[80] dieser ist »ein großer und starker Mann, wie zu seiner Zeit keiner gewesen war« (SP 29) und als solcher der souverän herrschende Familienpatriarch über eine subordinierte Familiengemeinschaft, die sich zusammensetzt aus partner- und kinderlosen Brüdern, einer Gattin sowie mehreren »folgsam[en] und so sanft[en]« Kindern, unter denen der Sohn Joseph eine besondere Rolle einnimmt (SP 40). Das hierarchische Familienverhältnis ist eindeutig festgelegt – »alle seine Untergebenen« bezeichnen den Souverän als »Vater«, und wenn dieser die Entscheidung trifft, im Bergwald vor der Pest Zuflucht zu suchen, ist der Wille des Übervaters Gesetz: »Wer nicht einstimme, müsse jetzt fort, und dürfe nicht wieder kommen. Die Brüder stimmten ein und die Kinder gehorchten.« (SP 30). Der Befehl zum Waldgang lässt sich – ähnlich wie bei Fouqué – als Bann begreifen, den der Souverän über sich und seine Angehörigen verhängt: Sein Beschluss ist, »auf seinem Hutlande oben zu bleiben, dort zu leben, und sich von allen Menschen auszuschließen, bis die Seuche vorüber wäre« (SP 29). Im Beschluss des Selbstausschlusses und Moment des Raumwechsels durch die Figuren (von ›Unten‹ nach ›Oben‹) wird der menschliche Umgang, zuvorderst die gefürchtete Gewalt der tödlichen Krankheit, die »in der Nachbarschaft unserer Thäler« ihre Opfer fordert, gebannt (SP 30).

Während der Pechbrenner auf dem Hutland eine eigene kulturelle Ordnung installiert, leben die Talbewohner, die »nicht mehr wußten, was sie thun und lassen sollten«, in »Angst und Verzweiflung« – im Ausnahmezustand der wütenden Pest ist die herkömmliche Ordnung suspendiert. Verstorbene werden nicht mehr begraben, die Ernten nicht eingefahren, das Vieh sich selbst überlassen, der Pfarrer hält seine Sonntagspredigten nicht: Die kulturell-religiösen Ordnungsinstanzen fallen dem Ausnahmezustand der Seuche zum Opfer.[81] Erst mit dem Ende der Pest kehrt wieder Ordnung im Tal ein, wenn es zur umfassenden – gemäß Stifters »Poetik des Reinen« obligatorischen – Reinigungsaktion kommt:[82]

---

80 Brigitte Prutti: »Zwischen Ansteckung und Auslöschung. Zur Seuchenerzählung bei Stifter – *Die Pechbrenner* versus *Granit*«. In: *Oxford German Studies* 37 (2008), S. 49–73, hier S. 67.

81 Der Naturraum bleibt davon indes unbeeindruckt. Vgl. Pierre Cimaz: »Unheil und Ordnung in Stifters Erzählung *Die Pechbrenner,* im Vergleich mit Gotthelfs *Schwarzer Spinne*«. In: *Études Germaniques* 3 (1985), S. 374–386, hier S. 378.

82 Barbara Thums: »Adalbert Stifters *Der Nachsommer.* Reste-lose Poetik des Reinen?«. In: Dies. und Annette Werberger (Hg.): *Was übrig bleibt. Von Resten, Residuen und*

Jetzt fing man wieder an, die Felder zu bearbeiten, neben manchem
Hause, in dem Gärtlein oder auf dem Wieslein ging ein Rauch empor, weil man die Dinge und Sachen der Kranken verbrannte, und
manches Haus wurde ganz gescheuert und getüncht; denn die
Krankheit war sehr ansteckend gewesen und alle Dinge mußten
vertilgt werden. (SP 25)

Der Pechbrenner als familiärer Souverän indes verfolgt die Utopie eines ›reinen‹, bakterienfreien Raumes im Bergwald, der den verseuch-
ten Territorien im Tal antagonistisch gegenübersteht.[83] So begegnet in
der Binnenerzählung von Stifters *Pechbrennern* eine Welt, die sich mit
Lotman durch eine grundsätzliche Aufteilung des erzählten Raumes in
zwei disjunkte Teilräume strukturieren lässt. In Anlehnung an die Dif-
ferenzierung zwischen dem ›Innen‹ und ›Außen‹ des Waldes in der
Rahmenerzählung entsprechen in der Binnennarration den abstrak-
ten räumlichen Oppositionen Oben/Unten die »binären semantischen
Opposition[en]«[84] Natur/Zivilisation, Ordnung/Unordnung, Reinheit/
Unreinheit, Leben/Tod, so dass sich zwei divergente Felder differenzieren lassen. Dabei wird solch statische Raumkonzeptualisierung vom Text
durchaus unterwandert – etwa, wie gezeigt, im Entwurf einer Synthese
von ›Natur‹ und ›Kultur‹ auf dem Hutland. Wenn der Raum des Waldes
in seiner Größe die Krankheit potenziell auszuschließen vermag und den
Figuren so als Refugium und Exil dient, funktioniert das Hutland dabei
als Ort jenseits aller Orte, wie Foucault die Heterotopie definiert.[85] Der
heterotope Raum des Bergwaldes weist scheinbar – »im Gegensatz zur
wirren Unordnung« der von der Pest befallenen Täler – demgegenüber
»eine vollkommene Ordnung« auf, die den Waldbewohnern im Moment
des souveränen Selbstbanns körperliche Integrität, somit letztlich die

---

    Relikten. Berlin 2009, S. 79–97, hier S. 80 f. Vgl. auch Elisabeth Strowick: »Stifters
    ›Poetik des Unreinen‹. Gattungszitation in *Granit* und *Aus dem Bairischen Walde*«.
    In: Dies. und Sigrid Nieberle (Hg.): *Narration und Geschlecht. Texte – Medien –*
    Episteme. Köln u. a. 2006, S. 73–92, hier S. 89–91.

83   Auch in der Rahmenerzählung wird die Opposition ›rein‹/›unrein‹ geknüpft an
    eine räumliche (›Innen‹/›Außen‹), vgl. hierzu für *Granit* Elisabeth Strowick: *Stifters*
    ›Poetik des Unreinen‹ (s. Anm. 82), S. 76 f.

84   Jurij Lotman: *Struktur* (s. Anm. 8), S. 337.

85   Vgl. Michel Foucault: *Von anderen Räumen* (s. Anm. 10), S. 935.

Sicherung der Genealogie zu gewährleisten scheint.[86] Noch die sterben-
de Mutter reklamiert die Notwendigkeit, »Jemand [zu] haben, der von
unserm Blute ist« (SP 42).

VII.   »Unser Bereich« und die »Grenzscheide«. Bann der Fremden

Neben dem Selbstbann der Pechbrenner kommt es in der Folge zu einem zweiten Bann, den der souveräne Familienpatriarch verhängt, auch
dieser ist untrennbar geknüpft an die Verhandlung des Raums. Als wider Erwarten eine fremde, vierköpfige Familie auf dem Hutland eintrifft,
die ebenfalls im Wald Zuflucht vor der Pest sucht, lässt der Pechbrenner die Flüchtlinge mit einem »Befehl« räumliche Distanz zum eigenen
Territorium wahren und verbannt die Eindringlinge aus Sorge vor einer
Infektion:

> »Geht aber des Augenblicks fort. Berührt keinen Grashalm, auf den
> ein Meiniges treten könnte, und haucht keinen Athem in die Luft,
> den ein Meiniges einathmen könnte. Geht in einem großen Bogen
> hinter jenen Tannen herum, bis ihr die Felswand sehet, dann geht
> in der Richtung, wie sich das Land senkt, hinab [...], bis ihr in das
> Land kommt, wohin Ihr wollt.« (SP 35 f.)

Dabei entpuppt sich »die keimfreie Welt des Pechbrenners als mörde-
rische Utopie«,[87] denn als die erschöpften Fremden – eine aktualisierte
heilige Familie[88] – dem Bann aus dem Hutland keine Folge leisten, stattdessen wiederholt um Integration in die Heterotopie bitten und dieserart das souverän gesetzte Gebot, den Bann, zu unterwandern drohen,
formuliert der Souverän eine Drohung, die den eigenen Herrschaftsanspruch demonstriert, sein Territorium abgrenzt und zugleich im Waldraum markiert:

> Der Pechbrenner [...] kam wieder mit einem Balken in der Hand zu-
> rück, der an einem Ende glühte und angebrannt war. »Mit diesem

---

86   Ebd., S. 941.
87   Pierre Cimaz: *Unheil* (s. Anm. 81), S. 381.
88   Vgl. Brigitte Prutti: *Ansteckung* (s. Anm. 80), S. 68.

Balken,« rief er, »werde ich Jedem die Brust zertrümmern, der es
wagt, in unser Bereich zu treten; es wahre sich Jeder in der Zeit, und
ertragt, was Euch auferlegt ist.« Der fremde Mann sagte nichts mehr,
er bückte sich, nahm den Bündel, reichte der Frau die Hand, daß
sie aufstehe, und sie gingen davon. [...] Die Leute des Pechbrenners
verließen den Platz [...]. Der Vater hatte aber vorher noch den bren-
nenden Pfahl in die lockere Erde gestoßen, und gesagt, daß Keiner
über diese Grenzscheide hinausgehen solle, bis acht oder zehn Tage
verflossen wären. (SP 36)

Im Verbot der Migration in den eigenen Raum und Errichten der »Grenzscheide« im Wald wird »der Landschaftspunkt [...] zum Symbolträger«;[89]
es unterscheidet der Pechbrenner zwei Räume auf dem Hutland, die sich
in ihrer divergenten semantischen Organisation differenzieren lassen.
Auf der einen Seite begegnet im »Bereich« der Pechbrenner ein Raum
der (unterstellten) Reinheit und des »Meinige[n]« (SP 35), während auf
der anderen Seite der Grenze das Miasma, die Kontamination und das
Fremde situiert sind. Wenn die Pechbrenner ursprünglich erst »auf das
Hufland« hinauf ziehen (SP 30), kommen die Fremden nicht von ungefähr von einer Anhöhe »herunter« (SP 34). Diese sind »in schönen Klei-
dern, wie sie vornehme Leute zu tragen pflegen«, gekleidet (ebd.), während die im Wald hausenden Pechbrenner »schlechte Kleider« besitzen,
allein »im Winter Stiefel oder Holzschuhe« tragen und, ihrem Beruf und
Namen gemäß, durch eine Identifikation mit dem Schmutz ausgewiesen
werden: »ihre Arme und Angesichter sind berußt« (SP 30). »Wo«, fragt
der Großvater den Enkel, solle ein Pechbrenner »auch Begriffe von Rein-
lichkeit hernehmen« (SP 18). An der vom Familienpatriarchen errich-
teten Grenze treffen so auch Arm und Reich, Unreine und Reine, Menschen aus dem oberen und unteren Teil der Bevölkerung – und hier: des
Raumes – aufeinander.[90]
    Mit dem Bann und der Installation der Grenze entstehen so für bei-
de Parteien verbotene Räume im Wald, »in die man nicht gehen durfte«

89   Joachim Müller: »›Die Pechbrenner‹ und ›Kalkstein‹. Strukturanalysen einer
      Urfassung und einer Endfassung der ›Bunten Steine‹«. In: *Jahrbuch des Adalbert-
      Stifter-Institutes des Landes Oberösterreich* 15 (1966), S. 1–22, hier S. 7.
90   Vgl. Helmuth Mojem: »Seuche als Metapher. Zu Raabes *Sankt Thomas,* Stifters
      Die Pechbrenner und Storms *Ein Fest auf Haderslevhuus*«. In: *Jahrbuch der Raabe-
      Gesellschaft* 50 (2009), S. 40–53, hier S. 48.

(SP 37). Wenn der Sohn Joseph indes gleichwohl das väterliche Raumverbot bricht, den Fremden folgt und sie in seiner eigenen Hütte versteckt, kommt es aufgrund seiner »im eigentlichen Sinne des Wortes grenzenlose[n] Teilnahme«[91] zur Inklusion des Ausgeschlossenen, der junge Protagonist erweist sich in seiner Befähigung zur Grenzüberschreitung als die maßgebliche ›bewegliche Figur‹ in Stifters Erzählung. Im Verstoß des Jungen gegen das Gesetz, in seiner Verletzung der »Grenzscheide« und dem Wechsel der Räume ließe sich mit Lotman das zentrale, die Katastrophe induzierende ›Ereignis‹ des Textes konkretisieren.[92] So kommt es mit Josephs »Grenzverletzung«[93] zur Durchmischung von Fremdem und Eigenem auf dem Hutland und zur Ansteckung mit der Pest.[94] Diese fordert bald erste Opfer, deren Tod sich unter bemerkenswerten Vorzeichen vollzieht:

> In der Nacht aber [...] war der Bruder des Pechbrenners, Simon, erkrankt. Er lag, als die Sonne aufgegangen war, mit gläsernen Augen auf dem Stroh [...] – und als die Sonne höher und höher rückte, ward sein Angesicht fremder, und ehe sie vom Mittagshimmel durch die Gesträuche nieder schien, war er schon gestorben. Am Mittage erkrankte auch der Bruder Sebastian, und ehe der Abend gekommen war, war er ebenfalls gestorben. Sie wurden Beide sehr schwarz, und sahen häßlich aus. Der Vater trat in die Hütte [...] und rief: »Die Pest ist da, was half das Absperren, sie ist in dem Walde.« (SP 39)

Wenn das Äußere des Pechbrennerbruders immer »fremder« wird, steht dies ostensiv für die dem Bann eignenden Paradoxien des Einschlusses von Ausgeschlossenem und Verbanntem, wie sie Bergengruen/Borgards skizziert haben. Gerade das, was der Pechbrenner als souveräner

91 Pierre Cimaz: *Unheil* (s. Anm. 81), S. 383.
92 Vgl. Jurij Lotman: *Struktur* (s. Anm. 8), S. 338.
93 Helmuth Mojem: *Seuche* (s. Anm. 90), S. 47.
94 Wobei der Text den Akt der Kontamination nicht in letzter Konsequenz aufschlüsselt, weshalb – anders als Lachinger behauptet – keineswegs eindeutig »klar« wird, ob und wie die Pest vom Kind in die Familie getragen wird. Vgl. Johann Lachinger: »Adalbert Stifter – *Die Pechbrenner* und *Granit* – Von der Gewalt zur Sanftheit«. In: *Jahrbuch des Adalbert-Stifter-Institutes des Landes Oberösterreich* 7/8 (2000/2001), S. 53–60, hier S. 54.

Herrscher in den vertriebenen »Fremden« (SP 39) vom Familienclan
bannt, ist im Refugium des Waldes eingeschlossen. Die Folge: »Da er-
krankte Martha und starb, es erkrankten schnell alle Brüder Josephs und
starben« (SP 40), es erkranken Josephs Eltern und sterben, wie auch die
Familie des fremden Mädchens. Demgemäß erfährt der Waldraum eine
einschneidende Transformation vom begehrten Refugium hin zur schau-
rigen »Leichengegend« (SP 51), wie sie der Erzähler ausmalt: »Furcht
und Grausen herrschten auf den Gründen des Hutlandes [...], Alles sah
schreckdrohend und schauervoll aus.« (ebd.). So wird der begehrte Zu-
fluchtsort nachgerade zum Ort der Flucht transformiert: Die Überleben-
den »gingen [...] von dem Hutlande fort, vor dem sie sich fürchteten«
(SP 52).

VIII.   »Vater, lieber Vater«. Bann des Sohnes

Der Verstoß des Pechbrennerjungen Joseph gegen das väterliche Verbot
der Grenzüberschreitung, die Desavouierung patriarchaler Souveränität,
bedingt schließlich eine dritte signifikante Figuration des Banns, die Stifters Text zentral ausstellt. Aufgrund der Verheerungen der Pest seines Ge-
folges beraubt, vollzieht der Vater den Bann des ungehorsamen Sohnes
unter den Vorzeichen einer Freiheits- und Todesstrafe als Versetzung der
Figur aus dem Lebensraum der Pechbrenner in den unzugänglichen Ex-
tremraum des Hutfelsens. Der rechtsprechende Souverän konstatiert die
alleinige »Schuld« Josephs als Gastwirt der Fremden am Tod der Familie
(SP 40):[95] »Du hast Deine Oheime ermordet, Du hast Deine Schwester ermordet, Du hast Deine Brüder ermordet«, woraufhin der väterliche Richter das »Urtheil« über seinen Sohn fällt (ebd.): Mittels einer Leiter wird
Joseph auf der Spitze des Hutfelsens vom ungleich »starke[n] Mann«
ausgesetzt (SP 29). Es nimmt der Vater »die längste aller Leitern, die die
Pechbrenner haben [...], weil er sehr stark war, mit einem Ende auf die
Schulter« und transportiert diese zum Hutfelsen, wo das Aufrichten der
Leiter (für Freud prominentes Phalluszeichen und »sichere[s] Symbol[]

---

95   Dass der Erzähler die Schuldzuweisung des Vaters nicht affirmiert, hat bereits Bri-
      gitte Prutti: *Ansteckung* (s. Anm. 80), S. 69, bemerkt.

des Geschlechtsverkehres«)[96] zu einer letzten Demonstration von Macht und Männlichkeit gerät; zum Potenzbeweis des souveränen Patriarchen: »Nach einer Weile [...] begann er, die Leiter erst schief und dann immer gerader und gerader an den Fels zu legen, bis sie mit ihrem dünnen Ende am oberen Rande desselben lag. Die Stärke des Mannes machte, daß ihm die Leiter nicht sank, und daß er sie hob, was sonst zwei Männer nicht vermocht hätten.« (SP 41). Der seiner Exorbitanz versicherte Souverän ist eine Synthesefigur aus »heidnische[m] Riese[n], [...] biblische[m] Patriarch[en] und [...] moderne[m] absolute[m] Herrscher«, der seinen Sohn auf den Hutfelsen verbannt:[97]

> »Hier hast Du Wasser und Brod, es reicht auf zwei Tage, wenn diese vorüber sind, so magst Du auf diesem Felsen verhungern, oder hinabspringen.« Der Knabe sagte nichts, der Vater wandte sich wieder nach der Leiter und stieg hinab. Dann nahm er sie von dem Felsen weg und schleifte sie nach Hause. [...] Der Knabe [...] war oben auf dem Steine; er war den Tag oben, er war die Nacht oben, und den folgenden Tag. (SP 41 f.)

Verbannt auf den Felsen, büßt der Grenzgänger Joseph im Gefängnis der Waldeinsamkeit für seinen Aufstand gegen das väterliche Gesetz, während unterdessen die Eltern in ihrer Hütte der Pest erliegen. Die entsprechende Szene gehört zu den konzisesten Entwürfen in Stifters Prosawerk:

> Als er [Joseph] nicht gehört wurde, rief er noch einmal: »Vater!« Da es aber immer finsterer wurde, da es stille war und die Kälte der Nacht auf die Gräser und Gesteine hernieder kam, rief er so laut er nur konnte: »Vater, lieber Vater, lasse mich nicht mehr in der Nacht auf dem Felsen, ich habe gefehlt, züchtige mich, wie Du willst, ich will es nicht mehr thun, Vater, Vater, lasse mich von dem Steine hinunter.« Als es aber wieder stille war, rief er: »Vater, ich werde gut sein, ich werde immer gut sein, lasse mich hinunter, ich bin Dein guter Knabe gewesen, den Du aufgehoben hast, den Du auf den

---

96 Sigmund Freud: *Vorlesungen zur Einführung in die Psychoanalyse*. In: Ders.: *Studienausgabe*. Bd. 1. Hg. von Alexander Mitscherlich. Frankfurt a. M. 1982, S. 37–445, hier S. 167.
97 Brigitte Prutti: *Ansteckung* (s. Anm. 80), S. 68.

Mund geküßt hast, Vater, lieber Vater, lasse mich hinunter.« Aber
es rührte und regte sich nichts als ein Lüftchen, das die Tannen
wanken machte [...]. Als der Knabe dachte, daß er wirklich auf dem
Felsen verhungern solle, schrie er fürchterlich: »Vater, Vater, Vater,«
er schrie so laut, daß man das Geschrei weit herum in dem Walde
hätte vernehmen können; aber wenn er wieder aussetzte, um zu
horchen, konnte er nicht hören, daß sich Tritte näherten und eine
Leiter angelegt würde. (SP 43 f.)

Die Unbewegtheit des teilnahmslosen Waldraumes fokussiert auf das
Verhältnis von verlassenem Sohn und vielfach adressiertem Vater, zwischen verbanntem Gesetzesbrecher und verbannendem Souverän. Wenn
Müller anmerkt, die Verstoßung sei »ein altes Mythen- und Märchen-
motiv«,[98] Cimaz eine intertextuelle »Erinnerung«[99] an die Gregorius-
Legende und Lachinger eine Potenzierung der kindlichen Verlassenheit
»in quasi-metaphysische Dimensionen« konstatiert,[100] so hat die Forschung gleichwohl nicht notiert, dass die Szene im Spannungsverhältnis
zwischen büßendem Sohn und zürnendem Vater minutiös die Kreuzigung Christi auf der ›Schädelhöhe‹ Golgatha zu zitieren scheint, wie sie
gerade in den synoptischen Evangelien überliefert wird. Lassen sich mit
den beiden auf den menschlichen Kopf verweisenden Räumen (Hutfelsen und Schädelstätte) schon Parallelen ziehen bei der Lokalisierung
der Stifter'schen Bann- und biblischen Kreuzigungsszene, sind weitere
erkennbar im Transport und Aufstellen von Leiter (SP 41) und Kreuz
(Mt 27,31–33), in der zwangsweisen Stationierung von Joseph und Christus auf respektive in der Höhe und schließlich im so eindringlichen wie
vergeblichen Anruf des Vaters: Zwölf Mal ruft der Pechbrennerjunge zum
»liebe[n] Vater« (SP 43). Wendet sich der gekreuzigte Gottessohn im
Lukas-Evangelium zwei Mal wörtlich an den »Vater« (Lk 23,34; 23,46),
ruft er in den Evangelien nach Matthäus und Markus »laut: Eloï, Eloï,
lema sabachtani?, das heißt übersetzt: Mein Gott, mein Gott, warum hast
du mich verlassen?« (Mk 15,34 [Einheitsübersetzung], vgl. Mt 27,46). Entsprechend heißt es bei Stifter: »›Ach heiliger Gott!‹ rief der Knabe, ›so ist
ja gar Niemand da, gar Niemand, der helfen könnte.‹« (SP 44).

98   Joachim Müller: *Strukturanalysen* (s. Anm. 89), S. 8.
99   Pierre Cimaz: *Unheil* (s. Anm. 81), S. 381.
100   Johann Lachinger: *Stifter* (s. Anm. 94), S. 54.

Die rufenden Söhne bleiben von den absenten, ihre Kinder verlassenden Übervätern – einerseits die erste Hypostase des trinitarischen Gottes, andererseits der von »alle[n] seine[n] Untergebenen Vater« genannte Pechbrenner (SP 30) – unerhört. Das Opferlamm Christus (vgl. Joh 1,29; 1,36) und der das väterliche Verbot verletzende Joseph erfahren die Strafe der zürnenden Väter. Bezeugt wird der väterliche Bann der räumlichen Entgrenzung als Todesurteil in beiden Fällen durch eine weibliche Figur: Übernimmt beim gekreuzigten Christus Maria Magdalena die Zeugenfunktion (Mt 27,55 f.), ist es bei Stifter die Tochter der Fremden im Wald, die zur Zeugin des Banns wird, bezeichnenderweise trägt auch sie den Namen Magdalena (vgl. SP 44). Der vom Volk ausgestoßene, gottverlassene Christus am Kreuz – halb Mensch, halb Gott – ist indes der Verdammte und Verbannte schlechthin, *homo sacer* par excellence: ein von Mensch und Gott Verbannter, der als eingeborener Gottessohn die Position sowohl des *homo sacer* wie des antagonistischen Souveräns besetzt. Das Bibel-Zitat in Stifters Erzählung lässt den Pechbrennerjungen, der seinen Angehörigen anstelle des biblischen Heils das Unheil zu bringen scheint, in die Tradition des Christus treten – seine Position als *homo sacer* wird so nachdrücklich unterstrichen. Zugleich verweist sein Name auf den zweiten prominenten Verbannten der Bibel, der nicht umsonst als alttestamentarische Präfiguration Christi gilt: Josef, den von seinen Brüdern zunächst aus der Familie in einen Brunnen, sodann in die Fremde verstoßenen Sohn Jakobs (Gen 37).[101] Schließlich deutet noch der Schluss der Rahmenerzählung auf die biblische Kreuzigung auf der Schädelhöhe (in sotereologischer Lesart Ort der Aussöhnung zwischen Gott und Welt), wo neben Christus zwei Verbrecher gekreuzigt werden (vgl. Mk 25,27), wenn die Mutter dem Sohn als Zeichen der Versöhnung »drei Kreuze« auf den Schädel, aufs »Angesicht« zeichnet (SP 54).

Die aufgezeigten Variationen des Banns legen nahe, das Hutland als biopolitischen Raum zu begreifen, als Raum, in dem sich das Recht und die Macht des Souveräns über das nackte Leben im Wald konkretisiert, indem der Vater umfassend in das Leben seiner Familienmitglieder, der Asyl suchenden Fremden sowie schließlich des Sohns eingreift, indem letzterer auf den Stein »heraufgesperrt« wird (SP 45) – spätestens damit wird Stifters Waldeinsamkeit aller vermeintlichen Harmlosigkeit

---

101 Dass der irdische Vater Christi ebenfalls den Namen von Stifters Protagonist trägt, mag eine Verbindung zum biblischen *homo sacer* weiter nahelegen.

entledigt. Das Verhältnis von Souverän und Verbanntem erfährt dabei schlussendlich eine bemerkenswerte Inversion, insofern Joseph die Flucht gelingt, wohingegen der Körper des exorbitanten Souveräns verwest, von ihm werden »aus dem verkohlten Heu« nurmehr »die starken Knochen [...] angebrannt hervorragen« (SP 53). Während der vom Stein herabgestiegene Joseph zum leitenden Gutsherren aufsteigt, ist es nun der tote Vater, von dem es in romantischer Reminiszenz heißt, er sei als Wiedergänger, als »todte[r] Pechbrenner *auf einem Steine sitzen[d]* zu sehen« (ebd., Herv. F. S.).

Wie die Forschung allenthalben festgestellt hat, kommt Stifters Erzählung in der unter dem Titel *Granit* veröffentlichten Zweitfassung »wesentlich entschärft und entdramatisiert« daher.[102] In der Buchfassung hat Stifter die gesamte Episode des hier fokussierten väterlichen Banns gestrichen, entspricht diese doch weder etwaigen pädagogischen Intentionen, die der Autor mit den *Bunten Steinen* verfolgt haben mag, noch der diesen vorangestellten berühmten programmatischen *Vorrede* mitsamt dem ›Sanften Gesetz‹.[103] Dabei bleibt etwa die sadistische Züchtigung des mit Pech beschmierten Knaben der Rahmenerzählung durch die Mutter auch in *Granit* erhalten: Dass der vorzüglich der älteren Forschung gemeine Topos einer »Spannung zwischen friedlichem Rahmen und schauriger Binnengeschichte« der differenzierten Lektüre nicht standzuhalten vermag, ist heute bekannt.[104] Der Mordversuch des Vaters am eigenen Sohn, die Konfrontation von Souverän und *homo sacer,* reiner Macht und nacktem Leben im Zeichen absoluter Gewalt, wird indes vom Autor aus dem Text selbst gebannt – es markiert dies die eigentümliche Pointe der postromantischen Erzählung von den Pechbrennern.

---

102   Johann Lachinger: *Stifter* (s. Anm. 94), S. 56; dort ein ausführlicher Vergleich beider Fassungen.

103   »Wenn Stifter [die] Postulate von sittlichen Werten seiner Erzählsammlung voranstellte, dann wird klar, dass der Autor in seiner Erzählung *Granit,* der ersten in den *Bunten Steinen,* nicht das kontradiktorische Gegenteil davon darstellen konnte: *Die Pechbrenner* wären der eklatante Widerspruch zum ›Sanften Gesetz‹, sie hätten es geradezu dementiert.« (ebd., S. 58). – Zum ›Sanften Gesetz‹ vgl. etwa Ulrich Dittmann:»Zur Genese des ›sanftes Gesetzes‹ – und noch einmal über Stifter und Goethe«. In: Hans-Peter Ecker und Michael Titzmann (Hg.): *Realismus-Studien. Hartmut Laufhütte zum 65. Geburtstag.* Würzburg 2002, S. 107–115.

104   Pierre Cimaz: *Unheil* (s. Anm. 81), S. 374.

Die hier vorgeschlagenen Lektüren zeigen, wie dem Wald – der, wenngleich nicht ausschließlich, so doch wie kein zweiter Raum besonders in der Literatur des (frühen) 19. Jahrhunderts wurzelt – in den exemplarisch herangezogenen Erzählungen eine fundamentale Bedeutung als Raum der Grenze und Entgrenzung, als Ort »außerhalb aller Orte«, wiewohl handlungsstrukturierendes Zentrum der Texte eignet.[105] Funktionieren die Wälder als heterotope Räume, manifestieren sich an ihnen zuallererst Figurationen des (paradoxalen) Banns von Figuren und Gewalt. Fouqués und Stifters Texte erzählen vornehmlich vom bannenden Umgang mit gewaltsamen Subjekten wie mit Gewalt an sich; sie berichten minutiös, wie Figuren als verbannende oder verbannte Größen agieren, wie Leben und Recht im Wald ineinander verschwimmen – und besonderes Augenmerk muss dabei jeweils den Vätern gelten, die als Familiensouveräne den Wald zum Raum patrimonialer Rechtsprechung potenzieren. Es sind schließlich (auch) Texte wie die hier behandelten, die wesentlich zur langen Geschichte »deutscher Waldver- und -entzauberung«,[106] zu einer spezifischen Ausbildung von »Waldesfühlen und Waldeslust«[107] beitrugen, die – Jahrhunderte später – noch einen Förster als Bestsellerautoren reüssieren lassen.

05   Michel Foucault: *Von anderen Räumen* (s. Anm. 10), S. 935.
06   Thea Dorn: »Waldeinsamkeit«. In: Dies. und Richard Wagner: *Die deutsche Seele.* München 2011, S. 479–489, hier S. 482.
07   David Hugendick: »Naturliteratur: Mehr Waldgelassenheit, bitte«. In: *Zeit Online,* 28.11.11. https://www.zeit.de/kultur/2011-11/waldgelassenheit (31.10.18).

Ästhetische Idee – ästhetische Erfahrung. Überlegungen zu einem Wechselverhältnis im Umfeld der Ästhetik Kants

Rüdiger Görner

Ästhetik sei Psychologie,* urteilte Novalis.[1] Was ist an dieser Notiz aus dem *Allgemeinen Brouillon* (1798/99) für die Frage wesentlich, wie sich die Kantische ›ästhetische Idee‹ zur ›ästhetischen Erfahrung‹ verhält? Novalis' Forderung nach einer Psychologisierung der Ästhetik liefert ein Beispiel für die Notwendigkeit, die Frage nach der ästhetischen Urteilskraft, ihren Grenzen dem Wortsinne Kants nach die ›Kritik‹, und ihrem anschauenden und einsehenden also intelligiblen Vermögen zu kontextualisieren.

Novalis, für den die Zeit ein »innerer Raum« war und der Raum »äußere Zeit« (II, 697), er, der forderte, eine körperspezifische »Zeitfiguristik« zu betreiben, überführte wiederholt Diskurse über Ästhetik in andere Erfahrungsbereiche, so sparsam er selbst auch mit dem Wort ›ästhetisch‹, hier verstanden als Modus der Wahrnehmung *und* Produktion, umging.

Die Frage nach dem Verhältnis einer Theorie des Schönen zur künstlerischen Produktion als dem eigentlichen Kern ästhetischer Reflexion kreiste im diskursiven Vor- und Umfeld der dritten Kritik Kants um den Status der Nachahmung. Johann Georg Hamann hörte in der Sprache nachgeahmte Natur, wobei er in seiner *Aesthetica in nuce* (1762) behauptete: »Sinne und Leidenschaften reden und verstehen nichts als Bilder.«[2] Seine sprachkritische Erkenntnis entwickelte Hamann in diese Richtung weiter, und zwar zunächst in seiner Rezension zur *Kritik der reinen Vernunft* vom Juli 1781. In ihr benennt er ebenso gerafft wie prägnant die Voraussetzungen der

---

* Erweiterte Fassung des Eröffnungsvortrages zur Konferenz *Was ist eine ästhetische Idee?*, die vom 15.–18. September 2016 an der Universität Kopenhagen stattgefunden hat.

1 Novalis: *Werke, Tagebücher und Briefe Friedrich von Hardenbergs*. Hg. von Hans-Joachim Mähl und Richard Samuel. Bd. 2. *Das philosophisch-theoretische Werk*. Darmstadt 1999, S. 644.

2 Johann Georg Hamann: *Sokratische Denkwürdigkeiten. Aesthetica in nuce*. Hg. und kommentiert von Sven-Aage Jørgensen. Stuttgart 1968, S. 83.

© VERLAG FERDINAND SCHÖNINGH, 2019 | DOI:10.30965/9783657792573_005

Kritik Kants: »Leibnitz intellectuierte die Erscheinungen, Locke sensifi-
cirte die Verstandesbegriffe, und die reine Vernunft assimiliert Erscheinungen und Begriffe, die Elemente aller unserer Erkenntnis«.[3] Wenig
später beruft er sich auf George Berkeley und David Hume, des ersteren
Behauptung zitierend: »daß allgemeine und abstracte Ideen nichts als
besondere sind, aber an ein gewisses Wort gebunden, welches ihrer Bedeutung mehr Umfang oder Ausdehnung giebt, und zugleich uns jener
bey einzelnen Dingen erinnert«.[4] Dieser Ansatz ließe sich auch auf Kants
›ästhetische Idee‹ übertragen, und zwar in dem Sinne, dass sie als eine
Idee im Zustand der wortgebundenen Versinnlichung und der in ihr
aufgehobenen Intellektualisierung von Erfahrung angesehen werden
kann. Hamann warnte jedoch davor, »Wörter für Begriffe, und Begriffe
für die Dinge selbst« zu halten. Denn »in Wörtern u. Begriffen ist keine
Evidenz möglich, welche blos den Dingen und Sachen zukommt«.[5] ›Begriffe‹ waren für Hamann festgestellte, definierte Wörter, die Erfahrungen aufnehmen, von denen aber auch Erfahrungen ausgehen können,
wobei – wie gesehen – die Primärerfahrungen bei den ›Sachen‹ liegen.
Und doch blieb für ihn das oberste Prinzip das der Metaphernbildung in
der Sprache. Die Deutungen der Metaphern bleiben in seinem Denken
durchaus flexibel, wogegen der geprägte Begriff oder verliehene Name
sich wie ein »Muttermal [...] von der Stirne bis in die Eingeweide der
ganzen Wissenschaft« ausbreite.[6] Wer aber ahmt hierbei wen oder was
nach? Ist in diesen Ideen umsetzenden Sprachbildungsprozessen ›Natur‹ überhaupt noch präsent, die auf irgendeine Weise ›nachzuahmen‹
wäre? Hamann rekurriert hierbei jedoch auf das sprachliche Material,
das von Naturnähe zeugt: »*Laute* und *Buchstaben* sind also reine Formen
a priori, in denen nichts, was zur Empfindung oder zum Begriff eines
Gegenstandes gehört, angetroffen wird und die wahren, ästhetischen
Elemente aller menschlichen Erkenntnis und Vernunft.«[7] Das bringt

---

3   Johann Georg Hamann: *Rezension zur* Kritik der reinen Vernunft [...]. In: Ders.: *Vom
     Magus im Norden und der Verwegenheit des Geistes. Ein Hamann-Brevier.* Mit einem
     Nachwort hg. von Stefan Majetschak. München 1988, S. 201–204, hier S. 201.
4   Johann Georg Hamann: *Metakritik über den Purismum der Vernunft* (1784). In: Ebd.,
     S. 205–212, hier S. 205.
5   Johann Georg Hamann an Friedrich Heinrich Jacobi, 14. November 1784. In: Ebd.,
     S. 213–216, hier S. 215.
6   Johann Georg Hamann: *Metakritik über den Purismum der Vernunft* (s. Anm. 4), S. 207.
7   Ebd., S. 209.

ihn dann auch dazu, in der Musik die »älteste Sprache« zu sehen »und nebst dem fühlbaren Rhythmus des Pulsschlages und des Othems in der Nase, das leibhafte Urbild alles *Zeitmaaßes* und seiner Zahlenverhältnisse.«[8] Damit sprach sich Hamann deutlich für das Primat der ästhetischen Erfahrung über jegliche ›ästhetische Idee‹ aus. Denn ›Laut und Buchstabe‹ sind Grunderfahrungen beim Umgang mit dem sprachlichen Material und der zeitbedingt relevanten Frage nach der Herkunft der Sprache. Was aber ist in diesem Zusammenhang ›ästhetische Erfahrung‹?

Exemplarisch führte Karl Philipp Moritz vor, wie sich im Nachahmen, sei es von antiken Kunstwerken oder Naturphänomenen, ästhetische Erfahrungswerte bilden und sich eine solche Erfahrung konkret vollzieht. Das Schöne begriff er dabei nicht als Idee, sondern als Ergebnis von – vergleichender – Anschauung: »Das echte Schöne«, so Moritz in den *Grundlinien zu einer vollständigen Theorie der schönen Künste* (wohl Anfang 1789), »ist nicht bloß in uns und unserer Vorstellungsart, sondern *außer uns* an den Gegenständen selbst befindlich«.[9] Was er nicht reflektiert, ist, *woher* dieses Urteil, etwas sei ›schön‹, kommt, *worin* es gründet. Bei der Beurteilung des Schönen ordnet Moritz das kritische Urteil – er nennt es »Denkkraft« – dem Empfinden unter. Denn »das Schöne kann nicht erkannt, es muß hervorgebracht – oder *empfunden* werden« (II, 564). Anders gewendet: »Die Natur des Schönen besteht ja eben darin, daß sein innres Wesen außer den Grenzen der Denkkraft, in seiner Entstehung, in seinem eigenen Werden liegt.« (ebd.). Dabei bedient sich Moritz der Doppelbedeutung von Bilden und Bildung – als einer ›Kraft‹, die formt und vergleichendes Wissen kognitiv sowie im Zusammenspiel mit der ›Empfindungsfähigkeit‹ umsetzt. Somit kann auch die in jedem Sinne und mit allen Sinnen ›*bildende* Kunst‹ Vorbildcharakter haben.

Das Spannungsverhältnis zwischen Idee und Erfahrung äußerte sich exemplarisch im ersten eigentlichen Gespräch Goethes und Schillers über die Bewertung der Urpflanze. Dass Goethe sie im Gegensatz zu Schiller insistierend als Erfahrung bezeichnete, zeitigte erst fünfzehn

---

8 Ebd.
9 Karl Philipp Moritz: *Grundlinien zu einer vollständigen Theorie der schönen Künste*. In: Ders.: *Werke*. Bd. 2. Hg. von Horst Günther. 2. Aufl. Frankfurt a. M. 1993, S. 591 f., hier S. 591. Weitere Nachweise im Text beziehen sich auf diese Ausgabe.

Jahre später nachhaltige poetische Konsequenzen; denn im elegischen
Lehrgedicht *Die Metamorphose der Pflanze* wurde aus einer Anschau-
ungserfahrung ein ästhetisches Phänomen. Der Kantianer Schiller hatte
bereits in der ersten Phase der Freundschaft mit Goethe beklagt:

> Bei der Anarchie, welche noch immer in der poetischen Kritik
> herrscht, und bei dem gänzlichen Mangel objektiver Geschmacks-
> gesetze befindet sich der Kunstrichter immer in großer Verlegen-
> heit, wenn er seine Behauptung durch Gründe unterstützen will;
> denn kein Gesetzbuch ist da, worauf er sich berufen könnte.[10]

Wissenschaftspoetisch versuchte sich Goethe an eben dieser Aufgabe –
vermittels Lehrgedicht Naturgesetze ins Ästhetisch-Poetische überspie-
len zu lassen. Er deutete dabei zutreffend die ästhetische Idee als Wesen
der Darstellung im Kunstsinnlichen.

   Der Hinweis auf Goethe ist auch deswegen zwingend, weil er den
Kerngehalt in Kants kritischem Denken unmittelbar auf seine Kunst-
produktion und wissenschaftliche Tätigkeit bezogen hatte. In der *Urteilskraft* habe er, so Goethe über dieses philosophische Erlebnis, seine
»disparatesten Beschäftigungen neben einander gestellt, Kunst- und
Natur-Erzeugnisse eins behandelt wie das andere, ästhetische und teleologische Urteilskraft sich wechselweise« beleuchtet gesehen. Goethe gehört zu den wenigen prominenten Lesern der dritten Kritik, die sich von
ihrem zweiten Teil her, der ›Kritik der teleologischen Urteilskraft‹, dem
Problem des ästhetischen Vermögens und Urteilens genähert haben.
Darüber legte er Zeugnis ab in seiner Reflexion ›Anschauende Urteilskraft‹. Die ›Idee‹ bei Kant begriff er dabei als ein Moment, »ein Faktor
im Erfahrungsprozeß selbst«. Für Goethe wurde aus dieser kantischen
Idee über die Stationen Morphologie und Metamorphose schließlich das
für ihn höchste, von Kant dagegen eher geringer bewertete Symbol, wie
Ernst Cassirer in seiner 1944 in Yale entstandenen Schrift *Goethe und die
Kantische Philosophie* herausgearbeitet hat.[11] Cassirer baute damit auf

---

10   Johann Wolfgang Goethe an Friedrich Schiller, 7. September 1794. In: Ders.: *Brief-
      wechsel mit Friedrich Schiller.* Hg. von Karl Schmid. 2. Aufl. Zürich 1964, S. 24.
11   Ernst Cassirer: *Goethe und die Kantische Philosophie.* In: Ders.: *Rousseau, Kant, Goe-
      the.* Hg., eingeleitet sowie mit Anmerkungen und Registern versehen von Rainer A.
      Bast. Hamburg 1991, S. 63–99.

Georg Simmels einschlägige Untersuchung von 1906 auf, die im Kern bereits befand, dass sich für Goethe im Schönen eine »Manifestation geheimer Naturgesetze« zeige.[12] Und gerade deswegen kam ihm Kants Definition des Genies in § 46 entgegen, nach dem durch dieses die Natur der Kunst ihre Regeln gebe.[13] Diese Überlegung nahm Goethe in *Dichtung und Wahrheit* – dieser biographischen Anatomie eines gelebten Grundverhältnisses – unmittelbar auf, wenn er in Umkehrung der einstigen Sturm-und-Drang-Ideologie schreibt: »Genie« ist »diejenige Kraft des Menschen, welche durch Handeln und Tun, Gesetz und Regel gibt«.[14] Damit übernahm Goethe praktisch Kants Definition von ›Genie‹ in der *Kritik der Urteilskraft*, von Cassirer die »vielleicht schönste Würdigung von Kants kritischer Philosophie« genannt.[15]

Kant versuchte in der dritten Kritik, der, wie er in den *Prolegomena zu einer jeden künftigen Metaphysik* sich ausdrückte, »Rhapsodie von Wahrnehmungen« Struktur zu verleihen. Cassirer nun zeigte, dass die daraus gewonnene oder dieser Struktur zugrunde liegende ›ästhetische Idee‹ sich Kants Lektüreerfahrung von Rousseau, namentlich des *Émile* und der *Nouvelle Héloise* verdankte, wohl auch der durch Herder belegten Beschäftigung mit Wieland.

Cassirer stellte Kant und Rousseau als – auf den ersten Blick – unwahrscheinliche Wahlverwandte vor, gerade weil letzterer dazu aufgerufen hatte – vor allem im *Émile* – dem Ideal der ›schönen Seele‹ zu misstrauen.[16]

Zu Beginn jenes Jahres, das der geistigen Welt die dritte Auflage von Kants dritter Kritik bescherte (1799), sah Friedrich Hölderlin in Kant den »Moses unserer Nation«, der diese »aus der ägyptischen Erschlaffung« in die »freie einsame Wüste seiner Spekulation führt, und der das energische Gesetz vom heiligen Berge bringt«, wie er seinem Bruder schreibt.[17]

---

12   Georg Simmel: *Kant und Goethe.* Berlin 1906, S. 16.

13   Vgl. Immanuel Kant: *Kritik der Urteilskraft.* Hg. von Karl Vorländer. Hamburg 1974, S. 160–161. Weitere Nachweise im Text beziehen sich unter Angabe des Paragraphen und der Seitenzahl auf diese Ausgabe.

14   Johann Wolfgang von Goethe: *Werke. Hamburger Ausgabe.* Bd. 10. *Aus Meinem Leben Dichtung und Wahrheit.* Hg. von Erich Trunz. München 1988, S. 160 f.

15   Ernst Cassirer: *Rousseau, Kant, Goethe* (s. Anm. 11), S. 89.

16   Ebd., S. 17.

17   Friedrich Hölderlin an den Bruder Karl, 1. Januar 1799. In: Ders.: *Sämtliche Werke und Briefe in drei Bänden.* Hg. von Jochen Schmidt. Bd. 3. Frankfurt a. M.

Hölderlin verwirft in diesem Brief ein Verständnis von Kunst als einem Spiel, das deutlich gegen Schillers Verständnis von ästhetischer Erziehung gerichtet ist. Stattdessen bemühte er sich um eine Objektivierung des Urteils über poetische Erzeugnisse, indem er sich der »Verfahrungsweise« im Poetischen zu stellen versuchte. Auch wenn dieser Problematisierungsversuch Fragment blieb, er veranschaulichte noch vor dem Erscheinen der *Urteilskraft* Kants, dass das Poetische nur als Vollzug, als Verfahrung und Erfahrung zu realisieren sei. Von einer ästhetischen Idee ist darin nicht mehr die Rede wie noch im Entwurf, dem sogenannten *Ältesten Systemprogramm des deutschen Idealismus.* Darin hatten Hölderlin, Schelling und Hegel 1795/96 – ausgehend von Kants beiden ersten Kritiken – ein »System aller Ideen« entwerfen wollen mit dem erstaunlichen Zusatz, dies sei »dasselbe« wie ein System »aller praktischen Postulate«. (II, 575). Unter »Idee« verstanden sie »die Vorstellung *von mir selbst,* als einem absolut freien Wesen«. Idee sei, was »Gegenstand der Freiheit« ist (II, 576), ein Prinzip, das antizipiert, was Kant in der dritten Kritik entwickeln sollte. Die »Vorstellung von mir selbst« als einem Schaffensprinzip, welche »die einzig wahre und gedenkbare Schöpfung aus Nichts« (ebd.) ermögliche, geht augenscheinlich auf Fichtes Einfluss zurück. Dessen Subjektkonzeption hatte Schiller in einem seiner ersten Briefe an Goethe (v. 28. Oktober 1794) ironisch referiert: »Nach den mündlichen Äußerungen Fichtes [...] ist das Ich auch durch seine Vorstellungen erschaffend, und alle Realität ist nur in dem Ich. Die Welt ist ihm nur ein Ball, den das Ich geworfen hat und den es bei der Reflexion wieder fängt!! Sonach hätte er seine Gottheit wirklich deklariert, wie wir neulich erwarteten.«[18] Bedeutsamer Weise sollte Rilke in einem im Januar 1922 geschriebenen Gedicht genau dieses Bild aufgreifen und ein Beispiel für kommunikationsästhetische Erfahrung lyrisch umschreiben:

> Solang du Selbstgeworfnes fängst, ist alles
> Geschicklichkeit und läßlicher Gewinn –;
> Erst wenn du plötzlich Fänger wirst des Balles,
> den eine ewig Mit-Spielerin
> dir zuwarf, deiner Mitte, in genau
> gekonntem Schwung, in einem jener Bögen

1992, S. 328–334, hier S. 331. (Weitere Nachweise im Text beziehen sich auf diese Ausgabe).
18   Johann Wolfgang von Goethe: *Briefwechsel mit Schiller* (s. Anm. 10), S. 37.

> aus Gottes großem Brücken-Bau;
> erst dann ist Fangen-Können ein Vermögen, –
> nicht deines, einer Welt. [...][19]

Erst im Vollziehen des interpersonalen Bezuges, vermittelt durch ein er-
fahrbares Handeln, das Werfen, Fangen und Zurückwerfen eines Objekts
entsteht *durch* dieses Gedicht eine spielerisch-ästhetische Kommuni-
kation mit metaphysischen Analogien (»Gottes großer Brückenbau«).
Als ästhetischer Akt ermöglicht das Gedicht im Geschrieben- und
Gesprochen-Werden konkrete Erfahrung und einen Transzendenzver-
weis qua Metapher. Dabei erweist sich die dem Gedicht zugrunde liegende ästhetische Idee als poetisches Motiv, nämlich die Konkretheit des
Wurfes, der sich freilich dem ›Fangen‹ auch entziehen kann. Am Ende des
Gedichts wird aus dem Ball ein »Meteor«, der aus »deinen Händen [...]
in seine Räume rast«, womit die kosmisch-transzendente Dimension
zuletzt obsiegt.

Nach diesem kleinen die Problematik des Wechselverhältnisses von
Idee und poetischen Erfahrens illustrierenden Exkurs nun wieder zurück zu den Prämissen des *Systemprogramms;* dieses fordert den Zusammenhang von Ideenphilosophie und einer sich an den »Data«, also dem
Gegebenen und den Gegebenheiten orientierenden »Erfahrung«. Der
nächste Schritt in der skizzenhaften und doch deutlich nachvollziehba-
ren Argumentation des *Systemprogramms* ist im Vorfeld der dritten Kritik
Kants der entscheidende: Es wertet die »Idee der Schönheit« als höchste
und befindet, »daß der höchste Akt der Vernunft«, indem er alle Ideen
umfasse, »ein ästhetischer Akt« sei. Entsprechend müsse der Philosoph
»eben so viel ästhetische Kraft besitzen als der Dichter«. Der »ästhetische Sinn« oder das – wieder mit Moritz gesprochen – ästhetische
Empfindungsvermögen lasse die »Philosophie des Geistes« als eine »ästhetische Philosophie« erscheinen (II, 576). Der am *Systemprogramm*
mitwirkende Hegel sollte genau diesen Punkt als *Phänomenologie des
Geistes* umfassend einlösen, indem er darin die Bildungsgeschichte des

---

19   Rainer Maria Rilke: *Solang du Selbstgeworfnes fängst.* In: Ders.: *Sämtliche Werke.*
      Hg. von Ernst Zinn in Verb. mit Ruth Sieber-Rilke. Bd. 2. *Gedichte. Zweiter Teil.*
      Frankfurt a. M. 1987, S. 132. Dazu grundlegend, wenn auch diese Schiller'sche ›Vor-
      lage‹ nicht berücksichtigend: Richard Exner und Ingrid Stipa: »Das Phänomen
      der Androgynie des Schaffensprozesses im späten Rilke: Das Beispiel ›Solang du
      Selbstgeworfnes fängst ...‹«. In: Rüdiger Görner (Hg.): *Rainer Maria Rilke.* Darm-
      stadt 1987, S. 350–383.

Geistes als ästhetischen Vorgang, nämlich in Gestalt eines philosophischen Romans, darstellte. Ideen, schlussfolgert das Systemprogramm,
müssten ästhetisch *gemacht* werden, was in der Begrifflichkeit dieses
Entwurfs ihre Mythologisierung im Sinne einer »neuen Mythologie« der
Vernunft einschloss. Die eigentliche programmatische Forderung des
Systemprogramms lautete: »Ausbildung aller Kräfte, des Einzelnen sowohl als aller Individuen« im Zeichen des »Monotheismus der Vernunft
und des Herzens« und des »Polytheismus der Einbildungskraft und der
Kunst« (II, 577). Das Bemerkenswerte nun ist, dass vor der dritten Kritik
Kants die Notwendigkeit von verschiedener Seite erkannt worden war,
ästhetische Idee und ästhetische Erfahrung nicht nur aufeinander zu beziehen, sondern beide miteinander zu verschränken.

Verbleiben wir zunächst noch bei diesem Umfeld, in das Kant katego-
risierend eingriff, und zwar bei Moritz' seltener beachtetem Einwurf *Die
Signatur des Schönen,* einer Reflexion über die Erfahrung des Schönen
vermittels der Beschreibung von Kunstwerken. Sein wichtigstes Beispiel
ist die Episode aus dem Sechsten Buch der *Metamorphosen* des Ovid. Der
von ihrem Schwager, dem Thrakerkönig Tereus mehrfach geschändeten
Philomele, schneidet dieser die Zunge ab, damit sie ihn nicht verraten
kann. In Moritz' Version lautet sie:

> Als Philomele ihrer Zunge beraubt war, webte sie die Geschichte
> ihrer Leiden in ein Gewand, und schickte es ihrer Schwester, welche
> es auseinander hüllend, mit furchtbarem Stillschweigen, die gräßli-
> che Erzählung las.
> Die stummen Charaktere sprachen lauter als Töne, die das Ohr er-
> schüttern, weil schon ihr bloßes Dasein von dem schändlichen Fre-
> vel zeugte, der sie veranlaßt hatte.
> Die Beschreibung war hier mit dem Beschriebenen eines geworden –
> die abgelöste Zunge sprach durch das redende Gewebe. (II, 579)

Das Furchtbare, Grässliche, Schändliche ist des potentiell Schönen Anfang; denn der gewebehaften Darstellung dürfte wohl ein ästhetischer
Reiz nicht abzusprechen gewesen sein. Moritz kehrt hier das Verhältnis
von ästhetischer Idee zu ästhetischer Erfahrung um: Das Einweben ihrer
Geschichte in ein »Gewand«, das textile Erzählen als Ersatzform der Mit-
teilung ermöglicht es Philomene zu überleben. Beschrieben wird hier

eine ästhetische Extremerfahrung durch ein an manuelles Schaffen (das Weben) gebundenes Leidensnarrativ. Moritz interessiert der Modus des Beschreibens; was er auslässt, ist der nicht minder grausame Rach- und Vergeltungsakt von Philomenes Schwester an ihrem königlichen Gemahl und deren Sohn.

Moritz fragt, wie Beschreiben überhaupt möglich sei – zudem von einem Kunstwerk, das die »Signatur des Schönen« trägt? Philomene, deren Zungenschändung ihre Stummheit erzwingt, webt Buchstaben bis dass das Gewebe als ansehnliches Gewand, ein Modestück immerhin, anfangen kann zu reden.

Moritz zielt in seinem Versuch auf mehr als bloße ›ästhetische Erfahrung‹, nämlich auf ästhetischen Vollzug, genauer: auf den ästhetischen Akt. In ihn geht vorherige ästhetische Erfahrung ein ebenso wie er neuerliche Möglichkeiten bietet oder auslöst, ästhetisch zu erfahren. Darüber äußert sich Moritz in drei Gedankenschritten:

(1)
Bei der Beschreibung des Schönen durch Worte, müssen also die Worte, mit der Spur, die sie in der Einbildungskraft zurücklassen, zusammengenommen, selbst das Schöne sein.

(2)
Und so müssen nun auch bei der Beschreibung des Schönen durch Linien, diese Linien selbst, zusammengenommen, das Schöne sein, welches nie anders als durch sich selbst bezeichnet werden kann; weil es ebenda erst seinen Anfang nimmt, wo die Sache mit ihrer Bezeichnung eins wird.

(3)
Die echten Werke der Dichtkunst sind daher auch die einzige wahre Beschreibung durch Worte von dem Schönen in den Werken der bildenden Kunst, welches immer nur mittelbar durch Worte beschrieben werden kann, die oft einen sehr weiten Umweg nehmen, und manchmal eine Welt von Verhältnissen in sich begreifen müssen, ehe sie auf dem Grunde unsers Wesens dasselbe Bild vollenden können, das von außen auf einmal vor unserm Auge entsteht. (II, 585)

Im Material der Vermittlung *und* Gestaltung, der Sprache, müsse, so Moritz, bereits der ästhetische Sinn wirksam sein – im ›schönen‹ oder zumindest ansehnlichen ›Gewand‹ die Erzählung des Schrecklichen, um auf das Ovidsche Sprachbild zurückzukommen. Das Schöne lasse sich nur durch Schönes beschreiben. Es zu erfahren, bedeutet demnach, das Schöne beschreibend in einen Prozess einzubeziehen. Moritz betont das Prozessuale bei diesem Vorgang und damit auch das inhärent Prozesshafte des Beschreibens, auch wenn sein Gegenstand statisch ist, etwa eine Skulptur mit ihrer erstarrten Bewegung.

Wie wesentlich der Diskurs über diese Art der Vor-Erfahrung, die ein solches ›Beschreiben‹ als eigenständigen ästhetischen Akt überhaupt erst ermöglicht, auch in der literarischen Moderne geblieben ist, belegt dieses Zitat aus *Der Mann ohne Eigenschaften*. Der Protagonist, Ulrich, räumt darin – im Gespräch mit von Stumm – der vorreflektierten Erfahrung von Schönheit ihren gebührenden Platz ein:

> was dich als Schönheit überrascht und überwältigt, wovon du glaubst, daß du es zum erstenmal in deinem Leben erblickst, das hast du innerlich längst schon gekannt und gesucht, davon war immer ein Vorglanz in deinen Augen, der jetzt bloß zur vollen Tageshelle verstärkt wird [...].[20]

Mit dem Einbeziehen dieser ›Vor-Erfahrungen‹ gewinnt die Problemstellung des zuvor behandelten *Systemprogramms* an zusätzlicher Bedeutung, inbesondere die Frage nach dem psychologischen Gehalt des Ästhetisch-Mythologischen, der ja auch in dem Ovid-Beispiel bei Moritz eine erhebliche Rolle spielt.

Kants dritte Kritik nun griff ordnend in diese von Schiller so lebhaft beklagte »Anarchie der poetischen Kritik« ein. Die Art dieser Intervention bewirkte – von Kant vermutlich unbeabsichtigt –, dass eine Systematisierung bei gleichzeitiger Zerlegung der Urteilskraft in ihre jeweiligen Komponenten (»Deduktion der ästhetischen Urteile«, § 30, 128 f.) ihrerseits vermittels ihrer Struktur als ästhetische Denkarchitektonik nachvollziehbar und somit erfahrbar werden konnte. Kant

---

20   Robert Musil: *Der Mann ohne Eigenschaften. Roman*. Bd. 1. Erstes und Zweites Buch. Hg. von Adolf Frisé. 16. Aufl. Reinbek b. H. 2002, S. 378.

unterzog den Komplex ›ästhetische Wahrnehmung‹ einer begrifflichen Läuterung, indem er die Frage nach dem Zustandekommen, dem Wert und der Wirkung des Geschmacksurteils – soweit wie durch reflektierte Kategorien überhaupt möglich – zu objektivieren versuchte. Seine dritte Kritik lief auf eine Rechtfertigung der Ästhetik als einer philosophischen Disziplin hinaus, die er durch konsequente Formalisierung der ästhetischen Anschauungsformen erreichte. Besonders auffällig ist dabei die Vielheit der Kantischen Kategorien, die der Komplexität des ästhetischen Urteils gerecht zu werden versucht. Die Pluralität im Ästhetischen, das Verhältnis von Naturschönem zu Kunstschönem, der in sich vielschichtige Vorgang der Apperzeption des ästhetischen Objekts – sie fordern zu einer begrifflichen Schärfung heraus, die erst in der zweiten Hälfte des 20. Jahrhunderts auch zu neuen Formen der Ästhetik selbst geführt haben; man denke hierbei in erster Linie an Max Bense (*Aesthetica,* 1965), die *Numerische Ästhetik* Siegfried Masers (1971) und die Informationsästhetik von Abraham A. Moles, die Kunst als »ein System organisierter Wahrnehmungen« betrachtet. Sie schließt nicht länger aus, in den Künsten »programmierte Sensualisierungen der Umwelt« zu sehen. Wie Anastasios Ginnarás ausgeführt hat, handelt es sich dabei um Ansätze, die sich geradezu stringent von Kants dritter Kritik ableiten lassen.[21] Diese gewissermaßen post-neo-kantische Ästhetik distanziert sich ebenso von Schellings und Hegels Erbe wie sie sich als anti-nietzscheanisch versteht. Gerade Nietzsches Versuch einer Re-Emotionalisierung des ästhetischen Diskurses gilt Kybernetikern wie Maser und Moles als besonders verwerflich, weil prä-kantianisch.

Vergewissern wir uns jedoch noch einmal kantischer Prämissen bei der Frage nach dem Verhältnis von ästhetischer Idee und ästhetischer Erfahrung. Kant hatte im ersten Teil seiner dritten Kritik eine – bis auf § 52 (182 f.) – betont gattungsferne ästhetische Bewusstseinstheorie entwickelt, die der oft vernachlässigte zweite Teil in eine Kritik der teleologischen Urteilskraft überführte. Sie galt hauptsächlich der Frage nach der Notwendigkeit in der Natur als einem Vergleichswert zum ästhetischen Gebilde. Nur als naturbezogene Klassifikationsgrößen ließ Kant Gattungen gelten (§ 64, 232–234). Natur ist für Kant jenes System, in dem es keine Kontingenz gibt; nichts kommt darin von »ungefähr« (§ 66, 240). Wer

---

21   Anastasios Giannarás: Zur Rechtfertigung der Ästhetik durch ihre Verdächtigung. In: Ders. (Hg.): *Ästhetik heute. Sieben Vorträge.* München 1974, S. 9–28, hier S. 25.

dies einmal realisiert habe, dessen Naturwahrnehmung sei dann entsprechend konditioniert. Folglich muss Kunst dann auch mehr sein als ein bloßer naturmimetischer Akt. Die Bestimmung dieses ›Mehr‹-Wertes leistet die Urteilskraft.

Kant zählt die Deutungsmuster für »die Reize der schönen Natur« auf, die aufgrund anthropologischer Erfahrung dem Menschen zu Gebote stehen – die Bedeutung von Farben etwa oder von Vogelstimmen. Kunst aber, so Kant, verdanke sich einer Hervorbringung »durch Freiheit« (§ 43, 155). Die Frage stellt sich freilich auch hier: Freiheit wovon und wozu? Offenbar meinte Kant nicht die Freiheit von der Form, sondern zu ihr, wobei sich dann durch die im Werk verwirklichte Form das Gefühl von Freiheit – als einer gemeisterten Form – einstellen mag.

Mittelbar von ästhetischer Erfahrung ist die Rede in den beiden zentralen Abschnitten (§ 52 und 53, 182–188) der *Kritik der ästhetischen Urteilskraft,* die sich konkreten künstlerischen Sparten zuwendet, der Dicht- und Tonkunst, Ausdrucks- und Gestaltungsformen der »schönen Kunst«, »welche für die Beobachtung und Beurteilung zweckmäßig ist, wo die Lust zugleich Kultur ist und den Geist zu Ideen stimmt« (§ 52, 214). Kant zielt dabei auf eine »Einbildungskraft in Freiheit« (§ 53, 215), wobei offen bleibt, welchen Einfluss sie auf die Art des ästhetischen Urteilens hat. Auffallend eingehend widmet sich Kant im Vergleich mit den anderen Künsten oder Kunstformen der Tonkunst, weil sie »das Gemüt mannigfaltiger und, obgleich bloß vorübergehend, doch inniglicher« bewege als die Poesie, die ihrerseits das Nachdenken anrege. Doch ist dies in der Logik der *Urteilskraft* ein nachgestelltes Denken, weil ein Dem-Gedicht-Nach-Denken, vergleichbar dem Nachahmen der Natur im Kunstwerk. Dagegen wirkt die Tonkunst unmittelbarer, verlange aber auch »wie jeder Genuß öfteren Wechsel« und halte daher eine »mehrmalige Wiederholung« nicht aus. Was Kant an der Musik in diesem Zusammenhang interessiert, ist das Phänomen, hier einer Kunstform zu begegnen, die sich mathematisch bestimmbaren Verhältnissen verdankt – Kant nennt die Schwingungen »Luftbebungen« (§ 53, 219) –, aber dabei »Reize und Gemütsbewegungen« hervorbringt, die mit der Mathematik nichts gemein haben. In der Musik sieht sich Kant einem Medium gegenüber, welches das Unsinnliche (mathematische Wissenschaft) mit dem Sinnlichen interagieren lässt, das Physische mit dem Transitorischen, das Natürliche mit dem Kunstvollen – eine Interaktion durch die auch der

Eindruck des Erhabenen und Erhebenden gesteigert werden kann. Musik sei im primären Sinne »Tonspiel«. Kant folgert durchaus in der Absicht Idee und Erfahrung zusammen zu denken: »In der Musik geht dieses Spiel von der Empfindung des Körpers zu ästhetischen Ideen (der Objekte für Affekte), von diesen alsdann wieder zurück, aber mit vereinigter Kraft, auf den Körper.« (§ 54, 225).

Bleibt jedoch auch in diesem Fall die ästhetische Idee begriffslos, zeigt sich eine wie auch immer geartete ästhetische Erfahrung begriffs- und damit beschreibungsbedürftig. Kant beharrte jedoch darauf, dem Geschmacksurteil Autonomie zuzusprechen, weil er das Ästhetische und damit die Kunst »von der Bedingtheit der Geschichte« als einer Geistes-, Gefühls- und Geschmacksgeschichte emanzipiert hatte.[22] Doch überrascht seine Anschauung und Begründung von Geschmacksurteilen immer wieder durch plastische Konkretheit. So schildert er die Episode eines Schankwirts, der, um Gäste durch Nachtigallengesang anzulocken, einen »mutwilligen Burschen« anheuerte, »welcher dieser Schlag [der Nachtigall] (mit Schilf oder Rohr im Munde) ganz der Natur ähnlich nachzumachen wußte«, und ihn im Gebüsch versteckte. Kant weiter: »Sobald man aber inne wird, daß es Betrug sei, so wird niemand es lange aushalten, diesem vorher für so reizend gehaltenen Gesange zuzuhören«. (§ 42, 173)

Damit ein Werk Kunst genannt werden kann, das sich dem freien Spiel der Einbildungs- und Vorstellungskräfte verdankt, muss es – laut Kant – vom Genie hervorgebracht sein. Unmissverständlich dekretiert er: »Genie ist das Talent (Naturgabe), welches der Kunst die Regel gibt.« (§ 46, 181). Einzig das Genie vermag dem »Nachahmungsgeiste« Eigenes entgegen zu halten. Nun vollzog sich die partielle Re-Kantianisierung ästhetischer Diskurse seit den späten siebziger Jahren des vorigen Jahrhunderts unter dem Vorbehalt, gerade diesen Aspekt der *Urteilskraft* auszuklammern. Informationsästhetik und Genieästhetik sind schlicht inkompatibel. Dagegen wurde versucht, das »Auseinanderstreben von Ästhetik und Kunstwissenschaften« vermittels der kantischen Urteilsanalytik zu unterlaufen.

---

22 Gerd Wohlandt: »Kunsterfahrung als philosophisches Problem. Die Ästhetik und die Grundlagen der Kunstwissenschaften«. In: Ebd., S. 29–48, hier S. 43.

Die bleibend virulente Frage nach der Möglichkeit einer ›wissenschaftlichen Kunsterfahrung‹ lässt sich mit Kant wirkungsvoller stellen als mit
der kulturidealistischen Ästhetik Hegels, deren Prämisse – das Kunstwerk als sinnliche Konkretion des Absoluten – schwerer zu relativieren
ist als Kants Genie-Postulat; denn das Genie verdankt sich in der dritten
Kritik keiner theoretischen Herleitung als vielmehr einer Setzung, welche die Problematik des schöpferischen Prozesses schlicht substituiert.
Hierin mag man ein Versäumnis Kants sehen oder ein Beispiel dafür, wie
er selbst mit dem Problem des Verstehens umgegangen ist. Dieses wiederum stellt eine Rückbindung an seine *Kritik der reinen Vernunft* her, in der
er das Verstehen als ein konstruiertes Wissen darstellte. Damit ist gesagt,
dass das Verstehen nie etwas Authentisches sein kann, da es durch das
konstruierende (Vor-)Wissen zustande kommt.

Kein Kant-Interpret hat wie Samuel Taylor Coleridge die intellektuelle
Kühnheit besessen, die »reine Vernunft« als »intuition« zu deuten, wie
der romantische Dichter-Denker, der sich eher von Shaftesburys Sen-
sualismus und Edmund Burkes Erhabenheitspathos herleitet als – wie
Kant – von Humes Rationalismus, dies in seiner Studie *Aides to Reflection*
(1825) vorgestellt hat.[23] Diese ästhetische Umdeutung der ›reinen Vernunft‹ enthob Coleridge die Frage nach dem Genie zu stellen. Sie taucht
bei ihm eher sporadisch und inhaltlich verlagert auf, etwa in seinem Essay *On the Principles of Genial Criticism,* wobei er aufschlussreicher Weise das Generative dieses kritischen Vermögens betonte: Kunst aus dem
Geist der Kritik.[24]

Hinzu kam, dass Coleridge eine eigenständige Terminologie entwickelte, deren herausragender Begriff nicht mehr die ästhetische Idee,
sondern die ästhetische Erfahrung zum Gegenstand hatte. Mit dem Neo-
logismus *tautegory* bezeichnete Coleridge das Gegenstück zur Allegorie,
eine Wiederholung eines Phänomens in leicht verändertem Gewand,
wobei der Grund für die Wiederholung im Phänomen selbst angelegt
sein muss.[25] In diesem Wiederholungsvorgang verwirklicht sich nach

---

23   Vgl. dazu bes. Elinor S. Shaffer: »Metaphysics of Culture. Kant and Coleridge's Aids
      to Reflection«. In: *Journal of the History of Ideas* 31.2, S. 199–218.
24   Vgl. Richard Holmes: *Coleridge. Darker Reflections.* London 1998, S. 361.
25   Samuel Taylor Coleridge: *The Notebooks.* Hg. von Kathleen Coburn und Merion
      Christensen. Bd. 4. New York 1990, Eintrag 4832. Vgl. dazu: Paul Hamilton: *Coleridge
      and German Philosophy. The Poet in the Land of Logic.* London/New York 2007, bes.
      S. 4, 59 und 108.

Coleridge ebenso eine ästhetische Erfahrung wie in dem, was er als poetische Wissenschaftsdisziplin *Logosophie* nannte.[26] Wie die »Hand eines Riesen«, so Coleridge, hätten die drei Kritiken Kants von ihm Besitz ergriffen.[27] Gleichzeitig betonte er, dass der jahrelange Umgang mit Kants Schriften an sich einer spezifischen Erfahrung gleichgekommen sei. Coleridge hatte erkannt, dass – überraschender Weise – durch Kant die Ästhetik zuletzt zu einer Fundamentalphilosophie geworden war und dass er den Begriff ›Genie‹ als eine Chiffre für die Möglichkeiten des Menschen, das humane Potenzial gebraucht hatte. Kants »Wende zur Ästhetik«, um Odo Marquards Ausdruck zu gebrauchen,[28] entsprach einem Votum für »ästhetische Pluralisierung« durch kritischen Diskurs und Diskurse über das Kritische. Dass die Frühromantik diesen Kritizismus seinerseits als ästhetischen Akt verstehen würde, erwies sich bereits als eine erfahrungsbezogene Ableitung von der Vorstellung einer ästhetischen Idee. Doch vollzog sich dies *parallel* zu Kants systematischer Entfaltung des kritischen Vermögens. Sein Ansatz revidierte zudem die Neigung der Philosophie seit Plato zur Künstlerkritik. Allein der Umstand, dass er das Urteilen auf ihre ästhetische Dimension hin untersuchte und bestimmte, bedeutete sinnliche Erfahrungswerte gegenüber der Metaphysik und transzendentalen Spekulation aufzuwerten. Entsprechend marginalisiert wirken die Überlegungen zum »moralischen Beweise des Daseins Gottes« im zweiten Teil der *Kritik der Urteilskraft*. Die mit der Betonung auf dem Ästhetischen einhergehende Profanisierung versteht sich so als konsequent durchgeführte Aufklärung über wahrnehmungspsychologische Sachverhalte und die Bedingungen von Kritik überhaupt. Denn auch so hätte ein Kapitel in der *Urteilskraft* betitelt sein können.

Um mit drei Thesen zu schließen:

1) Das intellektuelle Umfeld von Kants *Kritik der Urteilskraft,* die eine fundamentalästhetische Philosophie als Form der Kritik begründete – von Hamann, über Moritz bis zum Systemprogramm

---

26   Dazu: Mary Anne Perkins: *Coleridge's Philosophy. The Logos as Unifying Principle.* Oxford 1994.

27   Zit. n. Richard Holmes: *Coleridge* (s. Anm. 24), S. 398.

28   Odo Marquard: *Aesthetica und Anaesthetica. Philosophische Überlegungen.* Paderborn u.a. 1989, S. 21–34.

und auch ihrer außerdeutschen Nachwirkung in der englischen Romantik – setzte mehr auf die Erfahrung als die Idee.

2)   In der Psychologisierung des Ästhetischen, welche die Erfahrungs-ästhetik privilegierte, eröffnete sich der Kritik eine Möglichkeit, sich selbst zu erweitern. Hier hatte das Systemprogramm am weitesten vorgearbeitet – und das *vor* der dritten Kritik Kants!

3)   Indem Coleridge sich durch Kants dritte Kritik legitimiert sah, seinerseits neue Begrifflichkeiten einzuführen, um den Vollzug des Ästhetischen als einer Erfahrung zu beschreiben, leistete er den sinnfälligsten Beitrag im außerdeutschen Sprachraum zur Weiterentwicklung des ästhetischen Bewusstseins, dem eigentlichen Kernanliegen von Kants Analyse des kritischen Vermögens.

Das Gemüt als System. Kants transzendentale Begründung des Gefühls

Alexander Knopf

für Peter Pfaff

Die Bedeutung, die dem Gefühl in der Philosophie um 1800 zukam, lässt sich nicht zuletzt daran ermessen, dass selbst der in Streitsachen große Zurückhaltung wahrende Kant sich veranlasst sah, der »Philosophie aus Gefühlen« eine seiner wenigen Polemiken zu widmen.[1] Tatsächlich stellte diese Philosophie die auf dem Dualismus von Sinnlichkeit und Verstand ruhende Erkenntnistheorie Kants grundlegend in Frage. Sie begriff sich als Antwort auf das durch die *Kritik der reinen Vernunft* aufgeworfene Problem, dass die Vernunft sich trotz ihrer postulierten ›Reinheit‹ nicht aus sich selbst begründen ließ. Im Gefühl dagegen sahen vor allem Friedrich Heinrich Jacobi, gegen den Kant sich in erster Linie wandte, aber auch die Frühromantiker, allen voran Novalis,[2] eine Weise des Erkennens, die nicht nur von der Vernunft ganz unabhängig, sondern sogar Bedingung ihrer Möglichkeit sein sollte.

Für Kant war eine solche Annahme völlig inakzeptabel. Gleichwohl hatte er an der Emanzipation des Gefühls entscheidenden Anteil. Bis

---

1 Immanuel Kant: *Von einem neuerdings erhobenen vornehmen Ton in der Philosophie.* In: *AA* 8, S. 387–406, hier S. 395. – Die Sigle AA bezieht sich hier und im Folgenden auf diese Ausgabe: Ders.: *Gesammelte Schriften.* Bd. 1–22. Hg. von der Preussischen Akademie der Wissenschaften, Bd. 23 Deutsche Akademie der Wissenschaften zu Berlin, ab Bd. 24 Akademie der Wissenschaften zu Göttingen. Berlin 1900 ff.

2 Vgl. Klaus Vieweg: *Skepsis und Freiheit. Hegel über den Skeptizismus zwischen Philosophie und Literatur.* München 2007, S. 142 f. Vieweg weist darauf hin, dass Hegels spätere Kritik am ›unglücklichen Bewusstsein‹ Kants Einwände aufnimmt und weiterentwickelt. Hegel zielt aber an dieser Stelle und andernorts nicht mehr nur gegen Jacobi, sondern auch gegen die Frühromantiker. Vgl. Otto Pöggeler: *Hegels Kritik der Romantik.* München 1999, S. 43, 51, 63–65 u. ö. Zum Gefühl bei Jacobi vgl. Klaus Hammacher: *Die Philosophie Friedrich Heinrich Jacobis.* München 1969. Zum Gefühl bei Novalis vgl. Manfred Frank: Selbstgefühl. *Eine historisch-systematische Erkundung.* Frankfurt a. M. 2002. Ich danke Manfred Frank für Aufmunterung und wertvolle Hinweise.

© VERLAG FERDINAND SCHÖNINGH, 2019 | DOI:10.30965/9783657792573_006

zum Beginn des 18. Jahrhunderts waren Phänomene des affektiven See-
lenlebens, von wenigen Ausnahmen abgesehen, stets als Wahrnehmungen oder Urteile aufgefasst worden.[3] Mit dem der englischen Moralphi-
losophie (Shaftesbury, Hutcheson) entstammenden Begriff des ›moral
sense‹, der ›cognitio sensitiva‹ Baumgartens und dem ›sentir‹ des hol-
ländischen Philosophen Frans Hemsterhuis fanden jedoch Auffassungen
des ›Gefühls‹ den Weg in die deutsche Philosophie (und Sprache), die
diesen Dualismus allmählich außer Kraft setzten. In Deutschland waren
es zuerst Thomas Abbt, Johann Georg Sulzer, Johann Nikolaus Tetens,
Moses Mendelssohn und eben Kant, die diese Gedanken aufnahmen und
entwickelten. Wenn Kant sich auch auf verschiedene Vorläufer berufen
konnte, wird im Allgemeinen doch ihm das Verdienst zugesprochen, die
philosophische Begründung des Gefühls erstmals »streng systematisch«
durchgeführt zu haben.[4]

Kants Anspruch war es, dem Gefühl »transzendentalphilosophische
Relevanz« zu verschaffen.[5] Er hat diesen Anspruch zuerst in einem Brief
vom 28. Dezember 1787 an Carl Leonhard Reinhold formuliert, dann in
der ersten, von ihm verworfenen Einleitung in die *Kritik der Urteilskraft,*
schließlich in der zweiten, für den Druck bestimmten Einleitung. Von den
autonomen Seelenvermögen, heißt es dort, sei das Gefühl der Lust und
Unlust dasjenige, für welches die Urteilskraft konstitutive Prinzipien a

---

3 Am Beispiel von Descartes und Hume zeigt dies Gianfranco Soldati: »Rationalität
der Gefühle«. In: Emil Angehrn und Bernard Baertschi (Hg.): *Emotion und Vernunft/
Émotion et rationalité.* Bern u. a. 2000, S. 109–127.

4 Vgl. Karl Vorländer: »Einleitung«. In: Immanuel Kant: *Kritik der Urteilskraft.* Hg. von
dems. Leipzig 1922, S. IX–XXXII, hier S. XVIII f.: »Das Große und Neue von Kants Ästhetik besteht darin, daß sie zum erstenmal in der Geschichte der Philosophie streng systematisch ein eigenes Gebiet, einen eigenartigen Zustand des menschlichen Gemüts
für das Ästhetische abgrenzt: das Gefühl, welches in derselben Weise das verbindende
Mittelglied zwischen Erkennen und Begehren darstellt, wie die Urteilskraft zwischen
Verstand und Vernunft«. In der Folge hat sich die Auffassung, dass mit der *Kritik der
Urteilskraft* (1790) ein Höhepunkt in der Entwicklung des Gefühlsbegriffs erreicht sei,
sowohl in der Kant-Forschung als auch in der historischen Emotionsforschung durchgesetzt. Vgl. zuletzt Catherine Newmark: *Passion – Affekt – Gefühl. Theorien der Emotionen zwischen Aristoteles und Kant.* Hamburg 2008, S. 204.

5 Ramón González de Mendoza: *Stimmung und Transzendenz. Die Antizipation der
existenzanalytischen Stimmungsproblematik bei Ignatius von Loyola.* Berlin 1970, S. 68.
Vgl. auch Ursula Franke: »Ein Komplement der Vernunft. Zur Bestimmung des Gefühls im 18. Jahrhundert«. In: Ingrid Craemer-Ruegenberg (Hg.): *Pathos, Affekt, Gefühl.*
Freiburg/München 1981, S. 131–148, hier S. 146.

priori enthalte.[6] In dieser notwendigen Verknüpfung mit der Urteilskraft, die ebenfalls in den Rang eines eigenständigen Erkenntnisvermögens erhoben wird, soll auch die transzendentalphilosophische Relevanz des Gefühls liegen. Nur ist es Kant keineswegs geglückt, seinen Anspruch einzulösen. Davon hatte er, wie sich zeigen wird, ein deutliches Bewusstsein.

Nicht ohne Grund findet sich die Konzeption des Gefühls als eines dritten Seelenvermögens in der dritten Kritik. Mit ihr wollte Kant, wie es in der sogenannten *Ersten Einleitung* heißt, seine »Idee der Philosophie, als eines Systems«,[7] zur Vollendung bringen. Dem System der drei Erkenntnisvermögen soll ein System von drei Seelenvermögen entsprechen. Der genaue Ort, den Kant dem Gefühl im System des Gemüts zuweist, findet sich nirgendwo besser ausgedrückt als in der ›Übersicht‹, die am Ende der Einleitung gegeben wird.[8] Doch bereits in der ›Übersicht‹ deutet sich das Problem an, dass Kant die Verknüpfung von Urteilskraft und Gefühl nur vornehmen kann, indem er ihre Anwendung auf das Gebiet der »Kunst« einschränkt.[9] Die auf die Natur angewandte teleologische Urteilskraft hat in diesem System keinen Platz. Dies ist auch der Grund, weshalb Kant, wenn er sich auf die dritte Kritik bezieht, so lange nur von einer »Critik des Geschmaks«,[10] in der *Ersten Einleitung* sogar von einer »*Kritik des Gefühls der Lust und Unlust*« redet.[11] Die Architektonik der *Kritik der Urteilskraft,* die gemeinsam mit den beiden ersten Kritiken dem künftigen »Gebäude« der Metaphysik den »Boden« ja erst bereiten sollte,[12] zeichnete sich von Beginn an durch eine merkwürdige Schiefheit aus.

---

6 Vgl. Immanuel Kant: *Kritik der Urteilskraft.* In: *AA* 5, S. 196 f.

7 Immanuel Kant: *Erste Einleitung in die Kritik der Urteilskraft.* In: *AA* 20, S. 193–251, hier S. 207. Dass Kant damit nur die Vollendung der »Kritik der reinen Vernunft, d. i. unseres Vermögens nach Principien *a priori* zu urtheilen«, meint, ergibt sich erst aus der neuen Einleitung in *Kritik der Urteilskraft* (s. Anm. 6), S. 168. Siehe dazu auch unten S. 98 f.

8 Vgl. Immanuel Kant: *Kritik der Urteilskraft* (s. Anm. 6), S. 197 f.

9 Ebd., S. 198.

10 Brief an Carl Leonhard Reinhold, 28./31. Dezember 1787. In: *AA* 10, 513–516, hier S. 514.

11 Immanuel Kant: *Erste Einleitung in die Kritik der Urteilskraft* (s. Anm. 7), S. 207.

12 Immanuel Kant: *Kritik der Urteilskraft* (s. Anm. 6), S. 168. Zu dieser Metaphorik vgl. Jacques Derrida: *Die Wahrheit in der Malerei.* Hg. von Peter Engelmann. Wien 1992, S. 59.

Die Heterogenität der beiden Hauptteile, die von Kant selbst bemerkt und in der *Ersten Einleitung* angedeutet wurde,[13] ist das Resultat des Versuchs, zwei ganz verschiedene Interessen miteinander zu verbinden. Auf der einen Seite war Kant mit dem Schönen auf ein Phänomen gestoßen, das es ihm erlaubte, die Autonomie des Gefühls zu behaupten. Der unabhängig von Begriff und Wille urteilende Geschmack erforderte eine eigene Kritik. Auf der anderen Seite hatte Kant das Problem, dass sich theoretische und praktische Philosophie unvermittelt gegenüber standen, der Freiheitsbegriff aber auf die Natur durchaus Einfluss haben »soll«. Der Urteilskraft kommt nun nach Kant auch die Aufgabe zu, diese »unübersehbare Kluft« zwischen Natur und Freiheit, zwischen Verstand und Vernunft zu überbrücken.[14] Wie Kant aber vielleicht erst im Laufe der Niederschrift der ›Kritik der ästhetischen Urteilskraft‹ bemerkt hat, war die ästhetische Urteilskraft dazu ungeeignet. Einen solchen Übergang schien allenfalls die teleologische Urteilskraft zu ermöglichen. Die Überarbeitung der ersten Einleitung – zu einem Zeitpunkt, als die eigentliche Kritik bereits geschrieben war – ist vor diesem Hintergrund als Versuch zu verstehen, »den auseinanderstrebenden Themen der Naturteleologie und der Ästhetik« einen gemeinsamen Grund zu verschaffen,[15] der sich nicht aus ihnen selbst ergab.

Den Zeitgenossen Kants sind die zahlreichen, mit diesem Begründungsversuch verbundenen Schwierigkeiten nicht entgangen.[16] Fichte hielt die *Kritik der Urteilskraft* für »dunkel« und »unordentlich«, die Einleitung überdies für »das Dunkelste im Buche«.[17] Friedrich Schlegel spricht in einem Brief an seinen Bruder nicht nur von der »Verworrenheit«

13   Immanuel Kant: *Erste Einleitung in die Kritik der Urteilskraft* (s. Anm. 7), S. 243 f.
14   Immanuel Kant: *Kritik der Urteilskraft* (s. Anm. 6), S. 175 f.
15   Manfred Frank und Véronique Zanetti: »Kommentar«. In: Immanuel Kant: *Kritik der Urteilskraft. Schriften zur Ästhetik und Naturphilosophie.* Hg. von dens. Frankfurt a. M. 2009, S. 889–1355, hier S. 1186. Zur Entstehung der beiden ›Einleitungen‹ vgl. ebd., S. 1160–1164, 1206–1221.
16   Zu den gegen Kants Systementwurf erhobenen Einwänden vgl. Manfred Frank: ›Unendliche Annäherung‹. Die Anfänge der philosophischen Frühromantik. Frankfurt a. M. 1997, S. 62–64.
17   Johann Gottlieb Fichte an Friedrich August Weißhuhn, Jahr 1790. In: Ders.: *Gesamtausgabe der Bayerischen Akademie der Wissenschaften.* Bd. 3.1. Hg. von Reinhard Lauth und Hans Jacob. Stuttgart-Bad Cannstatt 1968, S. 188–190, hier S. 188 f. Vgl. auch den im Nachlass Fichtes überlieferten *Versuch eines erklärenden Auszugs aus Kants Kritik der Urteilskraft.* In: Ders.: *Gesamtausgabe der Bayerischen Akademie*

und den »Nachläßigkeiten« im Werk; er zweifelt auch daran, dass es eine »*Critik* der U.« überhaupt geben könne.[18] Der Erklärung Kants, mit der dritten Kritik sei sein »ganzes kritisches Geschäft« abgeschlossen,[19] hält er programmatisch entgegen: »Noch ist das Geschäft nichts weniger als beendigt«.[20]

Die vorliegende Arbeit untersucht Kants Gefühlsbegriff vor allem im Hinblick auf seinen systematischen Stellenwert.[21] Es wird sich zeigen, dass es Kant weder gelingt, die teleologische Urteilskraft mit dem Gefühl zu verknüpfen, noch glaubhaft zu machen, dass sie das Prinzip der objektiven Zweckmäßigkeit der Natur, nach dem sie verfährt, in sich selbst vorfindet. Es stellt sich letztlich sogar die Frage, inwieweit die subjektive Zweckmäßigkeit als transzendentales Prinzip der ästhetischen Urteilskraft zu gelten habe und ob das Gefühl überhaupt als autonomes Seelenvermögen angesehen werden könne. Überdies soll die hier angestellte Analyse dazu dienen, die auf Kant folgende, sich von ihm aber absetzende Entwicklung des Gefühlsbegriffs verständlich zu machen.[22] Zwar haben die Zeitgenossen Kants die in der dritten Kritik behauptete transzendentalphilosophische Relevanz des Gefühls durchaus anerkannt; aber gerade aus dem Scheitern des dort unternommenen Systematisierungsversuchs ließ sich die Legitimation für die Bemühungen ziehen, über die Kantischen Grenzziehungen

---

der Wissenschaften. Bd. 2.1. Hg. von Reinhard Lauth und Hans Jacob. Stuttgart-Bad Cannstatt 1962, S. 325–373.

18 Friedrich an August Wilhelm Schlegel, 16. Oktober 1793. In: *KFSA* 23, S. 139–144, hier S. 141.

19 Immanuel Kant: *Kritik der Urteilskraft* (s. Anm. 6), S. 170.

20 Friedrich Schlegel: *Über das Studium der Griechischen Poesie* [1795/96]. In: *KFSA* 1, S. 217–367, hier S. 357. Mit der großen Abhandlung, in der sich dieses Diktum findet, wollte Schlegel auch die Kantische Ästhetik ›berichtigen‹ und ›vollenden‹. Vgl. den Brief an August Wilhelm, 20. Januar 1795. In: *KFSA* 23, S. 223–226, hier S. 226.

21 Es geht also weder um die Kantische Gefühlstheorie als solche noch um eine umfassende Interpretation der *Kritik der Urteilskraft.*

22 Der Begriff des Gefühls wird, neben Jacobi und den Frühromantikern, auch für den deutschen Idealismus wichtig. Nach Klaus Hammacher: »Die Vollendung der WL in einer Affektenlehre. Eine ungenutzte Chance«. In: Wolfgang H. Schrader (Hg.): *Materiale Disziplinen der Wissenschaftslehre. Zur Theorie der Gefühle.* Amsterdam/Atlanta 1997, S. 380–396, hier S. 380, bricht bei Fichte »zum ersten Mal in der Philosophiegeschichte ein Denken durch, das ganze System des Wissens aus der *anthropologischen* Erfahrung des Selbst, also eingebettet in die psychischen Regungen, wie *Streben, Trieb, Gefühl* zu verstehen«.

hinauszugelangen. Sowohl die Verengung des Gefühls auf eine bloß subjektive Lust oder Unlust als auch dessen kategorischer Ausschluss von aller Erkenntnis sind primär dem Zwang zur Systematizität geschuldet.[23] Das derart beschnittene Gefühl erwies sich nicht nur als ungeeignet, den von der Kantischen Transzendentalphilosophie aufgeworfenen Problemen zu begegnen; vielmehr trat an ihm die ganze Problematik dieses Denkens zum Vorschein. Zugleich liegt eben darin, dass sie das Denken bis zu jenen Voraussetzungen führt, wo es sich selber fraglich wird, die Tiefe der Kantischen Philosophie. Es könnte sein, dass auch die fundamentale Bedeutung des Gefühls, wie es bei so vielen anderen Phänomenen der Fall war, erst durch die Rigorosität in den Blick geriet, mit der Kant es der Kritik unterwarf.

I.   Die Seele und ihre Vermögen

Zwei grundsätzlich unvereinbare Vorstellungen von den Vermögen der Seele konkurrieren im 18. Jahrhundert. Entweder, so meint man, sei die Seele eine Ganzheit, die alle Einzelvermögen in sich vereint, oder aber sie müsse sich aus mehreren Vermögen, die auf keine ›gemeinschaftliche Wurzel‹ zurückgeführt werden können, zusammensetzen.[24] Beide Vorstellungen lassen sich bis in die platonisch-aristotelische Tradition zurückverfolgen.[25] Der Antagonismus setzt sich fort in der mittelalterlichen Scholastik und reicht von dort bis in die deutsche Schulphilosophie des 18. Jahrhunderts.[26] So stimmen Christian Wolff, Johann Nikolaus Tetens und Johann Gottfried Herder, wenn sie auch im Einzelnen voneinander abweichen, grundsätzlich darin überein, dass es sich bei

---

23   Weil das ästhetische Urteil »auf keinem vorhandenen Begriffe vom Gegenstande gründet und keinen von ihm verschafft«, kann es kein Erkenntnisurteil sein. Immanuel Kant: *Kritik der Urteilskraft* (s. Anm. 6), S. 190. Vgl. auch ebd., S. 203.

24   Kant spricht von »einer gemeinschaftlichen, aber uns unbekannten Wurzel«, der die »zwei Stämme« Sinnlichkeit und Verstand entspringen, in der Einleitung zur *Kritik der reinen Vernunft*. In: *AA* 4 = A, S. 15/*AA* 3 = B, S. 29.

25   Zur Idee der Seele als einer unveränderlichen Einheit vgl. Platon: *Phaidon*, 65 a–66 c, 79 d–80 b. Die verschiedenen Seelenvermögen bei Aristoteles: *Eudemische Ethik*, II 1, 1219 b 26–1220 a 4; *Nikomachische Ethik*, I, 1102 a 27–1103 a 3; *Von der Seele*, 413 b.

26   Vgl. das 2. und 3. Kapitel in Stefan Heßbrüggen-Walter: *Die Seele und ihre Vermögen. Kants Metaphysik des Mentalen in der ›Kritik der reinen Vernunft‹*. Paderborn 2004.

den verschiedenen Vermögen um Modifikationen ein und derselben Elementarkraft handelt. Christian August Crusius, Moses Mendelssohn und Johann Georg Sulzer dagegen vertreten auf je eigene Weise die Position eines Vermögenspluralismus.

Kant schließt sich der zweiten Position an. In der ›Einleitung‹ der *Kritik der Urteilskraft* heißt es: »Denn alle Seelenvermögen oder Fähigkeiten können auf die drei zurück geführt werden, welche sich nicht ferner aus einem gemeinschaftlichen Grunde ableiten lassen: das *Erkenntnißvermögen,* das *Gefühl der Lust und Unlust* und das *Begehrungsvermögen*«.[27] Damit erscheint auch in der kritischen Philosophie das Gefühl der Lust und Unlust als eigenständiges und ganz spezifisches Vermögen. Der Begriff ›Gefühl‹, im deutschen Sprachraum erstmals im 17. Jahrhundert als Bezeichnung des Tastsinns nachgewiesen,[28] erlangte rasch durch Ausweitung seines Bedeutungsumfangs eine solche Unschärfe, dass er sich als philosophischer Terminus kaum verwenden ließ.[29] Mit diesem Namen aber ein eigenes Vermögen zu belegen, ist eine Entwicklung, die ganz dem 18. Jahrhundert angehört.

Pathos, Passion, Affekt, Emotion – jene Begriffe der Philosophiegeschichte, die in das ›Gefühl‹ einflossen, nachdem dieses selbst als Phänomen des inneren Sinns auftrat, folgten zumeist dem Dualismus von Sinnlichkeit und Verstand.[30] Um 1770 setzte dagegen das Bestreben ein, das affektive Seelenleben von den äußeren Wahrnehmungen (Empfindungen) auf der einen Seite und von der Erkenntnis und dem Willen auf

---

27   Immanuel Kant: *Kritik der Urteilskraft* (s. Anm. 6), S. 177. Vgl. dazu auch Dieter Henrich: »Über die Einheit der Subjektivität«. In: *Philosophische Rundschau* 3 (1955), S. 28–69. Kant verwendet die Begriffe ›Seelenvermögen‹ und ›Gemütskräfte‹ bzw. ›Gemütsvermögen‹ synonym. Dabei wird der Begriff des Gemüts nicht genau bestimmt. Er bezeichnet lediglich eine intellektuelle Funktion, die aus dem Denken und Empfinden resultierenden Vorstellungen zu verbinden. Vgl. Kants unbetitelter Beitrag in Samuel Thomas Sömmering: *Über das Organ der Seele.* Königsberg 1796, S. 83: »Unter *Gemüth* versteht man nur das die gegebenen Vorstellungen zusammensetzende und die Einheit der empirischen Apperception bewirkende *Vermögen* (animus), noch nicht die Substanz (anima), nach ihrer von der Materie ganz unterschiedenen Natur, von der man alsdann abstrahirt«.

28   Vgl. Jacob Grimm und Wilhelm Grimm: *Deutsches Wörterbuch.* 16 Bde. in 32 Teilbänden. Bd. 4.1.2. Bearb. von Rudolf Hildebrand und Hermann Wunderlich. Leipzig 1897, Sp. 2167–2187, hier Sp. 2167.

29   Johann Nicolas Tetens: *Philosophische Versuche über die menschliche Natur und ihre Entwicklung.* Leipzig 1777. Reprint: Berlin 1913, S. 162 f.

30   Vgl. Ernst Cassirer: *Die Philosophie der Aufklärung.* Hamburg 2003, S. 109–113.

der andern abzusetzen. 1772 hatte Thomas Abbt zu diesem Zweck das Wort ›Empfindniß‹ eingeführt. Es sollte diejenige innere Empfindung bezeichnen, die sich einstellt, wenn man sich nicht unmittelbar auf die Sache, sondern, vermittelst der Einbildung, auf das Bild dieser Sache bezieht.[31] Nach einer Auskunft von Tetens sprach dann erstmals Sulzer im Jahr 1773 von dem Vermögen, »Empfindnisse zu haben«, das er darum mit dem Namen ›Empfindsamkeit‹ belegte.[32] Eine ähnliche Definition findet sich 1776 bei Moses Mendelssohn: »Zwischen dem Erkenntnisvermögen und dem Begehrungsvermögen liegt das Empfindungsvermögen, vermöge dessen wir an einer Sache Lust oder Unlust empfinden, sie billigen, gutheißen, angenehm finden, oder mißbilligen, tadeln und unangenehm finden«.[33]

Kant wird als der erste angesehen, der die triadische Konzeption der Seele mit systematischem Anspruch durchgeführt hat. Als eigenständig ist nach Kant ein Seelenvermögen dann anzusehen, wenn nachgewiesen werden kann, dass ihm ein Prinzip a priori zukommt:

Da nun in der Zergliederung der Gemüthsvermögen überhaupt ein Gefühl der Lust, welches, von der Bestimmung des Begehrungsvermögens unabhängig, vielmehr einen Bestimmungsgrund desselben abgeben kan, unwidersprechlich gegeben ist, zu der Verknüpfung desselben aber mit den beyden andern Vermögen in einem System erfodert wird, daß dieses Gefühl der Lust so wie die beyde andere Vermögen, nicht auf blos empirischen Gründen, sondern auch

---

31   Vgl. Manfred Frank: *Selbstgefühl* (s. Anm. 2), S. 11. Das Selbstgefühl, um das es Frank in seiner Studie geht, taucht bei Kant unter der Bezeichnung ›Gefühl‹ nur einmal auf, nämlich in den *Prolegomena zu einer jeden künftigen Metaphysik die als Wissenschaft wird auftreten können* (1783). Dieses »Gefühl eines Daseins« (in: *AA* 4, S. 334, Anm.) hat mit dem Gefühlsvermögen der Lust oder Unlust nichts zu tun und wird hier nicht berücksichtigt.

32   Vgl. Johann Nicolas Tetens: *Philosophische Versuche über die menschliche Natur und ihre Entwicklung* (s. Anm. 29), S. 608. Sulzer selbst sagt aber noch ›Empfindung‹.

33   Moses Mendelssohn: *Ästhetische Schriften*. Hg. von Anne Pollok. Hamburg 2006, S. 280. Der Text wurde erstmals publiziert in *Moses Mendelssohn's gesammelte Schriften*. Leipzig 1843–45, Bd. 4.1, S. 122–124. Mendelssohn hatte bereits 1755 einen Text *Über die Empfindungen* verfasst. Zu den Veränderungen in seiner Theorie der Empfindungen vgl. die Einleitung des Herausgebers in Moses Mendelssohn: *Schriften zur Philosophie und Ästhetik*. Bearb. von Fritz Bamberger. Berlin 1929. Reprint: Stuttgart-Bad Cannstatt 1971, Bd. 1, S. XVII–XLVIII.

auf Principien *a priori* beruhe, so wird zur Idee der Philosophie, als eines Systems, auch, (wenn gleich nicht eine Doctrin, dennoch) *eine Kritik des Gefühls der Lust und Unlust,* sofern sie nicht empirisch begründet ist, erfodert werden.[34]

Damit wäre allerdings noch kein ›System‹ des Gemüts gegeben. Allenfalls ließe sich, solange jedes der Vermögen auf einem eigenen Prinzip gründet, von drei Subsystemen sprechen, deren Verbindung untereinander jedoch uneinsichtig bliebe. Was »aus einem bloßen Aggregat [...] ein System« mache, sei die »systematische Einheit« desselben, so wie auch schon im Falle der Vernunft erst »die Einheit der mannigfaltigen Erkenntnisse unter einer Idee« systembildend wirkte.[35] Noch standen aber nicht nur die Seelen-, sondern auch die Erkenntnisvermögen Verstand und Vernunft unverknüpft nebeneinander.

Die ersten beiden Kritiken hatten zunächst nur ergeben, dass das Erkenntnisvermögen der Gesetzgebung des Verstandes und das Begehrungsvermögen derjenigen der Vernunft unterliegt. Eine Möglichkeit der Vermittlung von den Naturbegriffen des Verstandes und dem Freiheitsbegriff der Vernunft war hingegen noch nicht gefunden. Die Gebiete des Sinnlichen und des Übersinnlichen, obzwar in den ersten beiden Kritiken abgehandelt, waren durch eine ›Kluft‹ voneinander getrennt.[36] Kant erklärt dies damit, dass die Naturbegriffe nur gegenüber den in der Anschauung gegebenen Erscheinungen Gültigkeit für sich beanspruchen könnten, während die Dinge an sich, ihr »übersinnliches Substrat«,[37] von ihnen nie erreicht würden. Umgekehrt stelle der Freiheitsbegriff zwar ein Ding an sich vor, aber dessen Realisierung dergestalt, dass es anschaulich würde, sei ein für allemal ausgeschlossen.[38]

34   Immanuel Kant: *Erste Einleitung in die Kritik der Urteilskraft* (s. Anm. 7), S. 207.

35   Immanuel Kant: *Kritik der reinen Vernunft* (s. Anm. 24), A S. 832/B S. 860. Zum Systemgedanken vgl. Ina Goy: *Architektonik oder Die Kunst der Systeme. Eine Untersuchung zur Systemphilosophie der ›Kritik der reinen Vernunft‹.* Paderborn 2007.

36   Vgl. dazu Henry E. Allison: *Kant's Theory of Taste. A Reading of the Critique of Aesthetic Judgment.* Cambridge 2001, Kap. 9: »Reflective Judgment and the Transition from Nature to Freedom«.

37   Immanuel Kant: *Kritik der Urteilskraft* (s. Anm. 6), S. 196.

38   Vgl. ebd., S. 175. Kant begründet den Freiheitsbegriff mit dem intelligiblen Charakter, den er jedem Gegenstand der Sinne zuspricht. Als Ding an sich (Noumenon) unterliegt der Gegenstand nicht den empirischen Gesetzen, die den Zusammenhang der Vorstellungen (Erscheinungen) organisieren. Auf diese Weise ist es Kant

Mit andern Worten: Während im Fall des Verstandes die Wirklichkeit
seiner Begriffe sich nur aus der Erfahrung ergibt, ist im Fall der Vernunft
die Empirie niemals hinreichend, aus ihr den Begriff der Freiheit zu bilden. Vielmehr führt allein das Absehen von aller Erfahrung, welches das
Übersinnliche des Vernunftschlusses ausmacht, auf den Begriff der Freiheit, der darum ›Idee‹[39] heißt, weil ihm nie ein Gegenstand der Sinne
kongruieren kann. Obwohl doch das Ding an sich aller Erfahrung zugrunde gelegt werden muss, bleibt es von den Erscheinungen absolut
getrennt. Da aber Verstand und Vernunft die konstitutiven Prinzipien a
priori für das Erkenntnis- und das Begehrungsvermögen enthalten, muss
sich die sie trennende Kluft auf die Seele übertragen.

Was nun alle Gemüts- und Erkenntnisvermögen zu einem einzigen
System vereinen soll, ist der »Grund der *Einheit* des Übersinnlichen, welches der Natur zum Grunde liegt, mit dem was der Freiheitsbegriff praktisch enthält«, denn

> der Freiheitsbegriff soll den durch seine Gesetze aufgegebenen
> Zweck in der Sinnenwelt wirklich machen; und die Natur muß folg-
> lich auch so gedacht werden können, daß die Gesetzmäßigkeit ihrer
> Form wenigstens zur Möglichkeit der in ihr zu bewirkenden Zwecke
> nach Freiheitsgesetzen zusammenstimme.[40]

Die Aufgabe, den Übergang vom Verstand zur Vernunft zu bahnen, fällt
bekanntlich der Urteilskraft zu. Indem Kant ihr die Zweckmäßigkeit als
Prinzip a priori zuweist und sie mit dem Gefühl verknüpft, glaubt er, sie
als eigenes Erkenntnisvermögen statuieren und zugleich die Seelenvermögen in eine systematische Ordnung bringen zu können. Allerdings
vervollständigt die *Kritik der Urteilskraft,* wie Kant ausdrücklich festhält, lediglich die Kritik der Erkenntnisvermögen. Da das Vermögen der
Urteilskraft von so besonderer Art ist,

---

möglich, dem Ding an sich eine andere Kausalität als die nach dem Gesetz der
Naturnotwendigkeit beizulegen, nämlich die Kausalität durch Freiheit. Vgl. *Kritik
der reinen Vernunft* (s. Anm. 24), A S. 532–542/B S. 560–569.
39   Zum Begriff der ›Idee‹ vgl. Manfred Frank und Véronique Zanetti: *Kommentar*
     (s. Anm. 15), S. 1173–1179.
40   Immanuel Kant: *Kritik der Urteilskraft* (s. Anm. 6), S. 176.

daß es für sich gar kein Erkenntniß (weder theoretisches noch
practisches) hervorbringt, und, unerachtet ihres Princips *a priori* dennoch keinen Theil zur Transscendentalphilosophie, als ob-
jectiver Lehre, liefert, sondern nur den Verband zweyer anderer
obern Erkenntnißvermögen (des Verstandes und der Vernunft)
ausmacht,[41]

bleibt das doktrinale System der Philosophie als Erkenntnis von ihr unberührt. Ehe nun die Frage behandelt wird, wie die Urteilskraft Verstand
und Vernunft verbindet und welche Funktion das Gefühl dabei hat, muss
dieses selbst genauer bestimmt werden.

II.   Von der Achtung zur reinen Lust

Gegenüber Reinhold gesteht Kant, selbst davon überrascht worden zu
sein, dass sich ein Prinzip a priori auch für das Gefühl habe finden lassen.[42] Noch in der zweiten Auflage der *Kritik der reinen Vernunft* (1787),
also kurz bevor er Reinhold von seiner Entdeckung berichten kann,
werden die Begriffe Lust und Unlust, als zur Sinnlichkeit gehörend, von
der Transzendentalphilosophie ausgeschlossen.[43] Sie besitzen nicht die
strenge Allgemeinheit und Notwendigkeit, die apriorische Dignität, die
Kant von Vernunftwahrheiten fordert. Das Gefühl liege »außer der gesammten Erkenntnißkraft«, weshalb »die Elemente unserer Urtheile, so
fern sie sich auf Lust oder Unlust beziehen«,[44] aus der Transzendentalphilosophie herausfallen würden, da diese nur mit reinen Erkenntnissen
a priori zu tun habe.

   Sinnlichen Ursprungs waren in der *Kritik der reinen Vernunft* auch
die praktischen oder moralischen Begriffe. Auch sie gründeten auf dem
Gefühl der Lust oder Unlust.[45] Transzendentalphilosophie sei daher,
wie Kant schreibt, nicht mehr als eine »Weltweisheit der reinen, bloß

---

41   Immanuel Kant: *Erste Einleitung in die Kritik der Urteilskraft* (s. Anm. 7), S. 242.

42   Vgl. Immanuel Kant an Carl Leonhard Reinhold, 28./31. Dezember 1787 (s. Anm. 10),
      S. 514.

43   Vgl. Immanuel Kant: *Kritik der reinen Vernunft* (s. Anm. 24), A S. 14 f./B S. 28 f.

44   Ebd., A S. 801/B S. 829, Anm.

45   Zu diesem Thema jetzt Thomas Höwing: *Praktische Lust. Kant über das Verhältnis
      von Fühlen, Begehren und praktischer Vernunft.* Berlin/Boston 2013.

speculativen Vernunft«,[46] das heißt auf die praktische Vernunft nicht
anwendbar. Diese Ansicht konnte Kant in der *Kritik der praktischen Vernunft* (1788) revidieren, nachdem er in der Freiheit einen Begriff der
reinen praktischen Vernunft und in der ›Achtung‹ ein Gefühl gefunden
hatte, das sich a priori begründen ließ.

Die Achtung ist ein Gefühl zweiter Ordnung. Es entsteht dadurch,
dass das moralische Gesetz den Neigungen und sinnlichen Antrie-
ben, die auf einem Begehren, das heißt der »*Lust* an der Wirklichkeit
eines Gegenstandes« beruhen,[47] Einhalt gebietet. Zwar erfährt das
Subjekt diese Verhinderung seiner Lustbefriedigung zunächst als De-
mütigung, aber weil das moralische Gesetz es an die Freiheit seines
Willens gemahnt, wird es zuletzt von Achtung erfüllt: »Also ist Achtung fürs moralische Gesetz ein Gefühl, welches durch einen intellec-
tuellen Grund gewirkt wird, und dieses Gefühl ist das einzige, welches
wir völlig *a priori* erkennen, und dessen Nothwendigkeit wir einsehen
können«.[48]

Mit der *Kritik der Urteilskraft* war für Kant auch die behauptete Sin-
gularität des moralischen Gefühls hinfällig. Allerdings hatte die Achtung
noch keinen Anlass zu der Annahme gegeben, bei dem Gefühl handele
es sich um ein eigenes Seelenvermögen. Zum einen bleibt die Achtung,
auch wenn sie im Nachhinein zum Bewegungsgrund für den Willen
dient, schon in ihrer Entstehung unabtrennbar an das Begehrungsvermögen gekoppelt: »Bedingung derjenigen Empfindung, die wir Achtung
nennen«, ist jederzeit »das sinnliche Gefühl, was allen unseren Neigungen zum Grunde liegt«.[49] Zum andern ist das moralische Gefühl unselb-
ständig dadurch, dass es von der praktischen Vernunft ›bewirkt‹ wird.[50]
Auf diesen Unterschied zwischen moralischem und ästhetischem Gefühl
geht Kant in der *Ersten Einleitung* ein:

> Nun gelingt es zwar, zwischen dem Gefühle der Lust und den an-
> dern beiden Vermögen eine Verknüpfung *a priori* herauszubringen,
> und wenn wir ein Erkenntniß *a priori,* nämlich den Vernunftbegriff

46   Vgl. Immanuel Kant: *Kritik der reinen Vernunft* (s. Anm. 24), A S. 15/B S. 29.
47   Immanuel Kant: *Kritik der praktischen Vernunft.* In: *AA* 5, S. 21.
48   Ebd., S. 73.
49   Ebd., S. 75.
50   Vgl. ebd., S. 76.

der Freyheit, mit dem Begehrungsvermögen als Bestimmungsgrund desselben verknüpfen, in dieser obiectiven Bestimmung zugleich subiectiv ein in der Willensbestimmung enthaltenes Gefühl
der Lust anzutreffen. Aber auf die Art ist das Erkenntnißvermögen
nicht *vermittelst* der Lust oder Unlust mit dem Begehrungsvermögen verbunden; denn sie geht vor diesem nicht vorher, sondern
folgt entweder allererst auf die Bestimmung des letzteren, oder ist
vielleicht nichts anders, als die Empfindung dieser Bestimmbarkeit
des Willens durch Vernunft selbst, also gar kein besonderes Gefühl
und eigenthümliche Empfänglichkeit, die unter den Gemüths-
eigenschaften eine besondere Abtheilung erforderte.[51]

Die autonome praktische Vernunft gibt sich das moralische Gesetz selbst
und die Achtung, die dieses erweckt, folgt der Vorstellung von ihm als
obersten Bestimmungsgrund unseres Willens. Das leuchtet insofern ein,
weil das moralische Gesetz keinesfalls von dem Vorhandensein einer
Lust oder Unlust abhängig gemacht, sondern höchstens von einem solchen Gefühl begleitet werden darf.

    Dennoch stellt sich die Frage, ob es für das Gefühl der Lust oder Unlust
so etwas wie ein »Vernunftgesetz« überhaupt geben kann.[52] Wie lässt
sich, mit andern Worten, die ›Notwendigkeit‹ eines Gefühls behaupten?
Kant trennt in seinen kritischen Schriften das Gefühl generell von der
Empfindung.[53] Der Begriff ›Gefühl‹ bleibt durchweg für die Lust und Unlust reserviert, die als »Würkung[en] der Empfindung« deren subjektiven
Anteil ausmachen.[54] Das Gefühl scheint also, als Empfindung des inneren Zustands, vom jeweiligen Subjekt abzuhängen.

    Genau diese Subjektivität wird im Falle des moralischen Gefühls
jedoch aufgehoben. Zwar enthält das Gefühl der Achtung auch einen
subjektiven Anteil – Kant bestimmt ihn als positiv –,[55] aber die Achtung
selbst ist vor allem Ausweis der objektiven Gültigkeit des moralischen
Gesetzes. Sie muss, weil durch die Vernunft bewirkt, selbst objektiv und
unveränderlich sein. Die Identität des moralischen Gefühls mit sich

1   Immanuel Kant: *Erste Einleitung in die Kritik der Urteilskraft* (s. Anm. 7), S. 206 f.
2   Immanuel Kant: *Kritik der Urteilskraft* (s. Anm. 6), S. 210.
3   Zu dieser Unterscheidung vgl. v. a. § 3 der *Kritik der Urteilskraft* (s. Anm. 6), S. 205 f.
4   Immanuel Kant: *Kritik der reinen Vernunft* (s. Anm. 24), A S. 29, Anm.
5   Vgl. Immanuel Kant: *Kritik der praktischen Vernunft* (s. Anm. 47), S. 73–75.

selber scheint allein deshalb geboten, weil das Gesetz über alle unsere
Handlungen richtet. Denn es ist das Merkmal der eingeschränkten Natur
endlicher Wesen, dass der subjektive Wille mit dem moralischen Gesetz
nie übereinstimmt.[56] Auch das Gefühl wird von dem ›Zwangscharakter‹[57] des moralischen Gesetzes erfasst. Das Subjekt kann gar nicht anders, als Lust an der Herrschaft der Vernunft zu empfinden: Das moralische Gesetz ist »ein Gegenstand der größten *Achtung*«.[58] Es gibt keine
graduellen Unterschiede im moralischen Gefühl.

Allerdings ist nicht zu übersehen, dass Kant die Lust vor allem braucht,
um einen empirischen Bestimmungsgrund für den Willen zu haben. Einen solchen Grund angeben zu können, schien ihm am Ende der *Grundlegung zur Metaphysik der Sitten* (1785) noch unmöglich:

> *Wie* nun aber reine Vernunft, ohne andere Triebfedern, die ir-
> gendwoher sonst genommen sein mögen, für sich selbst praktisch
> sein, d. i. wie das bloße *Prinzip der Allgemeingültigkeit aller ihrer
> Maximen als Gesetze* (welches freilich die Form einer reinen prak-
> tischen Vernunft sein würde), ohne alle Materie (Gegenstand)
> des Willens, woran man zum voraus irgendein Interesse neh-
> men dürfe, für sich selbst eine Triebfeder abgeben, und ein Inte-
> resse, welches rein *moralisch* heißen würde, bewirken, oder mit
> anderen Worten: *wie reine Vernunft praktisch sein könne,* das zu
> erklären, dazu ist alle menschliche Vernunft gänzlich unvermö-
> gend, und alle Mühe und Arbeit, hiervon Erklärung zu suchen, ist
> verloren.[59]

Zwar zeigt Kant, dass der Wille dem moralischen Gesetz unterworfen
ist, aber er sieht sich außerstande zu erklären, was den Willen dazu veranlasst, dem Gesetz Folge zu leisten. Wenn jedoch das moralische Gesetz notwendig mit einer Lust einhergeht, ist zugleich eine ›Triebfeder‹

---

56   Vgl. ebd., S. 79.
57   Zum Zwangscharakter des moralischen Gesetzes vgl. Gernot Böhme und Hartmut
      Böhme: *Das Andere der Vernunft. Zur Entwicklung von Rationalitätsstrukturen am
      Beispiel Kants.* Frankfurt a. M. 1983, S. 347–383.
58   Immanuel Kant: *Kritik der praktischen Vernunft* (s. Anm. 47), S. 73.
59   Immanuel Kant: *Grundlegung zur Metaphysik der Sitten.* In: *AA* 4, S. 461.

des Handelns gefunden, denn der Wille strebt danach, einen lustvollen Zustand zu bewahren.[60]

Das ästhetische Gefühl dagegen soll weder von Begriffen der Vernunft oder des Verstandes abhängen noch einen Einfluss auf das Begehrungsvermögen haben. Kant bestimmt das Geschmacksurteil als wesentlich kontemplativ, das heißt »indifferent in Ansehung des Daseins eines Gegenstandes«.[61] Derrida sagt daher mit einem gewissen Recht, in der *Kritik der Urteilskraft* gehe es darum,

> die reine Lust zu denken, das Lust-Sein der Lust. Ausgegangen von der Lust, ist die dritte *Kritik* ihretwegen geschrieben worden, soll sie ihrerwegen gelesen werden. Es ist eine ein wenig trockene Lust – ohne Begriff und ohne Genuß –, eine ein wenig strenge Lust, aber man erfährt hier ein weiteres Mal, daß sie nicht lustvoll ist ohne Straffung (*stricture*).[62]

Es ist indes genau diese Unabhängigkeit der ästhetischen Lust, die Freiheit des Wohlgefallens, aus der Kant schließt, dass man das Gefühl als ein eigenständiges Vermögen anzusehen habe. Nun sollte man meinen, dass, wenn sich in dem Verhältnis von moralischem Gefühl und Vernunftbegriff jenes von diesem allezeit abhängig zeigt, es sich im Falle des Geschmacks genau umgekehrt verhielte. Das Gefühl der Lust würde

---

60 Vgl. Immanuel Kant: *Kritik der praktischen Vernunft* (s. Anm. 47), S. 76. Zum Begriff der ›Triebfeder‹ vgl. auch Birgit Recki: »Vernunftgewirkte Gefühle«. In: Hilge Landweer und Ursula Renz (Hg.): *Klassische Emotionstheorien. Von Platon bis Wittgenstein.* Berlin/New York 2008, S. 457–477, hier S. 466, und dies.: »Kant über Achtung und Glauben. Leistung und Probleme seines motivationstheoretischen Beitrags«. In: Anne Tilkorn (Hg.): *Motivationen des Selbst. Kant und Spinoza im Vergleich.* Wiesbaden 2012, S. 49–68.

61 Immanuel Kant: *Kritik der Urteilskraft* (s. Anm. 6), S. 209.

62 Jacques Derrida: *Die Wahrheit in der Malerei* (s. Anm. 12), S. 63. Zum Wort ›stricture‹ vgl. Edmond Huguet: *Dictionnaire de la Langue Française du Seizième Siècle.* 7 Bde. Bd. 7. Paris 1967, S. 88, s. v. ›Stricture‹. Es ist mit ›Straffung‹ unzureichend erfasst; vielmehr meint es hier wohl vor allem die Technik des Strangulierens als Mittel der Luststeigerung. Die neueren Wörterbücher wie der *Grand Larousse* oder der *Grand Robert* verzeichnen nur noch das Wort ›striction‹. Im Englischen hat es die Bedeutung einer ablehnenden Kritik, auf die Derrida vielleicht ebenfalls anspielt. Vgl. James A. H. Murray u. a. (Hg.): *The Oxford English Dictionary.* 20 Bde. Bd. 16. 2. Aufl. Oxford 1989, S. 901, s. v. ›stricture‹. Zur Möglichkeit einer ›reinen‹ Lust siehe unten S. 129.

dann zu dem Urteil ›schön‹ allererst befähigen. Nur schließt Kant dies im § 9 der *Kritik der Urteilskraft* explizit aus: Das Gefühl der Lust kann vor der Beurteilung des Gegenstandes nicht vorhergehen, weil ein solches Verfahren im Widerspruch zu sich selbst stünde.[63] In der Erklärung des Kausalzusammenhangs von Gefühl und Urteil sieht Kant denn auch den ›Schlüssel‹ zur Kritik des Geschmacks.

III.   Transzendentalität der Zweckmäßigkeit?

Wie sich gezeigt hatte, ist das, was die beiden Teile der Philosophie, Natur und Freiheit, miteinander verbindet, der Begriff des ›Zwecks‹.[64] Einerseits impliziert der Freiheitsbegriff den Zweck seiner Realisierung in der Natur; andererseits muss die Natur von uns so gedacht werden können, dass der im Freiheitsbegriff implizierte Zweck in ihr überhaupt realisierbar ist. Dies ist nach Kants Ansicht offenbar dann der Fall, wenn eine Zweckmäßigkeit nach dem Freiheitsbegriff in der Natur selbst aufgedeckt werden kann. Die Natur nach dem Prinzip der Zweckmäßigkeit zu denken, scheint aber allein deshalb geboten, weil anders kein »System der Erfahrung nach besonderen [dem Verstand nicht einsehbaren] Naturgesetzen möglich« wird.[65] Ein solches System der Erfahrung lässt sich nämlich nur auf der Annahme, die Natur bilde einen in sich zweckmäßig organisierten Zusammenhang, errichten. Die Zweckmäßigkeit stellt also eine subjektiv notwendige Bedingung a priori zur Erkenntnis der Natur dar, womit sie zum transzendentalen Prinzip erhoben ist.

Allerdings hatte Kant den Zusammenhang der Natur nach dem Prinzip der »*zweckmäßige[n]* Einheit der Dinge« in der *Kritik der reinen*

---

63   Vgl. Immanuel Kant: *Kritik der Urteilskraft* (s. Anm. 6), S. 216 f. Dies übersieht Andrea Kern: *Schöne Lust. Eine Theorie der ästhetischen Erfahrung nach Kant.* Frankfurt a. M. 2000, S. 20. Angesichts der Unterscheidung, die Kant zwischen moralischem und ästhetischem Gefühl macht, scheint es auch problematisch, wenn Karl Ameriks: »New Views on Kant's Judgment of Taste«. In: Ders.: *Interpreting Kant's Critiques.* Oxford 2003, S. 307–323, hier S. 310, sich ausdrücklich auf das moralische Gefühl beruft, um zu begründen, dass »the pleasure in taste is not the source of judgment as such, but is its consequent«.

64   Der Zweckbegriff gewinnt für Kant nicht nur in inhaltlicher, sondern auch methodischer Hinsicht zentrale Bedeutung. Vgl. Josef Simon: *Kant. Die fremde Vernunft und die Sprache der Philosophie.* Berlin/New York 2003, S. 16.

65   Immanuel Kant: *Kritik der Urteilskraft* (s. Anm. 6), S. 180.

Vernunft,[66] und zwar im »Anhang zur transzendentalen Dialektik«, bereits aus dem hypothetischen Vernunftgebrauch abgeleitet. Daher stellt das genaue Verhältnis von reflektierender Urteilskraft und hypothetischem Vernunftgebrauch seit Wolfgang Bartuschats Untersuchung *Zum systematischen Ort von Kants Kritik der Urteilskraft* ein Problem in der Kant-Forschung dar.[67] Nach Bojanowski berechtigt es sogar zu der Frage, »warum es überhaupt noch eine transzendentale Deduktion des Prinzips der Zweckmäßigkeit in der *Kritik der Urteilskraft* geben muß«.[68] Es muss sich also ein spezifischer Unterschied zwischen der reflektierenden Urteilskraft und dem hypothetischen Vernunftgebrauch aufzeigen lassen, will man der dritten Kritik einen prinzipiell anderen, über die transzendentale Dialektik der Vernunft hinausgehenden erkenntnistheoretischen Status zugestehen.

In der dritten Kritik erhebt Kant, wie es der Titel bereits ankündigt, die Urteilskraft zu einem selbstständigen Erkenntnisvermögen. Das ist neu. Als Anwendung der Verstandesbegriffe auf die Erscheinungen war die Urteilskraft in der *Kritik der reinen Vernunft* noch dem Verstand zugeordnet. Demnach durfte aber, wie Kant in der ›transzendentalen Analytik‹ ausgeführt hatte, auch nur diejenige Urteilskraft ›transzendental‹ genannt werden, die das Gesetz ihres Verfahrens vom Verstand empfängt. In diesem Fall subsumiert sie die Erscheinungen unter die reinen Begriffe a priori, die ihr der Verstand an die Hand gibt.[69] Mit der dritten Kritik wollte Kant dagegen den Nachweis erbringen, dass die Urteilskraft ein nur ihr eigentümliches Prinzip a priori enthalte, »weil sie sonst nicht, als ein besonderes Erkenntnißvermögen, selbst der gemeinsten Kritik ausgesetzt sein würde«.[70] Folgerichtig unterscheidet Kant in Abschnitt V der ›Einleitung‹ von der bestimmenden Urteilskraft, welche eben nach den Gesetzen des Verstandes das Besondere unter das Allgemeine subsumiert, eine reflektierende Urteilskraft. Dieser obliegt es, zu einem

6   Immanuel Kant: *Kritik der reinen Vernunft* (s. Anm. 24), A S. 686/B S. 714.

7   Vgl. Wolfgang Bartuschat: *Zum systematischen Ort von Kants Kritik der Urteilskraft.* Frankfurt a. M. 1972, S. 39–53.

8   Jochen Bojanowski: »Kant über das Prinzip der Einheit von theoretischer und praktischer Philosophie (Einleitung I–V)«. In: Otfried Höffe (Hg.): *Immanuel Kant. Kritik der Urteilskraft.* Berlin 2008, S. 23–39, hier S. 25 f. Bojanowski führt auch weitere Literatur zum Thema an.

9   Vgl. Immanuel Kant: *Kritik der reinen Vernunft* (s. Anm. 24), A S. 132/B S. 171.

0   Immanuel Kant: *Kritik der Urteilskraft* (s. Anm. 6), S. 169.

gegebenen Besonderen das Allgemeine erst zu finden. In den folgenden
Ausführungen versucht Kant zu zeigen, warum die reflektierende Urteilskraft ein eigenes Prinzip erfordert. Statt auf die Zweckmäßigkeit analy-
tisch zu schließen, wird sie deduziert.[71]

Der Grund, den Kant dafür angibt, lautet wie folgt: Die Gesetze des Verstandes sind Bedingung der Möglichkeit von Erfahrung überhaupt, liegen
aber selbst aller Erfahrung voraus. Da sie auf den formalen Bedingungen
jeder möglichen Anschauung beruhen, könnte die Natur als Gegenstand
der Sinne ohne sie gar nicht gedacht werden. Die jeweils konkrete Anschauung richtet sich dagegen auf spezifisch-verschiedene Naturen, die
noch auf ganz andere Art (als nach reinen Verstandesbegriffen) bestimmt
oder bestimmbar sind. Diese Naturen scheinen zwar innerhalb der empirischen naturgesetzlichen Zusammenhänge Notwendigkeit bei sich
zu führen, doch verfügt der Verstand über keine Mittel, diese Notwendigkeit einzusehen: »allgemeine Verstandesbegriffe spezifizieren ja nur
universelle Prädikate, die *allen* Objekten zukommen; sie spezifizieren
an Anschauungen nur deren Objektivität-im-allgemeinen«.[72] Damit die
Naturgesetze – und mit ihnen die Gesamtheit der Naturerscheinungen –
als solche überhaupt gelten können, muss unterstellt werden, dass sie
unter einem allgemeinen Prinzip der Einheit des Mannigfaltigen stehen.

Kant meint nun, dass die reflektierende Urteilskraft, da sie ein solches
Prinzip »nicht von der Erfahrung entlehnen« oder »anderwärts hernehmen [kann] (weil sie sonst bestimmende Urtheilskraft sein würde)«, es
»sich nur selbst als Gesetz geben« könne.[73] Fraglich ist aber, ob diese
Schlussfolgerung zutrifft. Es ist nämlich gar nicht einzusehen, wie die

71   Zu dieser Deduktion vgl. Rolf-Peter Horstmann: »Why Must There Be a Transcen-
      detal Deduction in Kant's Critique of Judgment?«. In: Eckart Förster (Hg.): *Kant's
      Transcendental Deductions. The Three Critiques and the Opus postumum.* Stanford
      1989, S. 157–176. Joachim Peter: *Das transzendentale Prinzip der Urteilskraft. Eine
      Untersuchung zur Funktion und Struktur der reflektierenden Urteilskraft bei Kant.*
      Berlin/New York 1992, S. 62–74, Manfred Frank und Véronique Zanetti: *Kommentar*
      (s. Anm. 15), S. 1224–1229, sowie Jochen Bojanowski: *Kant über das Prinzip der Ein-
      heit* (s. Anm. 68), S. 32–34.
72   Manfred Frank und Véronique Zanetti: *Kommentar* (s. Anm. 15), S. 1227. Kants Ein-
      sicht in das Missverhältnis von Kategorien und empirischen Kontingenzen rekon-
      struieren Frank und Zanetti ausführlich im Kommentar zu den *Metaphysischen
      Anfangsgründen der Naturwissenschaft* (in: ebd., S. 997–1060).
73   Immanuel Kant: *Kritik der Urteilskraft* (s. Anm. 6), S. 180.

Urteilskraft das transzendentale Prinzip der Zweckmäßigkeit der Natur
›finden‹ soll, wenn sie ein Vermögen ist, »welches nur zum Verknüpfen
dient und daher für sich [...] kein Erkenntniß« verschafft.[74] Sie kann
allenfalls nach einem Prinzip *verfahren,* was sie auch tut, sobald sie in der
Nachforschung der Natur diese so denkt, »als ob ein Verstand den Grund
der Einheit des Mannigfaltigen ihrer empirischen Gesetze enthalte«.[75]
Eben dies sagt Kant selbst, wenn er erläutert, ihr Prinzip solle nichts über
die Natur aussagen, sondern nur die Art bezeichnen, »wie wir in der
Reflexion über [ihre] Gegenstände [...] in Absicht auf eine durchgängig
zusammenhängende Erfahrung *verfahren* müssen«.[76]

   Wenn die bestimmende Urteilskraft bei ihrer Subsumtion des Besonderen unter das Allgemeine nach den Gesetzen des Verstandes verfährt,
warum sollte dann nicht der reflektierenden Urteilskraft in ihrem Auf-
stieg vom Besonderen zum Allgemeinen die Vernunft die Regel geben?
Dass die Vernunft ein solches Prinzip grundsätzlich bereitstellt, zeigt
Kant in besagtem »Anhang zur transzendentalen Dialektik«. Das Prinzip der Zweckmäßigkeit der Natur ist dort eine regulative Idee, die zugleich der Vernunft als formale Regel in Erweiterung ihres empirischen
Gebrauchs dient:

> Ein solches Princip eröffnet nämlich unserer auf das Feld der Erfah-
> rungen angewandten Vernunft ganz neue Aussichten, nach teleo-
> logischen Gesetzen die Dinge der Welt zu verknüpfen, und dadurch
> zu der größten systematischen Einheit derselben zu gelangen.[77]

In der dritten Kritik wird dieses Prinzip – als nunmehr transzendentales – nicht einfach auf die Urteilskraft übertragen; vielmehr soll die
Urteilskraft es sich selbst geben. Sie könnte es aber sehr wohl ›anderwärts‹ hernehmen – zwar nicht vom Verstand, aber von der Vernunft.
Nur wäre damit ihre Selbstständigkeit als drittes Erkenntnisvermögen
gefährdet.[78]

---

74   Immanuel Kant: *Erste Einleitung in die Kritik der Urteilskraft* (s. Anm. 7), S. 246.
75   Immanuel Kant: *Kritik der Urteilskraft* (s. Anm. 6), S. 181.
76   Ebd., S. 184 (Herv. A. K.).
77   Immanuel Kant: *Kritik der reinen Vernunft* (s. Anm. 24), A S. 686 f./B S. 715 f.
78   In Immanuel Kant: *Erste Einleitung in die Kritik der Urteilskraft* (s. Anm. 6), S. 216,
     hieß es: »Hier entspringt nun der Begrif einer *Zweckmäßigkeit* der Natur und zwar
     als ein eigenthümlicher Begrif der reflectirenden Urtheilskraft, nicht der Vernunft;

Dass Kant aus einem systematischen Zwang heraus argumentiert, zeigt sich im Fortgang der Kritik. Die Deduktion der Zweckmäßigkeit der Natur als transzendentales Prinzip der Urteilskraft steht mit ihren beiden Anwendungsbereichen in keinem Zusammenhang: Die teleologische Urteilskraft ist gemäß der Definition, die Kant gibt, das Vermögen, »die reale Zweckmäßigkeit (objective) der Natur durch Verstand und Vernunft zu beurtheilen«.[79] Mit dem Verstand hat die Urteilskraft zu tun, wenn sie eine Kausalverbindung nach dem Prinzip der wirkenden Ursachen (*nexus effectivus*), mit der Vernunft dagegen, wenn sie Kausalität nach dem Prinzip der Endursachen oder Zwecke (*nexus finalis*) denkt.[80] Nur diese zwei Arten von Kausalität sind nach Kant dem menschlichen Erkenntnisvermögen einsichtig.

Nun legen aber bestimmte Erscheinungen der Natur eine Form von Kausalität nahe, die »nichts Analogisches mit irgend einer Causalität, die wir kennen«,[81] hat. Der ›Naturzweck‹ nämlich kann nur so gedacht werden, dass die Teile eines Ganzen wechselseitig sich selbst und damit, aus eigener Kausalität, dieses Ganze hervorbringen, und zugleich der Begriff des Ganzen auch dessen Ursache ist.[82] Im Naturzweck verbinden sich also wirkende Ursachen und Endursachen auf eine Weise, dass ein und dasselbe Ding von einem anderen Ding Ursache *und* Wirkung ist. Der Begriff des Ganzen, der diesem als Zweck vorausliegt, ist jedoch keiner, den die menschliche Vernunft gefasst hat. Er kann der Natur nur unterstellt werden, um die Art ihrer Organisation überhaupt beurteilen zu können. Insofern ist der Naturzweck ein Vernunftbegriff, der als »regulativer Begriff für die reflectirende Urtheilskraft« dienen kann.[83]

Sodann legt der Begriff des Naturzwecks den Grund zu einer Teleologie, indem sich aus ihm die Vorstellung »der gesammten Natur als eines Systems nach der Regel der Zwecke« ergibt. Auch diese Vorstellung hat den Status einer regulativen Idee der Vernunft. Durch sie erhält die

---

indem der Zweck gar nicht im Object, sondern lediglich im Subject und zwar dessen bloßem Vermögen zu reflectiren gesetzt wird«.

79   Immanuel Kant: *Kritik der Urteilskraft* (s. Anm. 6), S. 193.
80   Vgl. dazu Reinhard Brandt: »Von der ästhetischen und logischen Vorstellung der Zweckmäßigkeit der Natur (Einleitung VI–IX)«. In: Otfried Höffe (Hg.): *Immanuel Kant* (s. Anm. 68), S. 41–58, hier S. 46–48.
81   Immanuel Kant: *Kritik der Urteilskraft* (s. Anm. 6), S. 375.
82   Vgl. ebd, S. 373.
83   Ebd., S. 375.

Urteilskraft einen Leitfaden, »die Naturdinge in Beziehung auf einen Bestimmungsgrund, der schon gegeben ist, nach einer neuen gesetzlichen Ordnung zu betrachten«.[84] In beiden Fällen ist ein Prinzip der Vernunft die Voraussetzung der Reflexion der Urteilskraft, nicht deren Resultat. Unter der Überschrift ›Der Begriff einer objektiven Zweckmäßigkeit der Natur ist ein kritisches Prinzip der Vernunft für die reflektierende Urteilskraft‹ heißt es in § 75, dieser Grundsatz werde der Urteilskraft von der Vernunft als Maxime »auferlegt«.[85] In Übereinstimmung damit hatte Kant bereits in der *Ersten Einleitung* darauf hingewiesen, dass es nicht notwendig sei, auf ein besonderes Prinzip der Urteilskraft zu rekurrieren, um die Möglichkeit eines teleologischen Urteils über die Natur zu demonstrieren. Dafür genüge bereits das »Princip der Vernunft«,[86] dem dieses Urteil folgt.

Für das ästhetische Urteil gelingt es Kant allerdings tatsächlich, ein ihr eigentümliches Prinzip zu benennen: Die subjektive formale Zweckmäßigkeit ist nämlich nicht durch eine logische Beziehung zum Objekt im Begriff, sondern durch eine ästhetische Beziehung zum Subjekt im Gefühl der Lust oder Unlust bestimmt. Erst diese ausgezeichnete Verbindung von Gefühl und Urteilskraft erlaubt es Kant, sowohl die Erkenntnis als auch die Seelenvermögen zur Trias zu erweitern. Aus diesem Grund schreibt er in der *Ersten Einleitung:*

> Es ist also eigentlich nur der Geschmack, und zwar in Ansehung der Gegenstände der Natur, in welchem allein sich die Urtheilskraft als ein Vermögen offenbart, welches sein eigenthümliches Princip hat und dadurch auf eine Stelle in der allgemeinen Kritik der obern Erkenntnißvermögen gegründeten Anspruch macht, den man ihr vielleicht nicht zugetrauet hätte.[87]

Von dieser Position ist Kant in der neuen ›Einleitung‹ keineswegs abgerückt. Es heißt dort ausdrücklich: »In einer Kritik der Urtheilskraft ist der Theil, welcher die ästhetische Urtheilskraft enthält, ihr wesentlich

---

84   Ebd., S. 379.

85   Ebd., S. 398.

86   Immanuel Kant: *Erste Einleitung in die Kritik der Urteilskraft* (s. Anm. 7), S. 244.

87   Ebd., S. 244.

angehörig, weil diese allein ein Princip enthält, welches die Urtheilskraft völlig *a priori* ihrer Reflexion über die Natur zum Grunde legt«.[88]

Nur hat dieses Prinzip, die subjektive formale Zweckmäßigkeit, kaum etwas mit der Zweckmäßigkeit zu tun, die Kant in den Abschnitten IV und V der ›Einleitung‹ deduziert. Wie soll man von der zufälligen Übereinstimmung der Formen[89] der empirischen Anschauung mit den Erkenntnisvermögen, welche die subjektive Zweckmäßigkeit bezeichnet, auf den Begriff einer Einheit der Natur schließen können? Zwar muss – anders als beim Gefühl des Erhabenen – der Grund zum Schönen der Natur außer uns gesucht werden, aber das führt keineswegs zu einer »Technik der Natur, welche sie als ein System nach Gesetzen [...] vorstellig macht«.[90] Einen solchen Realismus der Zweckmäßigkeit, der in die Natur einen »*Zweck* zu Gunsten unserer Einbildungskraft« legt, schließt Kant in § 58 explizit aus. Für die Zweckmäßigkeit im Schönen soll vielmehr das Prinzip der Idealität gelten, demzufolge sie als »eine ohne Zweck von selbst und zufälliger Weise sich hervorthuende zweckmäßige Übereinstimmung« anzusehen ist.[91] In diesem Sinne heißt es später auch: Wenn die teleologische Beurteilung der Natur durch die Naturzwecke uns einmal zu der Idee eines großen Systems der Zwecke der Natur berechtigt habe, dann könnten wir auch die Naturschönheit in dieses System einordnen. In dem reinen Geschmacksurteil werde aber »gar nicht darauf Rücksicht genommen, zu welchem Zwecke diese Naturschönheiten existiren«.[92]

IV.   Urteilskraft und Gefühl

Wie denkt Kant sich die Verbindung von Gefühl und Urteilskraft? Es ist sinnvoll, sich den genauen Wortlaut der ›Einleitung‹, wie sie schließlich im Druck erschien, vor Augen zu halten. Nachdem Kant die Urteilskraft als ›Mittelglied‹ zwischen dem Verstand und der Vernunft bestimmt hat, bemerkt er, dass »aber noch (nach der Analogie zu urteilen) ein neuer Grund« hinzukommt, »die Urtheilskraft mit einer anderen Ordnung

---

88   Immanuel Kant: *Kritik der Urtheilskraft* (s. Anm. 6), S. 193.
89   Zum Begriff der ›Form‹ vgl. Reinhard Brandt: *Von der ästhetischen und logischen Vorstellung* (s. Anm. 80), S. 53–56.
90   Immanuel Kant: *Kritik der Urtheilskraft* (s. Anm. 6), S. 246.
91   Ebd., S. 347.
92   Ebd., S. 380.

unserer Vorstellungskräfte in Verknüpfung zu bringen, welche von noch
größerer Wichtigkeit zu sein scheint, als die der Verwandtschaft mit der
Familie der Erkenntnißvermögen«.[93] Gemeint sind die drei Seelenvermögen, von denen zwei, das Erkenntnis- und das Begehrungsvermögen,
den Gesetzen von Verstand und Vernunft unterliegen. Im Anschluss daran heißt es:

> Nun ist zwischen dem Erkenntniß- und dem Begehrungsvermögen
> das Gefühl der Lust, so wie zwischen dem Verstande und der Ver-
> nunft die Urtheilskraft enthalten. Es ist also wenigstens vorläufig zu
> vermuthen, daß die Urtheilskraft eben so wohl für sich ein Princip *a
> priori* enthalte und, da mit dem Begehrungsvermögen nothwendig
> Lust oder Unlust verbunden ist (es sei, daß sie wie beim unteren
> vor dem Princip desselben vorhergehe, oder wie beim oberen nur
> aus der Bestimmung desselben durch das moralische Gesetz folge),
> eben so wohl einen Übergang vom reinen Erkenntnißvermögen,
> d. i. vom Gebiete der Naturbegriffe, zum Gebiete des Freiheitsbegriffs
> bewirken werde, als sie im logischen Gebrauche den Übergang vom
> Verstande zur Vernunft möglich macht.[94]

Diese dunkle Passage ist nicht nur inhaltlich, sondern auch rhetorisch
interessant. Lässt man einmal beiseite, dass Kant hier ›vorläufig‹ vermutet, obwohl ihm die Ergebnisse seiner Untersuchung längst vorliegen,
ist vor allem der unvermittelte Übergang vom ersten zum zweiten Satz
auffällig. Wenn Kant im ersten Satz die strukturelle Übereinstimmung
von Erkenntnis- und Seelenvermögen konstatiert,[95] dann scheint er
doch einen Analogieschluss nahelegen zu wollen. Gerade weil es zuvor
hieß, der Verstand sei für das Erkenntnis- und die Vernunft für das Begehrungsvermögen gesetzgebend, wäre nun eigentlich zu erwarten, dass
die Urteilskraft die Prinzipien für das Gefühl der Lust und Unlust ent-
hielte. Genau dies sagt Kant aber nicht. Er scheint diesen Schluss nur

93   Ebd., S. 177.
94   Ebd., S. 178 f.
95   Zur Trichotomie in seinen Einteilungen äußert sich Kant selbst in *Kritik der Urteils-
     kraft* (s. Anm. 6), S. 197, Anm. Dagegen weisen Reinhard Brandt: *Von der ästheti-
     schen und logischen Vorstellung* (s. Anm. 80), S. 57, und ders.: *Die Bestimmung des
     Menschen bei Kant*. Hamburg 2007, Kap. 10: »Die vierte Kritik«, darauf hin, dass
     Kants Einteilungen vor allem Vierergruppen enthalten.

veranlassen, nicht selbst ziehen zu wollen. Noch in der *Ersten Einleitung* hatte Kant geschrieben: »Was ist natürlicher, als zu vermuthen: daß die letztere [d. i. die Urteilskraft] zu dem erstern [d. i. das Gefühl] ebensowohl Principien *a priori* enthalten werde«.[96] In der neuen ›Einleitung‹ heißt es dagegen lediglich, die Urteilskraft enthalte, ebenso wie die beiden andern Erkenntnisvermögen, ein Prinzip a priori ›für sich‹.

Überdies wird der Übergang sowohl vom Erkenntnis- zum Begehrungsvermögen als auch vom Verstand zur Vernunft, den die Urteilskraft möglich machen soll, nun – in einem überraschenden Nebensatz – durch eine ›notwendige‹ Verbindung von Begehrungsvermögen und Gefühl erklärt. In der *Metaphysik der Sitten* (1797) heißt es zu diesem Zusammenhang: »Mit dem Begehren oder Verabscheuen ist [...] jederzeit *Lust* oder *Unlust,* deren Empfänglichkeit man *Gefühl* nennt, verbunden; aber nicht immer umgekehrt«.[97] Notwendig wäre demnach nur die Verbindung des Begehrungsvermögens mit der Lust, nicht jedoch die der Lust mit dem Begehrungsvermögen.

Wie sich die Urteilskraft zu Begehrungsvermögen und Gefühl verhält, bleibt an dieser Stelle offen. Da Kant aber nach einer Verknüpfung von Urteilskraft und Gefühl sucht, gibt es nur zwei Möglichkeiten: Im ersten Fall stünden Urteilskraft und Gefühl in einem direkten Verhältnis zueinander. Dieses Gefühl würde jedoch, folgt man der Parenthese, nur zur Bestimmung des unteren Begehrungsvermögens dienen. Der Wille richtet sich auf die Verwirklichung des Gegenstandes, dessen Vorstellung das Gefühl der Lust verursacht. Im zweiten Fall wäre die Urteilskraft mit dem Begehrungsvermögen verbunden. Da aus dessen Bestimmung durch das moralische Gesetz notwendig Lust hervorgeht, ließe sich eine – wenn auch nur indirekte – Beziehung zum Gefühl herstellen. Nur hatte sich bereits gezeigt, dass das moralische Gefühl keinen hinreichenden Grund liefert, um von einem eigenständigen Gefühlsvermögen zu sprechen. Auch erwähnt Kant dort, wo er die praktische Urteilskraft behandelt, an keiner Stelle eine Verbindung zum moralischen Gefühl. Die praktische Urteilskraft wendet lediglich allgemeine Regeln der Vernunft auf konkrete Handlungen an.[98]

---

96   Immanuel Kant: *Erste Einleitung in die Kritik der Urteilskraft* (s. Anm. 7), S. 207 f.
97   Immanuel Kant: *Metaphysik der Sitten.* In: *AA* 6, S. 211.
98   Vgl. Immanuel Kant: *Kritik der praktischen Vernunft* (s. Anm. 47), S. 67.

In dem Abschnitt ›Von der Verbindung des Gefühls der Lust mit dem Begriffe der Zweckmäßigkeit der Natur‹, dem sechsten der Einleitung, versucht Kant erneut, Urteilskraft und Begehrungsvermögen in ein Verhältnis zu bringen. Kant sagt zunächst, dass die Übereinstimmung der besonderen Naturgesetze mit unseren Erkenntnisvermögen zwar als zufällig angesehen werden müsse, sie für unsere Erkenntnis gleichwohl eine Zweckmäßigkeit zu sein scheine. Zur Erkenntnis der Natur wird, wie Kant vorher gezeigt hatte, ein Prinzip verlangt, unter welchem sich die Naturgesetze als Einheit begreifen lassen. Der Verstand muss also, folgert Kant, zu diesem »nothwendigen Zwecke« die ›Absicht‹ verfolgen, »Einheit der Principien in sie [d. i. die Natur] hineinzubringen«,[99] was aus den angegebenen Gründen die Urteilskraft zu übernehmen hat. Mit der Erreichung dieser Absicht, dem Auffinden des Prinzips der Zweckmäßigkeit der Natur durch die Urteilskraft, soll schließlich die Empfindung einer Lust verbunden sein:

> In der That, da wir von dem Zusammentreffen der Wahrnehmungen mit den Gesetzen nach allgemeinen Naturbegriffen (den Kategorien) nicht die mindeste Wirkung auf das Gefühl der Lust in uns antreffen, auch nicht antreffen können, weil der Verstand damit unabsichtlich nach seiner Natur nothwendig verfährt: so ist andrerseits die entdeckte Vereinbarkeit zweier oder mehrerer empirischen heterogenen Naturgesetze unter einem sie beide befassenden Princip der Grund einer sehr merklichen Lust, oft sogar einer Bewunderung, selbst einer solchen, die nicht aufhört, ob man schon mit dem Gegenstande derselben genug bekannt ist.[100]

Allerdings stellt sich auch in dieser Konstellation das Gefühl der Lust oder Unlust nur mittelbar ein, nämlich dann, wenn die Urteilskraft ihre Absicht erreicht oder verfehlt. Gegen ein solches Verhältnis lassen sich dieselben Einwände erheben, die Kant im Falle des moralischen Gefühls angeführt hatte. Anhand der Achtung hatte Kant in der *Ersten Einleitung* gezeigt, dass mit der Bestimmung des Begehrungsvermögens durch den Vernunftbegriff des moralischen Gesetzes zwar auch ein Grund a priori

---

99   Immanuel Kant: *Kritik der Urteilskraft* (s. Anm. 6), S. 187.
100   Ebd., S. 187.

für das in der Willensbestimmung enthaltene Gefühl der Lust gegeben
sei, aber dieses

> folgt entweder allererst auf die Bestimmung des letzteren, oder ist
> vielleicht nichts anders, als die Empfindung dieser Bestimmbarkeit
> des Willens durch Vernunft selbst, also gar kein besonderes Gefühl
> und eigenthümliche Empfänglichkeit, die unter den Gemüthsei-
> genschaften eine besondere Abtheilung erforderte.[101]

Dieselbe Struktur weist auch dasjenige Gefühl auf, welches durch die Erreichung der Absicht, eine Einheit in der Natur aufzuzeigen, bewirkt wird.
In diesem Fall ist die Einheit der Naturgesetze als »Vorstellung *a priori*«
die notwendige Bedingung der Absicht. Da die Erreichung dieser Absicht
ebenso notwendig ein Gefühl der Lust hervorruft, ist dieses gleichfalls
»durch einen Grund *a priori* und für jedermann gültig bestimmt«.[102] Was
Kant jedoch suchte, war eine Verbindung des Erkenntnisvermögens mit
dem Begehrungsvermögen »*vermittelst* der Lust oder Unlust«.[103] Ein vom
Begehrungsvermögen bloß abhängiges Gefühl würde diese Vermittlung
nicht leisten können.

Das einzige, mit der Urteilskraft unmittelbar und notwendig verbundene Gefühl, das Kant in der *Kritik der Urteilskraft* anführt, ist das ästhetische: »Wessen Gegenstandes Form [...] in der bloßen Reflexion über
dieselbe [...] als der Grund einer Lust an der Vorstellung eines solchen
Objects beurtheilt wird: mit dessen Vorstellung wird diese Lust auch als

---

101   Immanuel Kant: *Erste Einleitung in die Kritik der Urteilskraft* (s. Anm. 7), S. 207.
102   Immanuel Kant: *Kritik der Urteilskraft* (s. Anm. 6), S. 187. Vgl. die Kritik an Kants
         Argumentation in Jens Kulenkampff: *Kants Logik des ästhetischen Urteils.* Frankfurt
         a. M. 1994, S. 60–63. Wenn ich ihn richtig verstehe, meint Kulenkampff, »im bloßen
         Vermögen oder im Begriff der reflektierenden Urteilskraft« (63) sei keine notwen-
         dige Verbindung zum Gefühl zu finden, weil die Erreichung der Absicht nicht in
         jedem Fall garantiert ist und daher keine allgemeine Bedingung darstellt. Dieses
         Argument wäre falsch, weil auch das Verfehlen der Absicht ein Gefühl produziert,
         nämlich das der Unlust (vgl. Immanuel Kant: *Kritik der Urteilskraft* [s. Anm. 6],
         S. 188). Wenn der Urteilskraft a priori eine Absicht zugesprochen werden könnte,
         was Kant tut, wäre sie auch a priori mit einem Gefühl verbunden. Kulenkampffs
         Deutung, Kant würde behaupten, bereits die Bedingung (d. i. die Zweckmäßigkeit)
         der Absicht sei ein Grund der Lust, vermag ich nicht zu folgen. Der Grund a priori
         ›bestimmt‹ das Urteil nur, er bewirkt es nicht.
103   Immanuel Kant: *Erste Einleitung in die Kritik der Urteilskraft* (s. Anm. 7), S. 207.

nothwendig verbunden geurtheilt«.[104] In den Abschnitten, wo Kant das transzendentale Prinzip der Zweckmäßigkeit deduziert und dieses über das Begehrungsvermögen mit der Lust verknüpft, ist vom ästhetischen Gefühl aber nirgendwo die Rede. Auch in der oben zitierten Passage, wo eine Analogie zwischen den Erkenntnis- und den Seelenvermögen angedeutet wird, bezieht Kant sich lediglich auf das Angenehme und die Achtung. Gerade das Wohlgefallen am Schönen, um das es in der Kritik der ästhetischen Urteilskraft primär gehen soll, wird dort übergangen.

Tatsächlich liegt dem ästhetischen Gefühl auch keine durch Zweckmäßigkeit bedingte Absicht zu Grunde:

> Wenn nun in dieser Vergleichung die Einbildungskraft [...] zum Verstande [...] durch eine gegebene Vorstellung *unabsichtlich* in Einstimmung versetzt und dadurch ein Gefühl der Lust erweckt wird, so muß der Gegenstand alsdann als zweckmäßig für die reflectirende Urtheilskraft angesehen werden.[105]

Um das Gefühl als eigenständiges Seelenvermögen überhaupt denken zu können, darf es vom Begehrungsvermögen ebenso wenig abhängig sein wie die Urteilskraft von der Vernunft. Am Ende der ›Einleitung‹ heißt es unmissverständlich:

> In Ansehung der Seelenvermögen überhaupt [...], ist für das *Erkenntnißvermögen* (das theoretische der Natur) der Verstand dasjenige, welches die *constitutiven* Principien *a priori* enthält; für das *Gefühl der Lust und Unlust* ist es die Urtheilskraft unabhängig von Begriffen und Empfindungen, die sich auf Bestimmung des Begehrungsvermögens beziehen und dadurch unmittelbar praktisch sein könnten [...].[106]

---

104 Immanuel Kant: *Kritik der Urteilskraft* (s. Anm. 6), S. 190.
105 Ebd., S. 190 (Herv. A. K.). Das Moment des Zufalls betont auch Friedrich Schiller in dem Brief an Körner, 8. Februar 1793. In: Ders.: *Schillers Werke.* 42 Bde. Bd. 26. Hg. von Edith Nahler und Horst Nahler. Weimar 1992, S. 177–183, hier S. 182. Nur ist es dort die praktische Vernunft, die in der Naturerscheinung Freiheit ›entdeckt‹ und diese als das Kennzeichen der Schönheit erkennt.
106 Immanuel Kant: *Kritik der Urteilskraft* (s. Anm. 6), S. 196 f.

Diese Definition steht in einem direkten Widerspruch zu dem, was Kant in den Abschnitten III bis VI gesagt hatte. Der Analogieschluss, den Kant eingangs vermieden hatte, findet hier seine Bestätigung: Das ästhetische Gefühl empfängt sein Prinzip von der (reflektierenden) Urteilskraft, aber diese Verbindung besteht unmittelbar und völlig unabhängig von der Bestimmung des Begehrungsvermögens.

Die Ableitung, mit der Kant die Urteilskraft über die Erreichung einer Absicht mit dem Gefühl in Verbindung bringt, hat für die ästhetische Urteilskraft keinerlei Bedeutung. Man sollte daher annehmen, dass sie sich auf die teleologische Urteilskraft beziehen lasse. Auch dies ist nicht der Fall. Bereits in Abschnitt VI relativiert Kant seine Aussage, indem er bemerkt, die Lust »an der Faßlichkeit der Natur und ihrer Einheit der Abtheilungen in Gattungen und Arten« habe sich im Laufe der Zeit verloren.[107] Schließlich heißt es sogar, das teleologische Urteil habe »nichts mit einem Gefühle der Lust an den Dingen, sondern mit dem Verstande in Beurtheilung derselben zu thun«.[108] Kants Ableitung hat offenbar die Funktion, genau diesen *systematischen* Mangel der teleologischen Urteilskraft zu verdecken. Er musste eine Verbindung zum Gefühl nachweisen, um deren Aufnahme in die Kritik der Urteilskraft rechtfertigen zu können. Denn das Gefühl ist, wie Kant in der Vorrede festhält, das eigentlich »Räthselhafte in dem Princip der Urtheilskraft«. Seinetwegen braucht Kant eine besondere Abteilung in der Kritik. Dagegen hätte die logische Beurteilung der Natur nach Begriffen, Aufgabe der teleologischen Urteilskraft, auch »dem theoretischen Theile der Philosophie sammt einer kritischen Einschränkung derselben« angehängt werden können.[109]

V.   Das Gefühl zwischen Natur und Freiheit

Damit stellt sich nun die Frage, wozu Kant die teleologische Urteilskraft in der dritten Kritik benötigt. Was ist, anders gesagt, der Grund dafür, dass Kant solche Anstrengungen unternimmt, Ästhetik und Teleologie zusammenzubringen? Die Antwort ist so einfach wie folgenreich: Allein die teleologische Urteilskraft erweist sich als aussichtsreicher Kandidat,

---

107   Ebd., S. 187.
108   Ebd., S. 192.
109   Ebd., S. 169 f.

um zwischen Natur- und Freiheitsbegriffen zu vermitteln und die Kluft zwischen theoretischer und praktischer Philosophie zu schließen. Nach Kant sind unsere Erkenntnisvermögen nämlich so beschaffen, dass »der Begriff der Zweckmäßigkeit der Natur in ihren Producten ein für die menschliche Urtheilskraft in Ansehung der Natur nothwendiger, aber nicht die Bestimmung der Objecte selbst angehender Begriff« wird.[110] Gemeint sind damit die Vernunftbegriffe des Naturzwecks und des End- zwecks in der Natur, die als regulative Prinzipien für die reflektierende Urteilskraft zu gelten haben. Die Zweckmäßigkeit der Natur, als Maxime der Urteilskraft, soll aber zugleich den »vermittelnden Begriff zwischen den Naturbegriffen und dem Freiheitsbegriffe« geben, »der den Über- gang von der reinen theoretischen zur reinen praktischen« Philosophie möglich macht.[111] Denn wir könnten uns, wie Kant in § 75 festhält, die Zweckmäßigkeit in der Natur gar nicht anders denken, »als indem wir sie und überhaupt die Welt uns als ein Product einer verständigen Ursa- che (eines Gottes) vorstellen«.[112] Damit wäre das Prinzip einer Kausalität durch Freiheit auch in den Naturzusammenhängen gegeben und also der »Grund der *Einheit* des Übersinnlichen, welches der Natur zum Grunde liegt, mit dem, was der Freiheitsbegriff praktisch enthält«, gefunden.[113]

Im Falle der Beurteilung des Schönen ist der berühmte § 59 mit der Überschrift ›Von der Schönheit als Symbol der Sittlichkeit‹ als Versuch anzusehen, die Möglichkeit eines Übergangs wenigstens in Aussicht zu stellen. Nach Kant stellt sich durch die Betrachtung des Schönen eine Harmonie der Erkenntniskräfte (Einbildungskraft und Verstand) ein.[114]

---

110 Ebd., S. 404. Vgl. dazu auch Eckart Förster: »Von der Eigentümlichkeit unseres Ver- stands in Ansehung der Urteilskraft (§§ 74–78)«. In: Otfried Höffe (Hg.): *Immanuel Kant* (s. Anm. 68), S. 259–274.

111 Immanuel Kant: *Kritik der Urteilskraft* (s. Anm. 6), S. 196.

112 Ebd., S. 400.

113 Ebd., S. 176. Vgl. demgegenüber die kritische Einschätzung von Manfred Frank und Véronique Zanetti: *Kommentar* (s. Anm. 15), S. 1329 f. Zur Nachwirkung des Kan- tischen Vermittlungsversuchs vgl. Eckart Förster: »Die Bedeutung von §§ 76, 77 der Kritik der Urteilskraft für die Entwicklung der nachkantischen Philosophie« (2 Teile). In: *Zeitschrift für philosophische Forschung* 56 (2002), H. 2, S. 169–190, H. 3, S. 321–345.

114 Auf die zahlreichen Schwierigkeiten in der Analytik des Schönen kann hier nicht eingegangen werden. Es geht nur darum, die Voraussetzungen für Kants Gleich- setzung von ästhetischem und sittlichem Urteil verständlich zu machen. Eine der gründlichsten Untersuchungen des ästhetischen Urteils leistet Andrea Kern:

Der schöne Gegenstand veranlasst ein ›freies Spiel‹ der Erkenntniskräfte in der Reflexion, welches das Subjekt als Lust erfährt.[115] Frei ist dieses Spiel, weil kein bestimmter Begriff es auf eine besondere Erkenntnisregel festlegt. Ein Spiel wiederum ist es, weil mit der Betrachtung des Schönen weder ein theoretischer noch ein praktischer Zweck verfolgt wird. Schön wäre demnach, was in formaler Hinsicht als zweckmäßig für die reflektierende Urteilskraft gelten kann, ohne dass doch ein Zweck bestünde. Dies ist die berühmte »Zweckmäßigkeit ohne Zweck«.[116]

Wie kommt Kant aber zu der Aussage, die Beziehung des Schönen zum Sittlich-Guten sei symbolischer Art? Gemäß der Definition des Symbols im selben Paragraphen stellt dieses einen Begriff dar, »den nur die Vernunft denken und dem keine sinnliche Anschauung angemessen sein kann«.[117] Im Symbol wird vermittelst einer Analogie die Reflexion über einen Gegenstand der Anschauung »auf einen ganz andern Begriff, dem vielleicht nie eine Anschauung direct correspondiren kann«,[118] übertragen. Nun ist das Sittlich-Gute zwar ein solcher Begriff, aber seiner Versinnlichung im Symbol steht entgegen, dass das Schöne eine Darstellung des Sittlich-Guten eigentlich nicht sein darf, denn dieses führt »das höchste Interesse bei sich«.[119] Das Wohlgefallen am Schönen ist jedoch ohne alles Interesse. Hinzu kommt, dass der Vernunftbegriff des Sittlich-Guten auf den Geschmack keinen Einfluss haben soll. Die ganze Kritik der ästhetischen Urteilskraft basiert schließlich darauf, dass diese unabhängig von Begriffen nach einem nur ihr eigenen Prinzip verfährt.

Kant scheint, wenn er von der symbolischen Darstellung des Sittlich-Guten spricht, eher ein Schönes an sich im Sinne zu haben. Der Geschmack sehe, wie Kant sagt, über den konkreten Gegenstand hinaus auf

---

Schöne Lust (s. Anm. 63), wo sich auch eine Vielzahl an Literatur zum Thema findet. Vgl. außerdem den Sammelband von Ursula Franke (Hg.): *Kants Schlüssel zur Kritik des Geschmacks. Ästhetische Erfahrung heute – Studien zur Aktualität von Kants Kritik der Urteilskraft.* Hamburg 2000, v. a. die ersten drei Aufsätze von Jürgen Stolzenberg, Jens Kulenkampff und Christel Fricke; ferner Hannah Ginsborg: »Interesseloses Wohlgefallen und Allgemeinheit ohne Begriffe (§§ 1–9)«. In: Otfried Höffe (Hg.): *Immanuel Kant* (s. Anm. 68), S. 59–78.

115   Vgl. Immanuel Kant: *Kritik der Urteilskraft* (s. Anm. 6), S. 217 f.
116   Ebd., S. 226.
117   Ebd., S. 351.
118   Ebd., S. 353.
119   Ebd., S. 209.

das »*Intelligibele*«.[120] Offenbar reflektiert das Subjekt im Falle des Schönen auch über die Bedingungen seiner Lust und wird dabei seiner Freiheit inne, »wobei sich das Gemüth zugleich einer gewissen Veredlung und Erhebung über die bloße Empfänglichkeit einer Lust durch Sinneneindrücke bewußt ist«.[121] Diese Freiheit ist indes noch einmal anderer Art als die Freiheit der Einbildungskraft. Sie besteht darin, dass der Geschmack, von empirischen Prinzipien ganz unabhängig, bei der Beurteilung des Schönen nomothetisch verfährt.[122] Wie die praktische Vernunft gibt sich auch die ästhetische Urteilskraft selbst das Gesetz, was Kant offenbar dazu führt, die strukturelle Gleichheit beider zu behaupten.[123] Das Schöne dürfte demnach als Symbol des Sittlich-Guten gelten, weil es das reflektierende Subjekt an seine im Übersinnlichen wurzelnde Freiheit erinnert.

Kant ist sich über die Unterschiede zwischen Geschmack und praktischer Vernunft im Klaren. Insofern das moralische Gesetz den Willen bestimmt, hat die Freiheit der Vernunft praktische Konsequenzen. Die Freiheit des Geschmacks hat dagegen keinerlei Auswirkung auf unser Handeln, weil das Schöne ohne alles Interesse gefällt. Auch erreicht das ästhetische Urteil niemals die auf Begriffen a priori ruhende Notwendigkeit, die das moralische Gesetz besitzt. Während diesem als ›Gebot‹ jede Handlung jedes Einzelnen unterworfen ist, kann jenes allenfalls ›Anspruch‹ auf Allgemeinheit erheben.[124]

Das eigentliche Problem besteht für Kant jedoch darin, dass in der symbolischen Beziehung zwischen dem Schönen und dem Sittlich-Guten der Naturbegriff verfehlt wird, von dem aus das ästhetische Urteil zum Freiheitsbegriff gelangen muss, um füglich von einem ›Übergang‹ reden zu können. Kant spricht diese Einschränkung selbst aus: Die Urteilskraft

---

120 Ebd., S. 353. So auch Henry E. Allison: *Kant's Theory of Taste* (s. Anm. 36), S. 260.
121 Immanuel Kant: *Kritik der Urteilskraft* (s. Anm. 6), S. 353. Vgl. Jürgen Stolzenberg: »Das freie Spiel der Erkenntniskräfte. Zu Kants Theorie des Geschmacksurteils«. In: Ursula Franke (Hg.): *Kants Schlüssel zur Kritik des Geschmacks* (s. Anm. 114), S. 1–28, hier S. 13 f.
122 Vgl. Immanuel Kant: *Kritik der Urteilskraft* (s. Anm. 6), S. 350.
123 Vgl. ebd., S. 346. Vgl. Birgit Recki: »Die Dialektik der ästhetischen Urteilskraft und die Methodenlehre des Geschmacks (§§ 55–60)«. In: Otfried Höffe (Hg.): *Immanuel Kant* (s. Anm. 68), S. 189–210, hier S. 202–205.
124 Vgl. Immanuel Kant: *Kritik der Urteilskraft* (s. Anm. 6), S. 267.

sieht sich sowohl wegen dieser innern Möglichkeit im Subjecte, als
wegen der äußern Möglichkeit einer damit übereinstimmenden
Natur auf etwas im Subjecte selbst und außer ihm, was nicht Natur,
auch nicht Freiheit, *doch aber mit dem Grunde der letzteren,* nämlich dem Übersinnlichen, verknüpft ist, bezogen.[125]

Schiller, der als einer der ersten bemerkt hat, dass das ästhetische Urteil
über das Schöne die Vermittlung zwischen Theorie und Praxis nicht leistet, hat darum die Freiheit in den Gegenstand selbst verlegt. Schönheit
wird bei ihm zur Freiheit in der Erscheinung.

Es ist mehr als wahrscheinlich, dass Kant diese Verlegenheit selbst
eingesehen hat. In der nachträglich geschriebenen ›Einleitung‹ widmet
er in dem Abschnitt ›Von der Verknüpfung der Gesetzgebungen des Verstandes und der Vernunft durch die Urteilskraft‹ der ästhetischen Urteilskraft einen einzigen Satz. Die Lust am Schönen, heißt es dort, befördere
»die Empfänglichkeit des Gemüths für das moralische Gefühl«.[126] Im
Falle des Erhabenen kehrt sich dieses Verhältnis sogar um. Das moralische Gefühl ist dort nicht Konsequenz der Lust am Schönen, sondern die
Voraussetzung für das Gefühl des Erhabenen. Damit wäre allerdings, wie
sich gezeigt hatte, die Selbstständigkeit des ästhetischen Gefühls preisge-
geben, denn das moralische Gefühl hängt jederzeit von der Bestimmung
des Begehrungsvermögens ab.

Wie erklärt Kant die Bedingtheit des Erhabenen durch das moralische Gefühl? Das Gefühl des Erhabenen ist zunächst ein nur indirek-
tes Gefühl, das auf die Unlust der Zweckwidrigkeit einer Anschauung
folgt.[127] Diese Zweckwidrigkeit in der Natur kann auf zweierlei Weise
begegnen: im Mathematisch-Erhabenen und im Dynamisch-Erhabenen.
Das Mathematisch-Erhabene tritt auf als schiere Größe der Natur, welche das Vermögen der Einbildungskraft insofern übersteigt, als sie die

---

125   Ebd., S. 353 (Herv. A. K.).
126   Ebd., S. 197.
127   Reinhard Brandt: *Von der ästhetischen und logischen Vorstellung* (s. Anm. 80),
      S. 51 f., meint, dass Kant zwar vom Gefühl der Lust und Unlust spreche, ein auf
      Unlust beruhendes negatives ästhetisches Urteil aber gar nicht vorgesehen sei.
      Dem ist insofern zuzustimmen, als in der *Kritik der Urteilskraft* offenbleibt, wie das
      Phänomen des Häßlichen zu beurteilen sei. Das Gefühl der Unlust wird von Kant
      jedoch behandelt, nämlich als Empfindung der Zweckwidrigkeit der Natur, die der
      Einbildungskraft unangemessen ist.

Erscheinung in kein Ganzes einer Anschauung zusammenzufassen vermag.[128] Das Dynamisch-Erhabene wiederum erscheint als Macht der Natur. In beiden Fällen werden dadurch Vernunftideen rege gemacht, auf die sich das Gefühl des Erhabenen eigentlich erst beziehen lässt.

Im ersten Fall ist es die Idee eines Absolut-Ganzen, mit dem verglichen das Große in der Natur sich als klein erweist. Denn für uns ist es »Gesetz (der Vernunft) und gehört zu unserer Bestimmung, alles, was die Natur als Gegenstand der Sinne für uns Großes enthält, in Vergleichung mit Ideen der Vernunft für klein zu schätzen«.[129] Das Gefühl des Erhabenen ist hier die Lust an der Überlegenheit der Vernunftbestimmung, welche den Zwang der Sinnlichkeit auf die Einbildungskraft subjektiv aufhebt. Die Unlust an der Unangemessenheit des sinnlichen Maßstabs mit den Ideen der Vernunft weckt das Gefühl unserer »übersinnlichen Bestimmung [...], nach welcher es zweckmäßig ist, mithin Lust ist, jeden Maßstab der Sinnlichkeit den Ideen der Vernunft unangemessen zu finden«.[130]

Die Betrachtung der Natur als Macht, der zweite Fall des Erhabenen, setzt zunächst Sicherheit des Betrachtenden voraus. Erst eine Distanz zur Macht erlaubt es der Einbildungskraft, Situationen vorzustellen, in denen das Gemüt zwar die physische Überlegenheit der Natur anerkennt, seine höchsten Grundsätze und seine Menschlichkeit ihr gegenüber jedoch zu behaupten weiß. Auch hier beruht das Gefühl des Erhabenen auf Ideen der Vernunft, die aber, wie Kant nun schreibt, nur aus einer »Anlage« zum moralischen Gefühl zu erklären sind.[131] An späterer Stelle heißt es erneut, die Beziehung der Einbildungskraft auf die Vernunft in Ansehung des Erhabenen sei nur unter der subjektiven Voraussetzung »des moralischen Gefühls im Menschen« zu fordern,[132] womit zugleich die Bedingung gegeben wäre, dem ästhetischen Urteil Notwendigkeit beizulegen.

Deuten lässt sich dies so, dass das Subjekt anhand des moralischen Gesetzes an sich selbst bereits die Überlegenheit der Vernunft über die Sinnlichkeit als Lust erfahren haben muss, damit bestimmte Erscheinungen in der Natur Vernunftideen in ihm überhaupt erregen können. Denn

---

128 Vgl. Immanuel Kant: *Kritik der Urteilskraft* (s. Anm. 6), S. 257.
129 Ebd.
130 Ebd., S. 258.
131 Ebd., S. 265.
132 Ebd., S. 266.

darin ist das Gefühl des Erhabenen dem moralischen Gefühl ähnlich, dass es vor allem das Bewusstsein der übersinnlichen Bestimmung ist, welches sich als Lust äußert. Aus diesem Grund kann Kant das Gefühl des Erhabenen auch als ›Achtung‹ bezeichnen, wobei sich diese nicht auf das moralische Gesetz im Subjekt, sondern auf ein Objekt in der Natur bezieht, welches die Überlegenheit der Vernunft gleichsam anschaulich macht.[133] Das moralische Gefühl, schreibt Kant, ist mit der ästhetischen Urteilskraft und deren formalen Bedingungen insoweit verwandt, »daß es dazu dienen kann, die Gesetzmäßigkeit der Handlung aus Pflicht zugleich als ästhetisch, d. i. als erhaben, oder auch als schön vorstellig zu machen, ohne an seiner Reinigkeit einzubüßen«.[134] Vor diesem Hintergrund kann letztlich das Moralisch-Gute selbst, rein »ästhetisch beurtheilt«,[135] als erhaben aufgefasst werden.

So mag das Erhabene sogar auf dem Sittlich-Guten beruhen, statt es nur zu symbolisieren; aber da es lediglich die Zweckmäßigkeit bezeichnet, mit der die Einbildungskraft eine Vorstellung gebraucht, also – wie das Schöne – von einer »Zweckmäßigkeit der *Natur* ganz abgetrennt« ist,[136] bleibt auch in seinem Fall der Widerstreit zwischen dem Sinnlichen und dem Übersinnlichen unversöhnt: »Es gibt keine Offenbarung des Geistes, die den Abgrund zwischen dem Sinnlichen und dem Intelligiblen auffüllen könnte: Das Erhabene ist das Zeichen dieser Unmöglichkeit«.[137]

Kant wollte die Theorie des Erhabenen zunächst nur als Anhang zur Ästhetik behandeln. Er scheint diesem Teil seiner Untersuchung selbst kein großes Gewicht beigemessen zu haben. Gleichwohl sind es ihre Ergebnisse, die er in einem Brief an Johann Friedrich Reichardt vom 15. Oktober 1790 als Gewinn seines kritischen Unternehmens herausstellt:

> Ich habe mich damit begnügt, zu zeigen: daß ohne Sittliches Gefühl
> es für uns nichts Schönes oder Erhabenes geben würde: daß sich
> eben darauf der gleichsam gesetzmäßige Anspruch auf Beyfall bey
> allem, was diesen Nahmen führen soll, gründe und daß das Subjec-
> tive der Moralität in unserem Wesen, welches unter dem Nahmen

---

133   Vgl. ebd., S. 257.
134   Ebd., S. 267.
135   Ebd., S. 271.
136   Ebd., S. 246.
137   Michaël Fœssel: »Analytik des Erhabenen (§§ 23–29)«. In: Otfried Höffe (Hg.): *Immanuel Kant* (s. Anm. 68), S. 99–119, hier S. 119.

des sittlichen Gefühls unerforschlich ist, dasjenige sey, worauf, mithin nicht auf obiective Vernunftbegriffe, dergleichen die Beurtheilung nach moralischen Gesetzen erfordert, in Beziehung, urtheilen zu können, Geschmak sey: der also keinesweges das Zufällige der Empfindung, sondern ein (obzwar nicht discursives, sondern intuitives) Princip *a priori* zum Grunde hat.[138]

Aus diesen Überlegungen ist das transzendentale Prinzip der Zweckmäßigkeit völlig verschwunden. Schon in der Analytik des Erhabenen war Kant nur durch eine wenig überzeugende gedankliche Volte von der Zweckwidrigkeit der Anschauung zur Zweckmäßigkeit der Urteilskraft gekommen, indem diese das Sinnliche der Vernunft unterwirft. Aber Kant gibt hier offenbar auch das Prinzip der formalen Zweckmäßigkeit auf, mit dem er das Gefühl des Schönen begründet hat. In der *Anthropologie,* wo Kant noch einmal auf das Gefühl für das Schöne zu sprechen kommt, wird die Zweckmäßigkeit ebenfalls nicht mehr erwähnt.[139] Liegt nicht der Gedanke nahe, dass Kant die Zweckmäßigkeit im Falle der ästhetischen Urteilskraft aus einem ähnlichen Grund brauchte wie das Gefühl im Falle der teleologischen Urteilskraft: um beide in *einer* Kritik der Urteilskraft vereinen zu können?

Verschiedene Bemerkungen Kants deuten darauf hin, dass die subjektive Zweckmäßigkeit, das heißt die Übereinstimmung der Form eines Gegenstandes mit den Erkenntnisvermögen, Voraussetzung von Erkenntnis überhaupt ist. Jede Erkenntnis setzt sich aus Einbildungskraft und Verstand zusammen. Die Einbildungskraft synthetisiert das Mannigfaltige der Anschauung zur Vorstellung; der Verstand liefert die Einheit des Begriffs, unter den sich die Vorstellungen vereinigen lassen. Das Schöne versetzt diese Erkenntniskräfte in »einhellige[] Thätigkeit«, und zwar, wie Kant präzisiert, derjenigen, »die zu einem Erkenntniß überhaupt gehört«.[140] Nicht nur die Beurteilung des Schönen, eine ›Erkenntnis überhaupt‹ erfordert es, dass Einbildungskraft und Verstand »zusammen stimmen«.[141] Müsste dann aber nicht jede Erkenntnis, sofern sie Erkenntnis überhaupt ist, ein Lustmoment enthalten?

---

138   Brief in: *AA* 11, S. 228.
139   Vgl. Immanuel Kant: *Anthropologie in pragmatischer Hinsicht.* In: *AA* 7, S. 240 f.
140   Immanuel Kant: *Kritik der Urteilskraft* (s. Anm. 6), S. 219.
141   Ebd., S. 218.

Kant scheint diesem Einwand dadurch begegnen zu wollen, dass er sagt: »Das Bewußtsein der bloß formalen Zweckmäßigkeit im Spiele der Erkenntnißkräfte des Subjects bei einer Vorstellung, wodurch ein Gegenstand gegeben wird, ist die Lust selbst«.[142] Demnach würde das Bewusstsein nicht nur das Spiel der Erkenntniskräfte erfassen, sondern noch den Umstand, dass deren Übereinstimmung mit der Form des Gegenstandes sich auf keinen Begriff gründet.[143] Die *Lust* am Schönen würde sich als Lust am *Schönen* wissen. Diese Erklärung ist offensichtlich zirkulär. Die Lust wäre dann das Bewusstsein ihrer eigenen Bedingung und zugleich eine Lust, die durch einen Begriff bestimmt wäre, nämlich dem der formalen Zweckmäßigkeit, also nur intellektuelles Wohlgefallen.

Tatsächlich scheint der wesentliche Unterschied zwischen dem logischen und dem ästhetischen Urteil darin zu bestehen, dass es im Falle des letzteren kein Begriff ist, der die beiden Erkenntniskräfte zu einer bestimmten Erkenntnis unter sich vereinigt. Es wäre dann aber möglich, dass dasjenige, was das Gefühl der Lust bewirkt, nicht die Zweckmäßigkeit ist. Die subjektive Zweckmäßigkeit liefert offensichtlich gar kein Merkmal, wodurch sich der schöne Gegenstand von anderen Gegenständen unterscheiden ließe.[144] Als *differentia specifica,* die den Gegenstand als ›schön‹ ausweist, wäre die Zwecklosigkeit in der Zweckmäßigkeit viel besser geeignet.[145] Erst das Fehlen des Zwecks garantiert ja das freie Spiel der Erkenntniskräfte, das sich »ohne weitere Absicht« erhält. Darin bestünde folglich die Lust, dass wir bei der Betrachtung des Schönen mit passivem Gemüt »*weilen*« können.[146]

Zuletzt scheint Kant selbst die Autonomie des Gefühlsvermögens anzuzweifeln. Die Passage in § 59, derzufolge die Allgemeinheit des ästhetischen Urteils nur gewährleistet sei, sofern das Schöne als Symbol des

---

142   Ebd., S. 222.

143   Vgl. Alexander Wachter: *Das Spiel in der Ästhetik. Systematische Überlegungen zu Kants Kritik der Urteilskraft.* Berlin/New York 2006, S. 27, Anm. 26.

144   Vgl. Jürgen Stolzenberg: *Das freie Spiel der Erkenntniskräfte* (s. Anm. 121), S. 17 f.

145   Bei Kants Formulierung ›Zweckmäßigkeit ohne Zweck‹ handelt es sich um eine Äquivokation. Die Zweckmäßigkeit bezeichnet die Angemessenheit einer gegenständlichen Form an die Erkenntniskräfte; die Zwecklosigkeit dagegen bezieht sich auf die Unbestimmtheit des Begehrungsvermögens. Vgl. Alexander Wachter: *Das Spiel in der Ästhetik* (s. Anm. 143), S. 30 f.

146   Immanuel Kant: *Kritik der Urteilskraft* (s. Anm. 6), S. 222.

Sittlich-Guten angesehen werden kann,[147] hätte dieselbe Konsequenz
wie die oben zitierte Behauptung, ohne sittliches Gefühl gäbe es für uns
nichts Schönes oder Erhabenes. In beiden Fällen wäre die Selbstständigkeit des Gefühls und mit ihr die der ästhetischen Urteilskraft aufgehoben.
Im ersten Fall müsste man als Voraussetzung des ästhetischen Urteils
schließlich doch eine Vernunftidee, die des Sittlich-Guten, ansehen.[148]
Damit läuft die ästhetische Urteilskraft – analog zur teleologischen
Urteilskraft – Gefahr, das ihr eigene, sie konstituierende transzendentale
Prinzip einzubüßen. Tatsächlich hatte sich im Laufe der Untersuchung
der Verdacht eingestellt, dass die durch das Schöne hervorgerufene Lust
mit der subjektiven formalen Zweckmäßigkeit in keinem exklusiven Zusammenhang stehen kann. Wenn es dagegen die im freien Spiel der Erkenntniskräfte waltende Zwecklosigkeit wäre, die das Gefühl der Lust
verursacht, dann bliebe dieses doch mit dem Begehrungsvermögen verbunden, wenn auch nur negativ, als Abwesenheit einer Absicht. Im zweiten Falle wiederum kann das ästhetische Gefühl nicht selbstständig sein,
weil es durch das sittliche Gefühl bedingt ist. Das sittliche Gefühl aber ist
seinerseits vom moralischen Gesetz abhängig. Dass Kant im Brief an Reichardt nun noch die Ergebnisse der zweiten Kritik in Frage stellt, indem
er das sittliche Gefühl als das Subjektive der Moralität ›unerforschlich‹
nennt, könnte ein Hinweis auf einen ungelösten Zwiespalt sein. Kant
deutet hier eine Dunkelheit im Gefühlsbegriff an, die bis zuletzt all seinen Aufklärungsversuchen in der kritischen Philosophie widerstanden
hat.

VI.   Schluss

Aus Gründen der Systemkonformität reduzierte Kant das ›reine‹ Gefühl auf eine Lust, die sich nur in der Reflexion auf die Erkenntniskräfte einstellt, sofern diese bei der Vorstellung eines Gegenstandes in ein
harmonisches Verhältnis versetzt werden. Mit dem Ausschluss von aller

---

147 Vgl. ebd., S. 353.
148 So auch Otfried Höffe: »Urteilskraft und Sittlichkeit. Ein moralischer Rückblick
     auf die dritte Kritik«. In: Ders. (Hg.): *Immanuel Kant* (s. Anm. 68), S. 352–366, hier
     361. Gegen diese Deutung argumentiert Henry E. Allison: *Kant's Theory of Taste* (s.
     Anm. 36), S. 266 f.

Erkenntnis und der behaupteten Unabhängigkeit vom Willen glaubte Kant sich berechtigt, das Gefühl in den Stand eines eigenständigen
Seelenvermögens zu erheben. Allerdings verloren mit dem Scheitern
des Versuchs, das Gefühl in sein System einzupassen, nicht nur die von
ihm vorgenommenen Restriktionen ihre philosophische Legitimation;
auch die Errungenschaften in der Bestimmung des Gefühls erschienen
dadurch zweifelhaft. In der Folge wurde der strenge Gegensatz von Erkenntnis und Gefühl aufgegeben. Man behauptete das Vorhandensein eines Gefühls, das »weder blos Empfindung noch Gedanke ist«,[149] sondern
als »*die mit dem vorgestellten Dinge übereinstimmende Vorstellung*« eine
»unmittelbare Gewißheit« verschafft, die nur deshalb ›Glaube‹ heißt,
weil sie »nicht aus Vernunftgründen entspringt«.[150] Gegen derartige An-
maßungen der »Philosophie aus Gefühlen« war Kants Polemik *Von einem
neuerdings erhobenen vornehmen Ton in der Philosophie* gerichtet.[151] Nur
ließ sich kaum übersehen, dass die von Kant inkriminierten Postulate
der neuen Gefühlsphilosophen gewisse Ähnlichkeit mit seinen eigenen
hatten. Einige Hinweise zur Verwandtschaft des Kantischen Gefühlsbegriffs mit dem der neuen Schule sollen daher den Abschluss dieses Essays
bilden.

   Kants Kritik an der Gefühlsphilosophie konzentriert sich in folgender
Passage:

> Das Princip, durch Einfluß eines höheren *Gefühls* philosophiren
> zu wollen; ist unter allen am meisten für den vornehmen Ton ge-
> macht; denn wer will mir mein Gefühl streiten? Kann ich nun noch
> glaubhaft machen, daß dieses Gefühl nicht bloß subjectiv in mir
> sei, sondern einem Jeden angesonnen werden könne, mithin auch
> objectiv und als Erkenntnißstück, also nicht etwa bloß als Begriff

---

149   Der erkenntnistheoretische Dualismus Kants: »Es gibt aber, außer der Anschau-
      ung, keine andere Art, zu erkennen, als durch Begriffe« (in: *Kritik der reinen
      Vernunft* [s. Anm. 24], A S. 68/B S. 93).

150   Friedrich Heinrich Jacobi: *Über die Lehre des Spinoza in Briefen an den Herrn Moses
      Mendelssohn.* Breslau 1789, S. 215 f.

151   Zuerst erschienen im Maiheft 1796 der *Berlinischen Monatsschrift.* Von vornehmem
      Ton ist die Sprache jener Philosophen, die sich der mühsamen Verstandesarbeit
      zum Erwerb der Begriffe überhoben wähnen. Sie seien, wie Kant meint, nicht im
      Besitz einer Erkenntnis, sondern eines Geheimnisses, das sie selber nicht kennen
      würden.

vernünftelt, sondern als Anschauung (Auffassung des Gegenstandes selbst) gelte: so bin ich in großem Vortheil über alle die, welche sich allererst rechtfertigen müssen, um sich der Wahrheit ihrer Behauptungen berühmen zu dürfen [...] Es lebe also die Philosophie aus Gefühlen, die uns gerade zur Sache selbst führt! Weg mit der Vernünftelei aus Begriffen, die es nur durch den Umschweif allgemeiner Merkmale versucht, und die, ehe sie noch einen Stoff hat, den sie unmittelbar ergreifen kann, vorher bestimmte Formen verlangt, denen sie jenen Stoff unterlegen könne![152]

Der erste Einwand erstaunt insofern, als die *Kritik der ästhetischen Urteilskraft* ja den Nachweis führt, dass für das ästhetische Gefühl ein Prinzip a priori gilt, folglich das Geschmacksurteil zwar keine dem Erkenntnisurteil vergleichbare Objektivität, aber aufgrund der intersubjektiv identischen Erkenntnisbedingungen zumindest eine ›subjektive Allgemeingültigkeit‹ besitzt und es damit sehr wohl »das Wohlgefallen an einem Gegenstande *jedermann* ansinne«.[153] Dass man sein »Wohlgefallen jedermann als nothwendig ansinnen darf«, ist, wie Kant in § 37 präzisiert, sogar die Voraussetzung dafür, von einem »Urtheil *a priori*« zu sprechen.[154] Damit ein auf subjektiven Gründen beruhendes Urteil allgemeine Zustimmung einfordern darf, müssen zwei Bedingungen erfüllt sein. Die erste Bedingung ist die Identität der »subjectiven Bedingungen« der Erkenntnisvermögen. Die zweite Bedingung fordert Reinheit des Urteils. Es darf »weder mit Begriffen vom Object noch Empfindungen als Bestimmungsgründen« vermengt sein.[155] Kant könnte also dem von ihm kritisierten Gefühl die Allgemeinheit nur abstreiten, wenn er nachweisen würde, dass diese Bedingungen verletzt sind.

Der sich auf ein unmittelbares Gefühl berufende Philosoph, so Kant weiter, bleibe die Rechtfertigung für seine Behauptung schuldig. Wie aus dem Text hervorgeht, stellt Kant sich unter einer solchen Rechtfertigung einen Beweis aus den Begriffen vor, auf denen jedes logische Urteil beruht. Das Geschmacksurteil kann aber durchaus jedem angesonnen

152 Immanuel Kant: *Von einem neuerdings erhobenen vornehmen Ton in der Philosophie* (s. Anm. 1), S. 395.
153 Immanuel Kant: *Kritik der Urteilskraft* (s. Anm. 6), S. 214.
154 Ebd., S. 289.
155 Ebd., S. 290, Anm.

werden, obwohl es »gar nicht unter einen Begriff subsumirt«.[156] Nicht
der Beweis durch Begriffe, sondern das Kriterium der allgemeinen Mitteilbarkeit entscheidet im Falle des ästhetischen Gefühls über dessen Allgemeingültigkeit.[157] Während Kant dem ästhetischen Gefühl genau dies
zugesteht, an einer Stelle sogar erklärt, die »allgemeine Mittheilungsfä-
higkeit des Gemüthszustandes«, das heißt das harmonische Verhältnis
der Erkenntniskräfte, habe die »Lust an dem Gegenstande zur Folge«,[158]
heißt es vom Gefühl der Gefühlsphilosophen, dass diese es »nicht aussagen und durch Sprache allgemein mittheilen *können*«.[159] Auch hier bliebe also das Gefühl von Kants Kritik solange unberührt, wie er nicht zeigen kann, dass seine Beschaffenheit den Bedingungen der allgemeinen
Mitteilbarkeit zuwiderläuft. Zumindest verliert, wenn »die allgemeine
Mittheilbarkeit eines Gefühls« lediglich einen bei allen Menschen vorhandenen Gemeinsinn voraussetzt, der Einwand seine prinzipielle
Geltung.[160]

   Es muss auffallen, dass Kant in seiner Polemik nur vom moralischen
Gefühl der Achtung spricht,[161] das ästhetische Gefühl aber an keiner einzigen Stelle erwähnt. Es hätte einer längeren Abhandlung bedurft, um
die – zweifellos vorhandenen – Unterschiede desselben zum ›höheren‹
Gefühl‹ der Gefühlsphilosophie deutlich zu machen. Das ganze System
des Gemüts, wie Kant es in der *Kritik der Urteilskraft* entwirft, ruht auf
der Annahme, dass es sich bei dem Gefühl um ein eigenständiges Seelenvermögen handelt. Erwiese sich diese Annahme als falsch, müsste nicht
nur über ein ganz anderes Modell für das Gemüt und das gegenseitige
Verhältnis der einzelnen Seelenvermögen nachgedacht werden; der Kritik der ästhetischen Urteilskraft wären auch die Grundlagen entzogen,
auf denen sie errichtet wurde. Dass diese Annahme, unabhängig von

---

156   Ebd., S. 286. In diesem Fall könnte der »nothwendige allgemeine Beifall durch
       Beweise [...] erzwungen werden« (ebd.).
157   Vgl. ebd., S. 238: »Erkenntnisse und Urtheile müssen sich sammt der Überzeugung,
       die sie begleitet, allgemein mittheilen lassen«.
158   Ebd., S. 217.
159   Immanuel Kant: *Von einem neuerdings erhobenen vornehmen Ton in der Philosophie*
       (s. Anm. 1), S. 389.
160   Vgl. Immanuel Kant: *Kritik der Urteilskraft* (s. Anm. 6), S. 239. Zu Kants Theorie
       des Gemeinsinns (*sensus communis*) vgl. Gundula Felten: *Die Funktion des* sensus
       communis *in Kants Theorie des ästhetischen Urteils.* München 2004.
161   Vgl. Immanuel Kant: *Von einem neuerdings erhobenen vornehmen Ton in der Philo-
       sophie* (s. Anm. 1), S. 402 f.

den oben genannten Gründen, kaum zu rechtfertigen, im Grunde sogar unhaltbar ist, erhellt bereits aus der Tatsache, dass das Gefühl der Lust oder Unlust ein Epiphänomen ist. Es kann nie selbstständig auftreten, sondern immer nur etwas anderes begleiten, sei es eine Wahrnehmung, eine Erkenntnis oder einen Gemütszustand wie im Fall des ästhetischen Gefühls.[162] Außerdem stellt sich die Frage, wie das Gefühl sinnvoll vom Erkenntnis- und Begehrungsvermögen abgekoppelt werden kann, wenn jede Lust oder Unlust eine Evaluation eines empfangenen Eindrucks darstellt und diesen auf seine Tauglichkeit »zur Beförderung oder Hemmung des Lebens« prüft.[163] Das Gefühl der Lust und Unlust hat selbst Urteilsstruktur und zwar im Hinblick auf die Bestimmung des Begehrungsvermögens.[164] Mit andern Worten: Es kann im Kantischen System kein reines Gefühl geben, so wie es eine reine Vernunft oder einen reinen Willen, ja selbst eine reine Anschauung gibt. Dies ist der Punkt, an dem die Gefühlsphilosophie einsetzt: Sie öffnet die Erkenntnis für das Gefühl.

---

162 Vgl. Immanuel Kant: *Kritik der Urteilskraft* (s. Anm. 6), S. 292: »Ohne irgend einen Zweck oder Grundsatz zur Richtschnur zu haben, *begleitet* diese Lust die gemeine Auffassung eines Gegenstandes durch die Einbildungskraft, als Vermögen der Anschauung, in Beziehung auf den Verstand, als Vermögen der Begriffe, vermittelst eines Verfahrens der Urtheilskraft, welches sie auch zum Behuf der gemeinsten Erfahrung ausüben muß: nur daß sie es hier, um einen empirischen objectiven Begriff, dort aber (in der ästhetischen Beurtheilung) bloß, um die Angemessenheit der Vorstellung zur harmonischen (subjectiv zweckmäßigen) Beschäftigung beider Erkenntnißvermögen in ihrer Freiheit wahrzunehmen, d. i. *den Vorstellungszustand mit Lust zu empfinden,* zu thun genöthigt ist« (Herv. A. K.).

163 Vgl. Manfred Frank: *Selbstgefühl* (s. Anm. 2), S. 12.

164 Das ist auch beim ästhetischen Gefühl nicht anders. Dass das Gemüt bei der Betrachtung des Schönen ›weilt‹, zeigt an, dass es seinen kontemplativen Zustand beibehalten will. Auch diese Lust will Ewigkeit.

Agonistische Exzentrik. Romantische Poetik als politisches Paradigma

Nicolas von Passavant

Andreas Reckwitz postuliert, dass romantische Theorie- und Motivbestände in der heutigen politischen Selbstverständigung sowohl liberalistischen als auch rechtsnationalen Bewegungen als Referenz dienten, wobei er beide unvermittelt gegeneinanderstehen sieht. Der vorliegende Beitrag wirft vor dem Hintergrund dieser These einen Blick auf die politische Poetik Novalis' und rekapituliert die dortige enge Verknüpfung von Subjekttheorie, Poetologie und politischer Theorie unter dem Gesichtspunkt literarischer Exzentrik. Exzentrik wird dabei nicht schlicht als Faible für das Außergewöhnliche oder Exaltierte verstanden, sondern mit einem frühromantischen Modell als dynamisches Wechselspiel zwischen einer zentrifugalen Entwurfsbewegung ins Offene und einem zentrifugalen Rückbezug auf ein seinerseits jedoch ebenfalls nie zur Gänze zu erschließendes Selbstgefühl, das in *Glauben und Liebe* auch als Modell einer – allerdings noch stark auf die Monarchie fokussierten – politischen Vermittlungsbewegung dient.

Um zu prüfen, ob eine solche Vermittlungsbewegung auch Potenzial hat, das von Reckwitz konstatierte Auseinandertriften von Selbstverständnissen des Politischen zu dynamisieren, geht der Aufsatz in seiner zweiten Hälfte teils direkten Adaptionen, teils indirekten Fortschreibungen des romantischen Projekts nach. Auf der Basis einer Genealogie der Sonderlingsliteratur von 1800 bis in die Gegenwart, die ich in einer Monografie eingehender untersuche und hier in Grundzügen skizziere,[1] soll sich zeigen, dass demokratischer konfigurierte Varianten des romantischen Exzentrikbegriffs die bei Reckwitz dargestellte Zerspaltung der Gesellschaft hintergehen.

Diese Bewegung lässt sich, so die Überlegung zum Schluss, im Rückgriff auf Chantal Mouffes Begriff der ›Agonistik‹ mit Gewinn untersuchen: Erstens schreibt Mouffe, wie Novalis, Ressourcen der Emotionalisierung

---

1 Das Buch erscheint 2019 unter dem Titel *Nachromantische Exzentrik. Literarische Konfigurationen des Gewöhnlichen.*

eine wichtige Rolle im politischen Prozess zu. Zweitens postuliert sie eine
Gleichzeitigkeit von Prozessen der Dynamisierung und der institutionellen Stabilisierung als Grundlage des politischen Prozesses, die Nähen zu
der von Novalis skizzierten exzentrischen Vermittlungsbewegung des
Politischen aufweist. Und drittens entwirft sie mit einer genuin demokratischen Konfiguration dieses Spannungsfelds dann eine Konzeption
von Dialogizität, die über das romantische Politikverständnis hinaus-
geht, jedoch ähnlichen Prinzipien folgt wie jene ›nachromantischen‹
Poetiken, die das Prinzip romantischer Exzentrik parallel zur Demokratisierung von Gesellschaften im 19. und 20. Jahrhundert adaptieren und
weiterentwickeln.

I.   Liberalistische und essentialistische Romantikrezeption

In seinem Buch über die *Gesellschaft der Singularitäten* (2017) stellt
Andreas Reckwitz bezüglich des politischen Zustands westlicher Gesellschaften eine beunruhigende Diagnose: Diese seien in zwei Lager
zerfallen, die nicht nur unterschiedlichen kulturellen Werten folgten,
sondern auch völlig unterschiedlichen Auffassungen dessen, was unter
Kultur überhaupt zu verstehen sei. Es stünden sich eine liberalistische
›Hyperkultur‹ und ein reaktionärer ›Kulturessentialismus‹ durch keinen
demokratischen Diskurs vermittelbar gegenüber.

Die liberalistischen Gruppen verstünden Kulturen als letztlich kontin-
gente Zeichenformationen, die sich einem subjektiven Spiel zur Konstruktion individueller Identität anböten. Auf der Gegenseite, so Reckwitz,
formierten sich ›Kulturalisierungsverlierer‹, die gegen diese Postulate
des spielerischen und kontingenten Charakters von Kultur längst über-
wunden geglaubte reaktionäre Muster reaktivieren: Kulturen gelten hier
als durch unüberwindliche Differenzen gekennzeichnet. Das Aufeinan-
dertreffen von Kulturen wird hier nicht in Metaphern des Spielerischen
und des Kreativen verhandelt, sondern als offener Krieg oder als schlei-
chende Degeneration eines genuin ›Eigenen‹ beschrieben, das wahlweise als durch geografische, religiöse, bestimmte ideologische – oder aber
schlicht: biologische – Parameter bestimmt vorgestellt wird.[2]

---

2   Vgl. das Kapitel »Differenzieller Liberalismus und Kuturessenzialismus« in: Andreas
    Reckwitz: *Die Gesellschaft der Singularitäten. Zum Strukturwandel der Moderne.* Berlin
    2017, S. 371–428.

Als Quelle des ›hyperkulturellen‹ Liberalismus identifiziert Reckwitz bereits in seinen Büchern *Das hybride Subjekt* (2006) und *Die Erfindung der Kreativität* (2012) die romantische Subjektphilosophie. Dabei stützt sich Reckwitz maßgeblich auf Charles Taylors Begriff des ›Expressivismus‹, wonach das Subjekt in der Romantik seinen Ort nicht mehr von göttlichen, kosmologischen und sozialen Gesetzen vorgegeben finde: Durch ein ›expressives‹ Selbst- und Weltverständnis bringe das Subjekt sich und sein Verständnis von Gesellschaft, so Taylor, dem Anspruch entsprechend selbst hervor, »der eigenen Originalität im Leben gerecht zu werden«.[3]

Von diesem Prinzip ›expressiver‹ Selbstverwirklichung um 1800 leitet Reckwitz eine Entwicklung ab, welche von der Wiederentdeckung der Romantik auf der Schwelle zum 20. Jahrhundert bis in die Gegenwart reicht: In zunächst peripheren Milieus der Lebensreformbewegung und der ab den zwanziger Jahren in der Entwicklung begriffenen Werbewirtschaft erkennt er Grundzüge einer Form kreativer Subjektivität, die sich im Verlauf des 20. Jahrhunderts durch zunehmend raumgreifende Vorstellungen von Selbstverwirklichung immer breiteren Schichten erschließe. Zunächst auf kreative Milieus und dann die Jugendbewegungen der ersten Nachkriegsgenerationen beschränkt, entwickle sich das Prinzip des Kreativen dabei auch in der Wirtschaft zu einem zunehmend leitgebenden Paradigma, das sich im Zeichen neoliberaler Wirtschaftspolitik seit den 80er- und 90er-Jahren schließlich zur hegemonialen Position entwickelt habe.[4]

Im Vergleich zu dieser opulenten Darstellung einer 200 Jahre umfassenden Entwicklung des Kreativsubjekts skizziert Reckwitz die Genealogie des reaktionären Kulturessentialismus eher flüchtig: In einem beiläufigen und für seine Argumentation folgenlosen Verweis merkt er an, dass sich die reaktionären Positionen ebenfalls aus romantischen Motiven

---

3 Charles Taylor: *Quellen des Selbst. Die Entstehung der neuzeitlichen Identität* [1989]. Übersetzt von Joachim Schulte. Frankfurt a. M. 1996, S. 653; vgl. hierzu das Kapitel »Die Wende zum Expressivismus«, in: Andreas Reckwitz: *Gesellschaft der Singularitäten* (s. Anm. 2), S. 639–679. Zu der Genese des Begriffs bei Isaiah Berlin in Zusammenhang mit Herders Sprachtheorie sowie seiner Adaption durch Charles Taylor vgl. Matthias Jung: *Der bewusste Ausdruck. Anthropologie der Artikulation.* Berlin/New York 2009, S. 62–71.

4 Vgl. Andreas Reckwitz: *Das hybride Subjekt. Eine Theorie der Subjektkulturen von der bürgerlichen Moderne zur Postmoderne.* Weilerswist 2006, und ders.: *Die Erfindung der Kreativität. Zum Prozess gesellschaftlicher Ästhetisierung.* Berlin 2012.

speisten. Es bleibt bei einem knappen Verweis auf Johann Gottfried Herders Vorstellung des ›Volksgeistes‹.[5] Reckwitz mag vermutet haben, dass
eine ausgiebigere Rekapitulation auch der reaktionären Rezeption von
Literatur und Theorie um 1800 sein Bild romantischer Subjektivität maßgeblich kompliziert hätte.

Wie es Hermann Kurzke in Bezug auf die Rezeption von Novalis' poli-
tischem Werk ausgeführt hat, die er bis zur Mitte des 20. Jahrhunderts
nachzeichnet, kann sich eine konservative Indienstnahme der Romantik auf eine nicht minder traditionsreiche Entwicklung stützen.[6] Mit
dem Verweis auf die hintersinnig-elitäre Romantik-Adaption bei Botho
Strauß[7] wie auch ihre klotzig-rassistischen Varianten in der Ikonographie
rechtsnationaler Bewegungen, welche zentrale Begriffe der Romantik
wie ›Volk‹ oder ›Heimat‹ teils nationalchauvinistisch, teils offen rassis-
tisch besetzen,[8] lassen sich solche Linien auf sehr unterschiedlicher in-
tellektueller Fallhöhe bis in die unmittelbare Gegenwart der von Reckwitz untersuchten kulturessentialistischen Positionen weiterziehen.

---

5 Reckwitz erwähnt, dass es »die Romantik zu Beginn des 19. Jahrhunderts« sei, »welche
   die Gemeinschaften für die Moderne ›entdeckt‹«; ein Hinweis, der sich allerdings in
   »Johann Gottfried Herders Zelebrierung der Völker in ihrer jeweiligen Besonderheit«
   erschöpft (Andreas Reckwitz: *Gesellschaft der Singularitäten* [s. Anm. 2], S. 398 f.).
6 Stichworte liefern dieser konservativen, dann faschistischen Deutungslinie die Bücher
   Persönlichkeit und Gemeinschaft von Paul Kluckhohn und *Die poetische Staats- und
   Geschichtsauffassung Friedrich von Hardenbergs* von Richard Samuel, beide 1925 erschienen; vgl. Hermann Kurzke: *Romantik und Konservatismus. Das ›politische‹ Werk
   Friedrich von Hardenbergs (Novalis) im Horizont seiner Wirkungsgeschichte.* München
   1983, S. 46 ff.
7 Die romantisch apostrophierten Phantasmen eines geheimen Deutschlands beherr-
   schen Strauß' breit rezipierte Traktate *Anschwellender Bocksgesang.* In: *Der Spiegel,*
   08.02.1993, S. 202–207, und *Der letzte Deutsche.* In: *Der Spiegel,* 2.10.2015, 122–124, ebenso wie seine indes weniger gelesenen Selbststilisierungen zum letzten denkenden
   Deutschen in Buchlänge, etwa in *Lichter des Toren.* München 2013, oder *Der Fortführer.*
   Reinbek b. H. 2018. Diese Rezeption der politischen Romantik hat Franziska Schößler
   im Bezug auf Strauß' Werk der 80er-Jahre untersucht; vgl. hierzu Franziska Schößler:
   »Die Resurrektion des Dichterkönigs. Zur Novalis-Rezeption in Botho Strauß' Roman
   Der junge Mann«. In: *Sprachkunst* 30 (1999), S. 47–65.
8 Neben direkten Verweisen auf die Romantik in stumpfsinnigen Publikationen wie
   dem rechtsextremen Organ *Blaue Narzisse* figuriert mit Yukio Mishima ein Dichter
   als maßgebliches Vorbild der Neuen Rechten, der sich als ein unmittelbarer Erbe der
   Poetik der deutsche Romantik verstanden und inszeniert hat; vgl. Nobuo Ikeda: »No-
   valisrezeption in Japan«. In: Herbert Uerlings (Hg.): *Novalis und die Wissenschaften.*
   Tübingen 1997, S. 285–295, bes. S. 292.

Wenn sich beide Positionen – die selbsterklärt progressive wie die reaktionäre – durch den Bezug auf Motive romantischen Denkens zu legitimieren suchen, drängt sich die Frage auf, wer dies mit besserem Recht tut. In diesem Zusammenhang ist ein Blick auf die literaturgeschichtlichen Quellen selbst lohnend, was im Folgenden exemplarisch am Beispiel der politischen Poetik von Novalis versucht werden soll, welcher beiden Seiten als Gewährsmann dient.[9]

Die leitende These ist dabei, dass beide Seiten mit einem bis zur Verfälschung vereinfachten Bild des Romantischen operieren und auch ihr Interpret Reckwitz dessen Reflexionspotenzial unterschätzt: Wie in den zunächst folgenden drei Abschnitten rekapituliert wird, findet sich bei Novalis der Entwurf eines Kulturbegriffs, der sich von der liberalistischen ebenso wie der reaktionären Position unterscheidet. Die dabei rekapitulierten subjekttheoretischen (2), poetologischen (3) und politischen (4) Modelle ziehen ihrerseits eine traditionsreiche Rezeption vor allem im Bereich humoristischer Sonderlingsliteratur nach sich, die in einem nächsten (5) Abschnitt näher beleuchtet wird. Im Rückgriff auf Chantal Mouffes Theorie der ›Agonistik‹ werden die so entwickelten Konzeptionen nachromantischer Poetiken des Politischen abschließend (6) zu der bei Reckwitz beschriebenen gesellschaftlichen Situation in ein Verhältnis gesetzt. Dabei wird sich herausstellen, dass nachromantisch-exzentrische Poetiken auch in demokratietheoretischer Hinsicht von Interesse sein können.

II.   ›Expressive‹ Subjektivität

An Novalis' Poetik lässt sich zunächst nachzeichnen, was Charles Taylor unter einem ›expressiven‹ Selbst- und Weltverhältnis versteht. Novalis ist hierbei von der Subjektphilosophie Johann Gottlieb Fichtes beeinflusst, welche das Selbst nicht als gegebene, sondern als sich selbst schaffende Entität versteht: Das Ich, so Fichte in seiner *Grundlage der gesamten Wissenschaftslehre* von 1794, ist Ergebnis einer ›Tathandlung‹. In dieser Bewegung, wonach das Subjekt »zugleich das Handelnde, und

---

9   Der von Reckwitz angeführte ›expressive‹ Subjektbegriff Charles Taylors stützt sich
    ebenso auf Novalis wie die reaktionären Positionen, die Kurzke untersucht.

das Produkt der Handlung«[10] ist, findet Novalis »die höchste filosofische Wahrheit«.[11]

In zwei maßgeblichen Punkten weicht Novalis jedoch von Fichte ab: Das Prinzip der ›Tathandlung‹ ist bei Fichte eine theoretische Hypothese zur nachträglichen Erklärung des Selbstbewusstseins; eine rationale Rekonstruktion, die zeigen soll, wie die Erschließung der Welt durch das Subjekt funktioniert. Novalis aber will nicht nur verstandesmäßig einholen, was bereits geschehen ist, sondern auch geschehen machen, was sich verstandesmäßig nicht einholen lässt. Grundlage dafür ist, wie Manfred Frank gezeigt hat, nicht mehr die Fichte'sche Subjekttheorie um das sich selbst setzende Selbst, sondern der Bezug auf ein Gefühl des Selbst, das als immer schon gesetzt verstanden wird.[12]

Auch und gerade auf der Basis eines solchen Gefühls kann sich das Subjekt selbst nie ganz erkennen. Die einzige Möglichkeit, sein Selbst zu konturieren, besteht darin, sich immer wieder aufs Neue experimentell zu entwerfen. Diese experimentellen Selbsterprobungen nehmen bei Novalis ganz unterschiedliche Formen an: Er nutzt dazu religiöse und mythologische ebenso wie medizinische, physikalische und für die Epoche äußerst tabulose sexuelle Vokabulare.[13] Im Zeichen dieses Reichtums an Gestaltungsformen, die sich dem Selbst erst aufgrund seiner Unerkennbarkeit erschließen, erweist sich Novalis zufolge gerade deren Produktivität. In seinen *Blüthenstaub*-Fragmenten notiert er: »Ganz begreifen

---

10   Johann Gottlieb Fichte: *Grundlage der gesamten Wissenschaftslehre als Handschrift für seine Zuhörer* [1794]. Mit einer Einleitung versehen von Wilhelm G. Jacobs. 4. Aufl. Hamburg 1997, S. 16.

11   Die Primärstellen aus Novalis' Werken werden mit der Sigle HKA zitiert nach der Ausgabe: Novalis: *Schriften. Die Werke Friedrich von Hardenbergs.* Zweite, nach den Handschriften ergänzte, erweiterte und verbesserte Auflage. Hg. von Paul Kluckhohn und Richard Samuel, fortgeführt von Hans-Joachim Mähl. Stuttgart 1960 ff. – Hier: Novalis: *Philosophische Studien der Jahre 1795/96 (Fichte Studien).* In: *HKA* 2, S. 27–296, hier S. 150.

12   Vgl. die Rekapitulation der Fichte-Studien in der 33. Vorlesung in Manfred Frank: *»Unendliche Annäherung«. Die Anfänge der philosophischen Frühromantik.* 2. Aufl. Frankfurt a. M. 1998, S. 829–857.

13   Vgl. zur erotischen Poetik von Novalis Gerhard Schulz: »Novalis' Erotik. Zur Geschichtlichkeit der Gefühle«. In: Herbert Uerlings (Hg.): *Novalis und die Wissenschaften.* Tübingen 1997, S. 213–237.

werden wir uns nie, aber wir werden und können uns weit mehr, als begreifen.«[14]

Um diese Form dynamisch-expressiver Subjektivität zu konturieren, grenzt Novalis sie von Formen des Selbst- und Weltverhältnisses ab, die ihm als Ergebnis einer »Abstumpfung der Sinne« erscheinen: Manche stumpften innerlich ab, indem sie ganz in einer »*Zeichenwelt*« lebten und den Bezug zur »wircklichen Sinnenwelt« verlören, wie dies »bey Gelehrten und auch sonst noch sehr häufig der Fall zu seyn«[15] pflege. Im Bild diesen ganz in künstlichen Textgespinsten befangenen Bildungsphilistern kann man eine Vorform jener liberalistisch-›kreativer‹ Subjektbegriffe erkennen, in deren kurzschlusshaftester Spielart das Selbst als rein kulturell codierte Entität und dabei durch sprachpolitische Regulation frei formbar angenommen wird.[16] Da Novalis' Zeichenbegriff hingegen gerade Refugien der rationalen Unverfügbarkeit von Subjektivität produktiv macht, gehen solche Spielarten des von Reckwitz beschriebenen hyperkulturellen Subjekts an den tatsächlichen Grundlagen romantischer Subjektivität vorbei.[17]

Noch harscher aber kritisiert Novalis »Leute, die von der Vorstellungs- und Zeichenwelt nichts wissen wollen; das sind rohsinnliche Menschen, die alle Unabhängigkeit der Art für sich vernichten« durch eine »träge, plumpe, knechtische Gesinnung«.[18] In Bezug auf diesen Inbegriff des

---

14   Novalis: *Vermischte Bemerkungen und Blüthenstaub.* In: *HKA* 2, S. 399–470, hier S. 413.

15   Novalis: *Vorarbeiten zu verschiedenen Fragmentsammlungen.* In: *HKA* 2, S. 505–651, hier S. 550.

16   Komplexer fällt diese Vorstellung der Formbarkeit des Subjekts etwa bei Judith Butler aus, die von einem kontraproduktiven Effekt normativer Sprachpolitik ausgeht und stattdessen Formen der spielerischen, etwa parodistischen Verflüssigung von Identitätsbildern verficht, um »aus dem Begriff der Geschlechtsidentität als Wirkung produktiven Zwangs Handlungsfähigkeit ab[zu]leiten« (Judith Butler: *Körper von Gewicht. Die diskursiven Grenzen des Geschlechts* [1993]. Übersetzt von Karin Wördemann. Berlin 1995, S. 15). Pierre Bourdieu hat in seiner Antwort auf Butler dagegen auf die Zähigkeit von Habitusformen aufmerksam gemacht, die sich seiner Auffassung nach von solchen spielerischen Interventionen kaum beeinflussen ließen; vgl. Pierre Bourdieu: *Die männliche Herrschaft* [1998]. Übersetzt von Jürgen Bolder. Frankfurt a. M. 2005, S. 178.

17   Vgl. hierzu Nicholas Saul: »›Poëtisierung d[es] Körpers‹. Der Poesiebegriff Friedrich von Hardenbergs [Novalis] und die anthropologische Tradition«. In: Herbert Uerlings (Hg.): *Novalis. Poesie und Poetik.* Tübingen 2004, S. 151–169.

18   Novalis: *Vorarbeiten zu verschiedenen Fragmentsammlungen* (s. Anm. 15), S. 550.

Philisterhaften stellt er fest: »Philister leben nur ein Alltagsleben. Das Hauptmittel scheint ihr einziger Zweck zu sein.«[19] – Der Philister erkennt nicht, dass die Form seines Alltags nur eine von vielen denkbaren ist, und hält sie daher für die einzig mögliche. Deutlich zeichnet sich hier der Typus des religiös-, national- oder sonstigen Chauvinisten ab.[20]

Beiden Formen des Philisterhaften stellt Novalis zunächst das Bild des eigensinnigen Menschen gegenüber: des ›Verworrenen‹, so eine Bezeichnung ebenfalls aus den *Blüthenstaub*-Fragmenten. Dort heißt es: »Je verworrener ein Mensch ist, man nennt die Verworrenen oft Dummköpfe, desto mehr kann durch fleißiges Selbststudium aus ihm werden«.[21] Weil er »im Anfang mit mächtigen Hindernissen zu kämpfen« habe, sei, so Novalis weiter, »der Verworrene so progressiv, so perfektibel, dahingegen der Ordentliche so früh als Philister aufhört«.[22]

Verworrenheit, dieses nicht immer schon souverän-abgestumpfte, sondern tastende Prinzip, ist jedoch für sich alleine noch kein Garant für die von Novalis proklamierte Perfektibilität. Diese behält der Frühromantiker dem ›Genie‹ vor, welches »die Geschwindigkeit mit dem letzten [dem Geordneten] und die Fülle mit dem ersten [dem Verworrenen]«[23] teilt. Originalität als Signum eines gelungenen Selbst- und Weltentwurfs bedeutet somit weder die reine Regression auf einen diffusen emotionalen Selbstbezug noch dessen Preisgabe in einem freien Spiel von Zeichen. Novalis versteht unter romantischer Subjektivität vielmehr eine immer neue Anstrengung zur Vermittlung von präreflexiver Setzung und dem experimentellen Spiel mit kulturellen Beständen.

Für diese Spannung zwischen zentripetalem Selbst*gefühl* und zentrifugalem Selbst*entwurf* verwendet Novalis das Bild des Sonnensystems. Er schreibt: »Der Mensch ist eine Sonne – seine Sinne sind seine

---

19   Novalis: *Vermischte Bemerkungen und Blüthenstaub* (s. Anm. 14), S. 447.

20   »Ungebildete«, so Novalis, sähen nicht ein, dass die ihnen vertraute Lebensform »durch Zufall [...] bestimmt« (ebd., S. 443) ist. Die Poesie, welche andere Lebensweisen und ihre gleiche Gültigkeit anschaulich machen könnte, mischten die Philister ihrem Leben »nur zur Nothdurft unter, weil sie nun einmal an eine gewisse Unterbrechung ihres täglichen Laufs gewöhnt sind« (ebd., S. 447). »Auf diese Art«, so resümiert Novalis, »entstehen Landesreligionen« (ebd. S., 443).

21   Ebd., S. 433.

22   Ebd., S. 433 f.

23   Ebd., S. 435.

Planeten.«[24] – Einerseits kreisen die Sinne wie Planeten frei, andererseits bleiben sie auf ein Zentrum bezogen; wobei die Sonne für den Kern des Selbst auch deshalb stehen kann, weil die Planeten zwar um sie kreisen, man in sie selber aber nicht direkt hineinschauen kann.

III.   Exzentrische Poetik

Diese Logik der Selbstkonstitution zwischen der Intuition der Einheit des Sinnlichen und Intellektuellen als Eigenes und dessen Gestaltung durch Verfahren experimentellen Auslotens hat bei Novalis nicht nur subjekt-theoretische, sondern auch poetologische und politische Implikationen. Die poetologische Seite erschließt sich ebenfalls über ein Weltraum-Bild, wenn Novalis von Sonne und Planeten einen weiteren Himmelskörper unterscheidet. Er schreibt, es seien die »Kometen [...] wahrhaft eccen-trische Wesen«, indem sie sich »zu Gas aus-dehnen – und zu Gold ver-dichten können«.[25] Angesprochen ist damit eine Wechselbewegung zwischen weit auseinandergespannten Polen, die an das berühmte Nach-lass-Fragment erinnert, welches das Verfahren der ›Romantisierung‹ wie folgt beschreibt:

> Indem ich dem Gemeinen einen hohen Sinn, dem Gewöhnlichen ein geheimnißvolles Ansehen, dem Bekannten die Würde des Un-bekannten, dem Endlichen einen unendlichen Schein gebe so romantisire ich es – Umgekehrt ist die Operation für das Höhe-re, Unbekannte, Mystische, Unendliche [...] – Es bekommt einen geläufigen Ausdruck. romantische Philosophie. *Lingua romana.* Wechselerhöhung und Erniedrigung.[26]

Während sich zumal die populäre Romantikrezeption landläufig auf die Momente des Geheimnisvollen und Mystischen beschränkt, liegt in der »Wechselerhöhung und Erniedrigung«, dem Wechselspiel von Mysti-fizierung und Trivialisierung, eine ausgefeiltere poetologische Entspre-chung zum subjektphilosophischen Prinzip des ›Expressivismus‹: Auch

---

24   Novalis: *Fragmente und Studien 1799–1800.* In: *HKA* 3, S. 525–693, hier S. 573.
25   Novalis: *Vorarbeiten zu verschiedenen Fragmentsammlungen* (s. Anm. 15), S. 619 f.
26   Ebd., S. 545.

hier argumentiert Novalis einerseits mit der Möglichkeit zur Dezentrierung, dem Sich-dem-Unbekannten-Aussetzen, andererseits aber auch mit der Notwendigkeit, diese Bewegung immer wieder aufs Neue an das Gegebene rückzubinden, ihm einen *geläufigen Ausdruck* zu geben.

Die Logik einer solchen literarischen Wechselspannung zwischen Erhöhung und Erniedrigung stellt auch das Leitprinzip von Novalis' romanpoetischen Überlegungen dar, die er maßgeblich in der Auseinandersetzung mit Goethes *Wilhelm Meister* entwickelt. Goethes Roman hat dabei zunächst Vorbildcharakter, und zwar nicht primär im Sinn der Überhöhung der Welt in ein Mystisch-Unendliches, sondern vor allem, weil Goethe Novalis zufolge das Gegenprinzip, das Erzielen eines *geläufigen Ausdrucks,* so gut gelinge. Novalis schreibt:

> So sonderbar, als es manchem scheinen möchte, so ist doch nichts wahrer, als daß es nur die Behandlung, das Äußre – die Melodie des Styls ist, welche zur Lektüre uns hinzieht und uns an dieses oder jenes Buch fesselt. Wilhelm Meisters Lehrjahre sind ein mächtiger Beweis dieser Magie des Vortrags, dieser eindringlichen Schmeicheley einer glatten, gefälligen einfachen und mannichfaltigen Sprache.[27]

Zugleich *einfach* und *mannigfaltig;* diese Vermittlungsleistung zwischen Einheit und Vielfalt ist für Novalis romanpoetisch zentral. Denn im Gegensatz zum Gedicht oder dem Theaterstück verfügt der Roman über keine gattungsspezifische Eigenheit, sondern mischt poetische, beschreibende und dialoghafte Rede. Und so erkennt die Frühromantik gerade in dieser Vereinigung des Heterogenen das Signum des Romanhaften.[28]

Wie wichtig die Intensität dieser Spannung für Novalis ist, die er in seinem Kometen-Bild ›exzentrisch‹ nannte, wird aus der Art und Weise deutlich, wie Novalis wenig später gegenüber Goethes Roman auch schroff negativ urteilt. Dieser erscheint ihm nun »im Grunde ein fatales und albernes Buch [...] undichterisch im höchsten Grade, was den Geist betrifft«, indem »Hinten [...] alles Farçe« werde, der Roman zum Schluss

---

27   Novalis: *Fragmente und Studien 1799–1800* (s. Anm. 24), S. 568 f.
28   Zum Aspekt der Gattungsvermischung als Signum der dezidiert ›modernen‹ Romanpoetik der Frühromantik vgl. Viktor Žmegač: *Der europäische Roman. Geschichte seiner Poetik.* 2. Aufl. Tübingen 1991, S. 80–94.

nämlich die »Oeconomische Natur« als »die Wahre – *Übrig bleibende*«[29] darstelle.

Indem Wilhelm sich Novalis' Lektüre nach offenkundig allzu gut mit den Erfordernissen eines bürgerlichen Lebens zu arrangieren weiß, löst sich die für den Gattungsbegriff des Romans konstitutive Spannung zwischen dem Alltäglichen und dem Wunderbaren auf. Ebenso wie Goethe für ihn dafür steht, dem deutschen Roman eine bestimmte Sprachmelodie erschlossen zu haben, welche das Moment des *geläufig Machens* fasst, gilt er Novalis somit auch als Chiffre für eine bestimmte Weise der Aufkündigung des romantischen Prinzips: Verhärtet sich dieser Vermittlungsprozess zwischen dem Alltäglichen und dem Wunderbaren, so Novalis' Vorwurf gegenüber Goethe, kommt damit konsequenterweise auch die Dynamik der Gattung als solche zum Stillstand. Novalis postuliert: »Wer ihn [den *Wilhelm Meister*] recht zu Herzen nimmt, ließt keinen Roman mehr.«[30]

IV.   Politische Romantik

Neben dem subjekttheoretischen ›Expressivismus‹ und der gattungspoetischen Konzeption bestimmt das Wechselspiel zwischen präreflexiv Gegebenem und poetisch zu Entwerfendem, zwischen Gesetztheit und Ruhelosigkeit, Alltäglichkeit und Wunderbarem auch Novalis' politisches Verständnis. Dies wird im Zusammenhang der im Sommer 1798 erstmals erschienen Fragmentsammlung *Glauben und Liebe oder der König und die Königin* sowie den damals noch nicht publizierten *Politischen Aphorismen* deutlich, in denen Novalis dem preußischen König eine mögliche Zukunft der Monarchie nach den Erfahrungen der Französischen Revolution aufzeigen will.

Die Französische Revolution stellt für Novalis dabei Faszinosum und Verheerung zugleich dar: Einerseits hat sich hier mit zuvor ungekannter Vehemenz die dynamische Veränderbarkeit der Gesellschaft erwiesen, was Novalis positiv sieht. Andererseits aber sind ihm die Folgen der Revolution ein Gräuel: In einem Klima von Missgunst und Eigennutz buhlten in Frankreich, so Novalis' Darstellung, seit der Revolution charakterlose

---

29   Novalis: *Fragmente und Studien 1799–1800* (s. Anm. 24), S. 646.

30   Ebd., S. 647.

Wichtigtuer um die Zustimmung einer geistig und erzieherisch völlig un-
entwickelten Masse: Hinter der »neuen, französischen Manier« erkennt
Novalis bloß »armselige Philister, leer an Geist und arm an Herzen«,[31] die
dort entworfene Demokratie gilt ihm als System, in dem »die geschick-
testen Courmacher des großen Haufens« triumphierten und sich ein großer »Schlendrian« einstelle.[32]

Mit der bloßen Abschaffung der Monarchie ist für Novalis somit nichts
gewonnen. Die Einsicht, dass der König eigentlich nur ein gewöhnlicher
Mensch ist, teilt er zwar. Durch seine Stellung und Noblesse repräsentiert
er für ihn jedoch zugleich mehr: Der König agiere mit dem »Ausdruck der
lebhaftesten Regungen«, »so poetisch als möglich«, zugleich aber »beherrscht durch die achtungsvolle Besonnenheit«,[33] verkörpert also genau
jenes Wechselspiel zwischen zentripetaler Gefasstheit und zentrifugaler
Beweglichkeit, welches den frühromantisch-expressiven Subjektbegriff
und sein poetologisches Pendant auszeichnet.

Während Novalis manche Prämissen der bürgerlichen Bewegung teilt,
zieht er aus ihnen also gewissermaßen gegenteilige Schlüsse zu jenen
der französischen Revolutionäre: Wenn der König ein normaler Mensch
ist, heißt das nicht zwingend, dass man ihn zu sich herunterziehen und
enthaupten muss. Es bedeutet für Novalis im Umkehrschluss auch, dass
im Prinzip alle Menschen das königliche Bewegungsspiel zwischen Besonnenheit und poetischer Lebendigkeit erlernen könnten. Er postuliert:
»Alle Menschen sollen thronfähig werden.« Und zu diesem Zweck kann
man in seiner Konzeption den König weiterhin gebrauchen: »Er assimi-
lirt sich allmählich die Masse seiner Unterthanen.«[34]

Novalis geht in diesem Zusammenhang von einer dem Menschen inne-
wohnenden Neigung zur Selbstvervollkommnung, der »freiwilligen Annahme eines Idealmenschen«[35] aus. Das Prinzip des Gottgnadentums ist
damit hinfällig. Der König solle seine Aufgabe vielmehr als »Schauspiel«
verstehen, bei dem »Bühne und Parterre, Schauspieler und Zuschauer

---

31   Novalis: *Glauben und Liebe.* In: *HKA* 2, S. 473–503, hier S. 490 f.
32   Ebd., S. 502.
33   Ebd., S. 488 f.
34   Ebd., S. 489. – Den Aspekt des Paradigmenwechsels von einer göttlichen zu einer
       anthropologischen Legitimation von Herrschaftsverhältnissen betont auch Ethel
       Matala de Mazza: *Der verfasste Körper. Zum Projekt einer organischen Gemeinschaft
       in der Politischen Romantik.* Freiburg 1999, S. 133 f.
35   Novalis: *Glauben und Liebe* (s. Anm. 31), S. 489.

Eins sind, und er selbst Poet, Director und Held des Stücks zugleich ist«.[36] Diese Rolle macht Novalis wiederum anhand seines Bilds des Sonnensystems anschaulich: »Der König ist das gediegene Lebensprinzip des Staats; ganz dasselbe, was die Sonne im Planetensystem ist.«[37]

Den durch eine reine Demokratie drohenden Formverlust hatte er mit drastischen Metaphern von »[m]ächtige[n] Überschwemmungen« als eine »allgemeine Tendenz zum Zerfließen« beschrieben. Durch die Figur des Königs glaubt er, diese im Prinzip wichtige, dynamisierende Entwicklung so steuern zu können, dass man eine »totale Zerfließung [...] behindern« kann, »damit ein Stock übrig bleibe, ein Kern, an den die neue Masse anschließe, und in neuen schönen Formen sich um ihn her bilde.«[38] Und in diesem arabesken Kristall des Gesellschaftlichen, das sich um den König herum bilden soll, können in seiner Vorstellung, »politischer Entheism [Monarchie] und Pantheism [Demokratie] als nothwendige Wechselglieder aufs innigste verbunden [...] werden.«[39]

Dem Künstler als exzentrischem Kometen fällt dabei die Rolle zu, dem König dieses Verfahren verständlich zu machen. In den *Blumen,* jenen kurzen Gedichten, die den Vorsatz zu *Glauben und Liebe* bilden, heißt es: »Laßt die Libellen ziehn; unschuldige *Fremdlinge* sind es | Folgen dem Doppelgestirn froh, mit Geschenken, hieher.«[40] Die Libellen als *Fremdlinge* – eine Chiffre Novalis' für die künstlerische Subjektivität – kann man *ziehn* lassen, denn sie auch werden das Königspaar als *Doppelgestirn* umschwirren.

Indem der Künstler also eine solche freiere und doch auf ein stabiles Zentrum hin zentrierte Bewegung vollzieht, zeichnet er dem König bereits jetzt jene Bewegung vor, die dereinst alle Mitglieder des Staates erfassen soll.[41] Eine im engeren Sinn demokratische Bewegung ist dies jedoch nicht: Volkswahlen und Parlamentsdebatten erscheinen Novalis als

---

36   Ebd., S. 498.
37   Ebd., S. 488.
38   Ebd., S. 490.
39   Ebd., S. 503.
40   Ebd., S. 486.
41   Damit wird das Prinzip des ›expressiven‹ Selbstentwurfs verallgemeinert. Novalis schreibt: »Jeder Mensch sollte Künstler seyn. Alles kann zur schönen Kunst werden.« (ebd., S. 497).

mühselige Zeitverschwendung.[42] Novalis traut der Demokratie nur die
Dynamisierung, nicht aber die institutionelle Stabilisierung der Gesellschaft zu, für die ihm zufolge weiter ein König benötigt wird.

Über einen umfassenderen Begriff des Demokratischen verfügt Novalis somit nicht und es bleibt unklar, wie wörtlich seine Vorschläge zu
verstehen sind.[43] Seine Verquickung von Poetologie, Subjekttheorie und
Politikkonzeption ist unter geistes- und literaturgeschichtlichen Gesichtspunkten aber dennoch sehr bedeutsam: Mit dem Bild des Sonnensystems macht er eine auszugleichende Spannung zwischen Einheit und
Vielfalt jedes Formgesetzes anschaulich, welches mögliche Wechselwir-
kungen ›expressiver‹ Subjektivität und politischen Handelns reflektieren
und gestalten kann.

Der Kunst werden damit nicht nur voneinander unabhängige Möglichkeiten der politischen Positionierung und der Beförderung der in-
dividuellen Entfaltung zugesprochen. Das Vorbild ihrer im romantischen Sinn *exzentrischen* Verfahren gleichzeitiger Besonnenheit und
Exaltationsbereitschaft kann auch zu wechselseitiger Reflexion und der
Dynamisierung von persönlicher und politischer Entwicklung anleiten.

V.   Nachromantische Poetik

Auf die von Reckwitz skizzierten gesellschaftlichen Entwicklungen der
jüngeren Vergangenheit angewendet, wird die Unzulänglichkeit einer
Rückführung hyperkultureller Paradigmen auf die Romantik deutlich:
Das liberalistische Selbst- und Gesellschaftsverständnis stützt sich mit

---

42   In Bezug auf die Demokratie warnt er: »Die Zügel der Regierung werden zwischen
      den [...] mannichfaltigen Partheimachern hin und her schwanken. Die Despo-
      tie des Einzelnen hat denn doch vor dieser Despotie noch den Vorzug, dass man
      wenigstens dort an Zeit [...] erspart« (ebd., S. 502).

43   So liest Oliver Kohns die Vorbildfunktion des Königs in *Glauben und Liebe* im Sinn
      einer bloßen Annäherung an ein Ideal, das nicht auf tatsächliche Erfüllung hin
      angelegt sei; vgl. Oliver Kohns: »Der Souverän auf der Bühne. Zu Novalis' politi-
      schen Aphorismen«. In: *Weimarer Beiträge* 54.1 (2008), S. 25–41, bes. S. 38 f. Ähn-
      lich argumentiert Wolfgang Braungart, der die Konzeption des Politischen in der
      Europa-Rede als Prinzip einer »permanent entstehende[n], nie fixierte[n] Uni-
      versalität, diese immer nur werdende Katholizität« versteht (Wolfgang Braungart:
      »Subjekt Europa, Europas Subjekt. Novalis' katholische Provokation *Die Christen-
      heit oder Europa*«. In: *Sinn und Form* 4 (2011), S. 544–558, hier S. 555).

der Betonung des freien Zeichenspiels zu stark auf das verflüssigende Moment der Romantik und übersieht das Element der präreflexiven Selbsterfahrung ebenso wie den Umstand, dass eine Gesellschaft ein hohes Maß an Besonnenheit und Gefasstheit, an institutioneller Stabilität, braucht. Daraus resultiert der von Reckwitz analysierte neoliberale Selbstüberbietungsimperativ, in welchem das Prinzip der ›expressiven‹ Subjektivität zur leeren, bloß noch ›pseudokreativen‹ Formel wird,[44] die nun jedoch eben jene Ödnis des Berechenbaren nach sich zieht, gegen welche die Frühromantik das Projekt der Entdeckung des Selbst doch ursprünglich entworfen hatte.[45]

Dass solche leeren Steigerungsgesten für Reckwitz überhaupt als ›romantisch‹ apostrophiert werden können, hängt damit zusammen, dass er den für die Romantik zentralen Begriff des ›Interessanten‹ ganz mit dem durch Friedrich Schlegel profilierten Paradigma des ›Neuen‹

---

44   Vgl. hierzu den bei Reckwitz zitierten Aufsatz des amerikanischen Psychologen Richard Crutchfield, der vom kreativen ein ›konterformistisches‹ Prinzip unterscheidet, dessen ›pseudokreative‹ Ideen sich als äußerst kurzlebig erweisen: Richard S. Crutchfield: »Detrimental Effects of Conformity Pressures on Creative Thinking«. In: *Psychologische Beiträge* 6 (1962), S. 436–471, bes. S. 468 f., zit. bei Andreas Reckwitz: *Die Erfindung der Kreativität* (s. Anm. 4), S. 226.

45   Anders gestaltet sich die Problematik in poststrukturalistischen Romantik-Lektüren: Dort scheint gerade die Untersuchung der Selbstbezüglichkeitslogik der frühromantischen Poetik so viel Raum zu gewinnen, dass ihre zeitkritischen Implikationen aus dem Blick zu geraten drohen. So stellt Herbert Uerlings mit Blick auf Winfried Menninghaus' Studie *Unendliche Verdopplung* (1987) fest: »Wenn bei Menninghaus ein großer Bereich aus Hardenbergs Werk, sein Konzept der Utopie, die staatstheoretischen Überlegungen und die von ihm vielfältig geübte Kritik gegenwärtiger Verhältnisse, nicht oder nur am Rande auftaucht, dann ist das nicht zuletzt eine Folge des dekonstruktiven Theorie-Rahmens.« (Herbert Uerlings: *Friedrich von Hardenberg, genannt Novalis. Werk und Forschung.* Stuttgart 1991, S. 620). Dies bestätigt sich etwa an Menninghaus' Versuch, die Welthaltigkeit der romantischen Poetik alleine über die Figur der Parabase und deren Prinzip sich selbst potenzierender Reflexion zu entwickeln; vgl. Winfried Menninghaus: *Unendliche Verdopplung. Die frühromantische Grundlegung der Kunsttheorie im Begriff absoluter Selbstreflexion.* Frankfurt a. M. 1987, S. 196–207. Denn zwar verspricht der Autor, dass vermittels der parabatischen Konstruktion »der Konkretion dessen, was im einzelnen ›Welt‹ heißt, [...] keine Grenzen gesetzt« (ebd., S. 208) seien. Dass Novalis solche Konkretion selbst leistet, zieht Menninghaus jedoch ebenso wenig in Betracht wie Fragen zur Konzeptualisierung des Verhältnisses von Subjektivität und dem Politischen, die daran anschließen können.

identifiziert.[46] Obschon die Irritation von Gewohnheiten auch bei Novalis einen wichtigen Teil des ästhetischen Verfahrens darstellt,[47] beinhaltet sein Verständnis von romantischer Poetik, wie am Beispiel der Sonnenmetapher deutlich wurde, auch Implikationen subjekttheoretischer, gattungstechnischer und politischer Exzentrik, welche die Logik der Erneuerungsbewegung erst definieren. Ohne sie bleibt der Begriff des ›Interessanten‹ defizitär. Werden sie jedoch in Rechnung gestellt, veranschlagt man also wieder einen emphatischen Begriff von Originalität, so beginnen die Selbstzuschreibungen von ›Kreativität‹ und ›Innovation‹ vom neoliberalen Subjekttypus rasch abzublättern.

Nach Maßgabe der Poetik Novalis' als ebenso mangelhaft erweist sich jedoch auch die reaktionäre Romantikadaption: Hier erstarren die Vorstellungen von Individuum wie Gesellschaft in festen Selbstbildern, deren mangelnde Dynamik durch chauvinistische Überhöhung nicht verdeckt werden kann. Es geht hier das für den romantischen Subjektbegriff konstitutive Paradigma der Intransparenz des Eigenen verloren, die eine immer neue Erprobung und Aushandlung des Selbst und der Gesellschaft provoziert und dem Selbst so Möglichkeiten abseits des als Eigenem bereits Verfestigten erschließt.

Dass beide Formen der Romantikadaption nach Maßgabe der tatsächlichen frühromantischen Konzeption für sich je unzulänglich sind, heißt indes nicht, dass ihre Anliegen und Impulse allesamt unberechtigt wären. Produktiv werden können sie nach dem Vorbild der romantischen Bewegungsdynamik jedoch nur, wenn sie in ein dynamisches Wechselspiel zueinander versetzt werden. Schließlich kann sich die reflexive Leistung und progressive Kraft gesellschaftlicher Selbstentwürfe nur entfalten, wenn diese zu wirtschaftlichen, sozialen und kulturellen Zusammenhängen breiter Gesellschaftsschichten in Bezug stehen und Debatten zu stiften vermögen, welche bereits durch ihre Vielstimmigkeit die Lächerlichkeit rechtsnationaler Alleinvertretungsansprüche von ›Volkes Stimme‹ herausstellen.

---

46   Reckwitz' Adaption der Kategorie des ›Neuen‹ führt über die bekannte Monografie von Boris Groys: *Über das Neue.* Frankfurt a. M. 1999; vgl. Andreas Reckwitz: *Erfindung der Kreativität* (s. Anm. 4), S. 333 ff.

47   Vgl. Friedmar Apel: »Die Poetik der Aufmerksamkeit bei Novalis«. In: Herbert Uerlings (Hg.): *Novalis. Poesie und Poetik.* Tübingen 2004, S. 141–150.

Demokratietheoretisch kann eine solche Aushandlungsbewegung mit der Theorie der belgischen Politikwissenschaftlerin Chantal Mouffe gefasst werden: Ihr zufolge bedingt eine sinnige Organisation des Politischen einerseits einen polarisierten, auch polemisch geführten Widerstreit unterschiedlicher Positionen. Andererseits müssen diese Invektiven zugleich immer durch ein Bemühen um die Stabilisierung des Diskurses durch liberal-demokratische Institutionen temperiert werden. Nur so kann, so Mouffe, eine ›agonistische‹ Demokratie, ein kämpferischer, aber in zivilem Rahmen geführter Diskurs, Bestand haben.[48]

Mouffe denkt diese zwischen Polemik und Besonnenheit changierende Haltung rein politisch. Nach dem Vorbild des Prinzips romantischer Exzentrik, wie es in Novalis' Sonnensystem-Metapher Ausdruck findet, kann man sie, so die These zum Schluss, jedoch im Zusammenhang mit subjektgenetischen und ästhetischen Formgesetzen von Dynamisierung und Stabilisierung untersuchen und herausstellen, inwieweit sich im Rekurs auf agonistische Verfahren politische, subjektive und ästhetische Entwicklungen auch wechselseitig reflektieren und antreiben können.

Mein Anliegen in der eingangs genannten Monografie besteht darin, zu zeigen, dass Poetiken, welche den exzentrischen Gestus romantischer Poetik im Zuge der zunehmenden Demokratisierung von Gesellschaften im 19. und 20. Jahrhundert neu konfigurieren, Formgesetze ausprägen, die diesem ›agonistischen‹ ähneln: Während nämlich im romantischen Entwurf unklar bleibt, wie weit die politischen Vorschläge bloß allegorisch gemeint sind, oder aber als real umsetzbar gelten sollen, konkretisieren spätere exzentrische Poetiken ihre politischen Invektiven, indem sie bestimmte politische Probleme in den Blick nehmen, vertrauen nun aber zunehmend auch auf das stabilisierende Potenzial des Demokratischen. Der exzentrische Gestus, der dabei erhalten bleibt, ist keiner der beiden Seiten von Reckwitz' Schema zuordenbar, sondern erschließt jener für Novalis' Romantisierungskonzept zentralen dynamischen, ins noch Unbekannte weisenden Wechselbewegung zwischen emotiver

---

48   Vgl. zur Übersicht über Mouffes Theorie das Kapitel »Was bedeutet ›agonistische Politik« in: Chantal Mouffe: *Agonistik. Die Welt politisch denken*. Übersetzt von Richard Barth. Berlin 2014, S. 21–43. Eine Aktualisierung ihrer Theorie mit Blick auf die Marktförmigkeit liberalistischer Kräfte und die jüngeren rechtspopulistischen Bewegungen Europas leistet Mouffe in ihrem Buch *Für einen linken Populismus*. Übersetzt von Richard Barth. Berlin 2018.

Mobilisierung und besonnener Institutionalisierung zunehmend demokratische Konfliktfelder.[49]

Eine sehr direkte Adaption der frühromantischen Paradigmen ist
etwa bei E. T. A. Hoffmann feststellbar, der zentrale Bestände aus Novalis'
Schriften übernimmt, das eschatologische Erlösungsmoment in einer bei
ihm stärkeren Reibung mit dem Alltäglichen jedoch zurückstellt. Formen
sexueller, künstlerischer oder politischer Exaltation sind bei ihm infolgedessen ein prekärerer, selbstzerstörerischerer Zug eigen als bei Novalis,
sodass zusätzliche Maßnahmen zur Selbststabilisierung getroffen werden müssen, die Hoffmann vor allem im Raum des Privaten findet.

Eine Figur wie Rat Krespel aus der gleichnamigen Erzählung von 1818,
der zwischen »tollen Gebärden und geschickten Hasensprüngen« einerseits und dem »Eselstritt im gewöhnlichen Geleise«[50] andererseits unvermittelt hin und her pendelt, kann die wilden Schösslinge seiner romantischen Subjektivität so beispielsweise nur vermittels eines aus Jean
Pauls Humorbegriff gewonnenen Sinnes für die idyllische Gemütlichkeit
einhegen: Zum Zweck der gleichzeitigen Kultivierung und Stabilisierung
seiner exzentrischen Subjektivität baut er sich ein wunderliches Haus,
das »von der Außenseite den tollsten Anblick gewährte, da kein Fenster
dem andern gleich war [...], dessen innere Einrichtung aber eine ganz
eigene Wohlbehaglichkeit erregte«.[51]

Herman Meyer hat solche Figuren in seiner bekannten Studie als
›humoristische‹ Sonderlinge etwa bei Jeremias Gotthelf, Friedrich Theodor Vischer und Wilhelm Raabe beschrieben: Für klassische Helden
zu verquer, für eigentliche Außenseiterrollen zu sehr in ihrem regres-
siven Muschelglück befangen, für das Bild des treuselig-träumerischen
Weltfremden aber wiederum zu unruhig und zu reflektiert, folgen ihre
Protagonisten einem Prinzip exzentrischer Subjektivität in ihrer immer

---

49   Dieses politische Feld konturiert Mouffe im Rückgriff auf die Theorie Ernesto Lac-
      laus nicht inhaltlich, sondern über Verfahrensweisen der stetigen Neuaushandlung
      der Machtverhältnisse. Herrschaftsstrukturen bleiben demnach immer veränder-
      bar, das Prinzip hegemonialer Macht an sich gilt Laclau aber als unüberwindlich;
      vgl. Ernesto Laclau: *On Populist Reason.* London 2005.
50   E. T. A. Hoffmann: *Sämtliche Werke in sechs Bänden.* Bd. 4. *Die Serapionsbrüder.* Hg.
      von Wulf Segebrecht. Frankfurt a. M. 2001, S. 54.
51   Ebd., S. 42.

prekären und somit stets nur vorübergehenden Vermittlung der Ansprüche von Vernunft und Gefühl mit den Erfordernissen des Alltags.[52]

Meyer hatte diese Figuren allerdings erstens gegen die Romantik profiliert und sie zweitens jeglicher politischen Bedeutung enthoben.[53] Folgt man jedoch einem Begriff des Romantischen, der sich nicht – wie noch bei Meyer gängig – im Hegel'schen Postulat ›reiner Negativität‹ erschöpft,[54] sondern vom dem beschriebenen exzentrischen Vermittlungsprinzip von Subjektivität und Objektivität ausgeht, so kann man in den Sonderlingspoetiken des 19. Jahrhunderts auch das Fortleben romantischer Impulse erkennen.

Hinsichtlich der politischen Implikationen dieser Poetiken kann man John Stuart Mill folgen, der davon ausging, dass die Exzentrizität der Bürger als Gratmesser der Demokratisierung von Gesellschaften dienen.[55] So entwickeln die Poetiken Gotthelfs, Vischers und Raabes – allesamt direkt oder indirekt durch bürgerliche Strömungen des Vormärz geprägt – zwar durch die Bank weg ein relativ pessimistisches Gesellschaftsbild: Nach den Jahren der Restauration, dann der gescheiterten bürgerlichen Revolution, ist die romantische Vorstellung, dass dereinst alle Menschen in ihrer Individualität ein harmonisch zentriertes Ganzes formen, nicht mehr virulent. Ihren Sinn für den polemischen Einspruch haben ihre Figuren aber dennoch nicht verloren.

Schon Hoffmann nutzt Erzählungen wie *Das Fräulein von Scuderi* (1818) oder *Meister Floh* (1822) mit seinem Pochen auf die Unabhängigkeit

52 Zum Typus des ›humoristischen‹ Sonderlings vgl. Herman Meyer: *Der Sonderling in der deutschen Dichtung*. München 1963, S. 84–99.
53 Vgl. ebd., S. 100 f.
54 Vgl. Karl Heinz Bohrer: *Die Kritik der Romantik*. Frankfurt a. M. 1989.
55 In seinem Traktat *On Liberty* (1859) postuliert Mill die zentrale Funktion politischer Exzentrik für eine demokratische Gesellschaft: »Gerade weil die Tyrannei der öffentlichen Meinung so stark ist, dass das Exzentrische einem zum Vorwurf gemacht wird, ist es erwünscht, dass man exzentrisch ist, um diese Tyrannei zu durchbrechen. Exzentrisches Wesen war immer reichlich dann und da vorhanden, wo Charakterstärke reichlich vorhanden war, und das Ausmaß der Exzentrizität in einer Gesellschaft stand immer im genauen Verhältnis zu dem Potential von Genie, Geisteskraft und sittlichem Mut, den sie enthielt.« (John Stuart Mill: *Über die Freiheit* [1859]. Übersetzt von Bruno Lemke und mit Anhang und Nachwort hg. von Bernd Gräfrath. Stuttgart 2010, S. 97).

der Justiz für politische Postulate.[56] Gotthelf stört den Liberalismus der
in der Schweiz 1848 ja erfolgreichen, seiner Ansicht nach allerdings zu
wirtschaftszentrierten bürgerlichen Bewegung durch Einsprachen eines
urchristlichen Gerechtigkeitssinns literarisch, publizistisch und auch
in seiner Pfarrtätigkeit auf, die er wiederum in seiner Erzählung *Hans
Joggeli der Erbvetter* (1848) literarisch konfiguriert.[57] Friedrich Theodor
Vischer schiebt dem Helden in *Auch Einer* (1879) die eigenen Erfahrungen und Ernüchterungen in der Frankfurter Nationalversammlung unter
und lässt ihn ebenso engagiert für den Tierschutz protestieren wie gegen
die Einigung Deutschlands unter preußischer Ägide.[58] Und Wilhelm
Raabes spätere Romane exerzieren die Verheerungen von Industrialisie-
rung und Krieg in der Beschreibung der Zerstörung ökologischer Räume
durch.[59]

---

56   Vgl. Wulf Segebrecht: »E. T. A. Hoffmanns Auffassung vom Richteramt und vom
      Dichterberuf. Mit unbekannten Zeugnissen aus Hoffmanns juristischer Tätigkeit«.
      In: *Jahrbuch der Deutschen Schillergesellschaft* 11 (1967), S. 62–138, Hartmut Man-
      gold: »›Heillose Willkür‹. Rechtsstaatliche Vorstellungen und rechtspraktische Er-
      fahrungen E. T. A. Hoffmanns in den Jahren der preußischen Restauration«. In:
      Heinz Ludwig Arnold (Hg.): *E. T. A. Hoffmann*. München 1992, S. 167–176, sowie die
      juristisch kommentierte Ausgabe E. T. A. Hoffmann: *Meister Floh. Märchen zweiter
      Freunde*. Mit Kommentaren von Michael Niehaus und Thomas Vormbaum. Berlin
      2018.

57   Zur politischen Poetik Gotthelfs vgl. Albert Tanner: »Vom ›ächten Liberalen‹ zum
      ›militanten‹ Konservativen? Jeremias Gotthelf im politischen Umfeld seiner Zeit«.
      In: Hanns Peter Holl und J. Harald Wäber (Hg.): »...*zu schreien in die Zeit hinein...*«.
      Beiträge zu Jeremias Gotthelf/Albert Bitzius (1797–1854). Bern 1997, S. 11–59.

58   Vgl. zum Tierschutzmotiv Andrea Hauser: »Vischer als Tierschützer«. In: Andrea
      Berger-Fix (Hg.): *›Auch Einer‹. Friedrich Theodor Vischer zum 100. Todestag*. Lud-
      wigsburg 1987, S. 172–180; das Verhältnis zur deutschen Reichsgründung wird
      dargestellt in Christian Jansen: »Vischers politische Haltung und sein politisches
      Engagement zwischen Revolution und Reichsgründung«. In: Barbara Potthast und
      Alexander Reck (Hg.): *Friedrich Theodor Vischer. Leben – Werk – Wirkung*. Heidel-
      berg 2011, S. 37–56, und Nicolas von Passavant: »Poetik des ›Cynismus‹. Literarische
      und politische Agonistik bei Vischer, Fontane und Raabe«. In: *Jahrbuch der Raa-
      be-Gesellschaft* 58 (2017), S. 81–103.

59   Vgl. Heinrich Detering: »Apokalyptische Bedeutungsstrukturen in Raabes *Das
      Odfeld*«. In: *Jahrbuch der Raabe-Gesellschaft* (1984), S. 87–98, Hermann Helmers:
      »Raabe als Kritiker von Umweltzerstörung. Das Gedicht *Einst kommt die Stunde*
      in der Novelle *Pfisters Mühle*«. In: Literatur für Leser (1987), S. 199–211, und Dirk
      Göttsche: »›Pionier im alten abgebrauchten Europa‹. Modernization and colonia-
      lism in Raabe's *Prinzessin Fisch*«. In: Ders. und Florian Krobb (Hg.): *Wilhelm Raabe.
      Global Themes – International Perspectives*. London 2009, S. 38–51.

VI.   Agonistische Ästhetik

Es ist nicht nur das Aufgreifen bestimmter gesellschaftskritischer Themen, welche diese Literaturen als politische ausweist. Dieses liegt bereits im dortigen Verständnis von Subjektivität und Gesellschaft an sich:
Bei Hoffmann bis Raabe tragen die stets empfindsamen Figuren innere
Kämpfe zwischen Impulsen der Exaltation und dem Bedürfnis nach
Stabilität aus, sodass sich ihr stetes Ringen um Fassung komplementär
zu einer auch der Gesellschaft zugeschriebenen unhintergehbaren Kon-
flikthaftigkeit verhält.[60] Und analog dazu folgen die Texte auch poetolo-
gisch dem romantischen Prinzip einer immer neuen Aushandlung ihrer
Form.[61]

Diese Vorstellung eines unhintergehbaren gesellschaftlichen Streits ist
der von Chantal Mouffe prägnant formulierten Einsicht geschuldet, dass
eine Gesellschaft, welche sich von großen Utopien gelöst hat, sich in der
Bemühung um die Entwicklung und Erhaltung demokratischer Strukturen in einem stetigen Prozess immer wieder radikal hinterfragen und neu
definieren muss – und dies, wie in der romantischen Subjekttheorie, in
einem konstitutiven Bezug auf auch emotive Dimensionen.[62] Die dafür

---

60   Mouffe betrachtet die liberal-demokratischen Grundwerte von Freiheit und
      Gleichheit unter dem Begriff des »demokratischen Paradoxes«, deren Verhältnis
      nie abschließend definiert werden kann, sondern immer neu ausgehandelt wer-
      den muss; vgl. Chantal Mouffe: Das demokratische Paradox [2000]. Übersetzt von
      Oliver Marchart. Wien 2015.

61   Bei Gotthelf kann man den zwischen Genuss und Mäßigung eigensinnig vermit-
      telnden Titelhelden aus *Hans Joggeli der Erbvetter* auch als Figuration der den Text
      prägenden idiosynkratischen Mischung aus Dialekt und Schriftsprache lesen. Die
      Nervosität und Agilität von Vischers Held aus *Auch Einer* (1879) spiegelt sich in
      dem wilden Montageprinzip des Romans, welcher nebst einem Bericht Tagebuch-
      aufzeichnungen, Notizblätter und auch eine eingeschobene Novelle enthält. Und
      der Protagonist etwa in Raabes *Stopfkuchen* (1891) bestimmt die Dramaturgie des
      Erzählens im Verlauf der Handlung zunehmend durch seine idiosynkratischen
      Monologe.

62   Der Einbezug von Emotionen in die politische Auseinandersetzung wird bei Mouf-
      fe in Anlehnung an die Demokratietheorie Antonio Gramscis nicht im Gegensatz
      zu rationaler Argumentation verstanden. Er stellt jedoch in Rechnung, dass die
      vernünftige Argumentation ihrer These nach alleine nicht ausreiche, um die de-
      mokratischen Kräfte zum Zweck dessen zu mobilisieren, was Mouffe eine Verän-
      derung des gesellschaftlichen »Begierde- und Affektregime[s]« nennt (Chantal
      Mouffe: *Für einen linken Populismus* [s. Anm. 48], S. 90).

nötige Mischung von zugleich ruheloser und besonnener, bärbeißiger und empfindsamer, polemischer und gemütsamer Disposition symbolisieren diese stets zwischen Aufschäumen und Geruhsamkeit bewegten Protagonisten humoristisch überhöht. Und analog zur stetigen Erneuerung der demokratischen Aushandlungsbewegung dient dieser Sonderlingstypus auch in Poetiken des 20. Jahrhunderts und der Gegenwart, von Robert Walser und Kurt Tucholsky bis zu Thomas Bernhard und noch Sibylle Berg, zur Reflexion der jeweiligen politischen und literarischen Programmatik.

Andreas Reckwitz hat als Erbe des romantischen Subjektbegriffs einerseits einen Liberalismus beschrieben, der sich in manchen seiner Ausprägungen zwar in gelegentlich wohlfeilen identitätspolitischen Bekenntnissen ergeht, aber in seinem wirtschaftsliberalen Konformismus keine Position von Negativität und damit auch keinen dynamischen politischen Diskurs auszubilden vermag. Und andererseits zeichnet er einen reaktionären Kulturessenzialismus nach, der sich zwar negativ zu positionieren weiß, jedoch liberal-demokratische Institutionen systematisch destabilisiert; etwa durch Angriffe auf die Unabhängigkeit der Justiz und die Freiheit der Presse.

Mit der hier skizzierten humoristischen Rezeptionslinie der Romantik, welche das Prinzip exzentrischer Subjektivität und Gattungspoetik mit Verfahren agonistischer Politik verschränkt, wird eine Form des Selbst- und Gesellschaftsverständnisses vorgestellt, welche die dynamisierende Funktion des polemischen Gestus bewahrt, die eigene Position zugleich, als exzentrische, jedoch im liberal-demokratischen Diskurs zu relativieren weiß.[63] Dem für die Frühromantik zentralen dynamischen Subjekt- und Gesellschaftsbegriff kommt sie somit

---

63   Mouffe stützt sich in ihrem Konzept des Politischen auf Carl Schmitt, um seine bürgerkriegshafte Freund-Feind-Dichotomie auf demokratische Verhältnisse umzumünzen; vgl. Chantal Mouffe: *Über das Politische – Wider die kosmopolitische Illusion* [2005]. Übersetzt von Niels Neumeier. Frankfurt a. M. 2007. Die hier skizzierte Adaption des Exzentrischen läuft indessen konträr zur Schmitt'schen Konzeption des Romantischen: Nicht rückhaltloser Subjektivismus, wie ihn Schmitt diagnostizierte, wird aus der romantischen Poetik übernommen, sondern eben jene Mischung aus poetischer Agilität und Besonnenheit, welche Novalis seiner Königsfigur zuschrieb (vgl. zu Schmitts Romantik-Begriff Matthias Löwe: »›Politische Romantik‹ – Sinnvoller Begriff oder Klischee? Exemplarische Überlegungen zum frühromantischen ›Staatsorganismus‹-Konzept und seiner Rezeptionsgeschichte«. In: *Athenäum* 21 (2011), S. 189–202).

eben unter diesem Gesichtspunkt sich selbst regulierender Exzentrik näher als die von Reckwitz genannten Varianten und weiß ihn zugleich unter demokratischeren Vorzeichen produktiver zu machen als diese.

Mit einem solchen agonistischen Literaturbegriff sind Möglichkeiten des Ästhetischen angesprochen, die sich nicht in einem primär durch Bekenntnishaftigkeit und Provokation definierten Begriff des Politischen erschöpfen.[64] Kunst verfügt, wie mit den literarischen Beispielen von Hoffmann bis Raabe angedeutet, auch über die Fähigkeit, das eben skizzierte Spiel zwischen Formverlust und Formgebung in immer neuen Vokabularen als komplementäre Prinzipien des Subjektivem und des Gesellschaftlichen zu entwerfen, im Rahmen derer sich politische Veränderungen aus jenem von Mouffe beschriebenen spannungsvollen demokratischen Aushandlungsverfahren resultierend ereignen können.

Mit ihrer allegorisch überhöhten Zurschaustellung des Exzentrischen verweisen die in diesem Zusammenhang genannten Sonderlingsfiguren somit auf die Potentiale ästhetischer Formgesetze zur Vermittlung von Politik und Subjektivität. Das Prinzip des romantischen-expressiven Subjektbegriffs wird in den Rahmen eines demokratischen Selbstverständnisses transferiert und das Sensorium für die Logik demokratischer Aushandlung zugleich durch seine subjektive Plausibilisierung erweitert. Und im Zeichen solcher ›nachromantischer‹ Exzentrik kann sich jener urromantische Traum der Dynamisierung und Vermittlung subjektiver und gesellschaftlicher Selbstentwürfe durch Kunst wohl am ehesten erfüllen.

---

64 Solche Formen von selbsterklärt politischer Kunst, die mit avantgardistischem Pathos einen absoluten Bruch mit der Gesellschaft postulieren, sieht Mouffe als geradezu »›antipolitisch‹, da sie den Charakter des politischen Ringens um die Hegemonie nicht erfassen« (vgl. Chantal Mouffe: *Agonistik* [s. Anm. 48], S. 158).

Schlegels Verlagsvertrag mit Frommann über die Uebersetzung der sämmtlichen Werke des Plato

Betty Brux-Pinkwart und Johannes Korngiebel

Die Übersetzung der sämtlichen Werke Platons gehört zu den wirkmächtigsten Großprojekten der romantischen Bewegung. Nicht nur reicht ihre Entstehungszeit von der Mitte der 1790er Jahre bis ins Jahr 1828 und umfasst somit eine Zeitspanne, die sich von den Anfängen der Romantik bis in deren Spätzeit zieht. Die Übertragung stellt auch eine der ersten umfassenden Übersetzungen der Dialoge Platons ins Deutsche dar[1] und gehört als solche – nicht zuletzt ihrer Nähe zum Original und der (dennoch) guten Lesbarkeit wegen – bis heute zu den verbreitetsten und am meisten rezipierten Übersetzungen des platonischen Dialogwerks. Darüber hinaus entstand dieses Übersetzungsprojekt von Anfang an in enger Wechselwirkung mit der Ausbildung der frühromantischen Theoriebildung: Die Bedeutung, die das Werk Platons für Friedrich Schlegel, dessen Philosophieverständnis und eigene philosophische Entwicklung hat, kann nur schwerlich überschätzt werden.[2] Und auch im Falle Schleiermachers ist die konkrete Übersetzungsarbeit in enger Verbindung zur

---

1   Neben Übersetzungen einzelner Dialoge, wie sie schon im 16. und 17. Jahrhundert unternommen worden waren, boten verschiedene Ausgaben – etwa die *Sechs auserlesenen Gespräche Platons* von Johann Samuel Müller (Hamburg 1736), die sechsbändigen *Werke des Plato* von Johann Friedrich Kleuker (Lemgo 1778–1797) oder die dreibändigen *Auserlesenen Gespräche des Platon* von Friedrich Leopold Graf zu Stolberg (Königsberg 1796–1797) – auch Übertragungen mehrerer Dialoge.

2   Für Schlegel ist Platon zeitlebens einer der wichtigsten Referenzautoren gewesen. Noch in seiner *Philosophie des Lebens* von 1827 bekennt er: »Es sind jetzt eben neununddreißig Jahre, seit ich die sämtlichen Schriften des Plato in griechischer Sprache zum ersten Mal mit unbeschreiblicher Wißbegierde durchlas; und seitdem ist neben mancherlei andern wissenschaftlichen Studien, diese philosophische Nachforschung für mich selbst eigentlich immer die Hauptbeschäftigung geblieben.« (*KFSA* 10, S. 1–307, hier S. 179 f., ähnlich auch in Schlegels *Gemäldebeschreibungen aus Paris und den Niederlanden. In: KFSA* 4, S. 2–152, hier S. 4). Einen Überblick über Schlegels Beschäftigung mit Platon geben: Bärbel Frischmann: »Friedrich Schlegels Platonrezeption und das hermeneutische Paradigma«. In: *Athenäum* 11 (2001), S. 71–92 und Peter D. Krause: »Friedrich Schlegel und Plato – Plato und Friedrich Schlegel«. In: *Germanisch-Romanische Monatsschrift* 52 (2002), S. 343–363.

VERLAG FERDINAND SCHÖNINGH, 2019 | DOI:10.30965/9783657792573_008

parallelen Entwicklung einer neuen Theorie der Übersetzung und der Hermeneutik zu sehen.[3] Schließlich haben die Übertragung und mehr noch die ihr beigegebenen Einleitungen zu den einzelnen Dialogen eine Platon-Deutung begründet, die – trotz verschiedentlicher Kritik – noch bis heute Gültigkeit für sich in Anspruch nehmen kann.[4]

In Anbetracht dieser überragenden Bedeutung ist es umso bedauerlicher, dass über die konkrete Entstehungsgeschichte dieses Übersetzungsprojekts und dessen genaue Entwicklung nur relativ wenig bekannt ist. Abgesehen von zahlreichen Stellen des Briefwechsels zwischen Schlegel und Schleiermacher haben sich kaum ausführlichere Aufzeichnungen aus der Frühphase des Projekts erhalten.[5] Diese Lücke vermag der hier angezeigte Fund zumindest ein Stück weit zu schließen. Denn der Verlagsvertrag, der sich innerhalb des Nachlasses ›Frommann‹ im Faszikel »Verlagsverträge« des *Goethe- und Schiller-Archivs* der *Klassik Stiftung Weimar* erhalten hat (Signatur: GSA 21/60, Bl. 13), gibt neben Detailinformationen zur geplanten Ausgabe auch einen Eindruck von Friedrich Schlegels Verhältnis zu seinem Jenaer Verleger Friedrich Frommann.

Bei der Handschrift, die in der Forschung bisher unberücksichtigt blieb, handelt es sich um ein auf zwei Seiten beschriebenes, dünn

---

3 Zur Bedeutung Platons für Schleiermacher vgl. Andreas Arndt: »Schleiermacher und Platon« [1996]. In: Ders.: *Friedrich Schleiermacher als Philosoph*. Berlin u. a. 2013, S. 263–274. Speziell zur Übersetzung vgl. Jörg Jantzen: »Schleiermachers Platon-Übersetzung und seine Anmerkungen dazu«. In: *Schleiermacher. Über die Philosophie Platons*. Hg. von Peter M. Steiner. Hamburg 1996, S. XLV–LVIII sowie neuerdings: François Thomas: »Schleiermacher und seine Platon-Übersetzung«. In: *Idealismus und Romantik in Jena. Figuren und Konzepte zwischen 1794 und 1807.* Hg. von Michael Forster, Johannes Korngiebel und Klaus Vieweg. Paderborn 2018, S. 109–135.

4 Vgl. etwa Hans Krämer der – freilich in kritischer Absicht – meint: »Die von F. Schlegel geprägten Kategorien haben das philosophische Erscheinungsbild Platons und seinen denkerischen Typus zumindest in der kontinentalen Forschung bis in die Gegenwart überwiegend bestimmt und gelten dafür weiterhin als richtungsweisend.« (Hans Krämer: »Fichte, Schlegel und der Infinitismus in der Platondeutung«. In: *Deutsche Vierteljahrsschrift für Literaturwissenschaft und Geistesgeschichte* 62 (1988), S. 583–621, hier S. 616). Vgl. dazu auch: Peter M. Steiner: »Zur Kontroverse um Schleiermachers Platon«. In: Ders. (Hg.): *Schleiermacher. Über die Philosophie Platons.* Hamburg 1996, S. XXIII–XLII.

5 Die Ausnahme bilden Schlegels *Grundsätze zum Werk Platos* (in: *KFSA* 18, S. 526–530) bzw. die damit im Zusammenhang stehenden Notizen in Schlegels Heften (z. B. *KFSA* 18, S. 216, Nr. 258, S. 221, Nr. 328 und S. 244, Nr. 617).

geripptes Doppelblatt guten, mit Wasserzeichen versehenen,[6] leicht
nachgebräunten und zweifach gefalteten Papiers in den Maßen 189 x 229
mm. Die mit brauner Tinte aufgetragene, zierliche Schrift, die aller Wahrscheinlichkeit nach von Friedrich Frommann selbst stammt, ist sauber
und rein, Korrekturen sind nicht vorhanden. Das legt die Annahme nahe,
dass es sich bei dem Vertrag um eine auf einem nicht erhaltenen Konzept basierende Reinschrift handelt. Dafür spricht auch das gut erhalte-
ne, rote Schellacksiegel Frommanns am Ende der zweiten Seite sowie die
jeweils eigenhändigen Unterschriften Friedrich Frommanns und Friedrich Schlegels.

Im Folgenden wird der Vertrag erstmals zeichen- und buchstabenge-
treu abgedruckt, wobei Unterstreichungen als solche, sonstige Hervor-
hebungen – etwa lateinische oder vergrößerte Schreibung – als Kursivie-
rungen wiedergegeben werden.

Herr *Friedrich Schlegel.* und der Buchhändler *Friedrich Frommann*
haben sich über eine genaue und vollständige:
 Uebersetzung der sämmtlichen Werke des Plato
in nachstehenden Punkten vereiniget:

1,   Herr *Friedrich Schlegel* übernimmt diese Uebersezzung in der
      Art, daß der <u>erste</u> Band *Oster Messe 1801.* erscheinte und der
      Druck also, spätestens im *Januar 1801,* anfangen kann.

2,   Jeder Band in gros *Octav* enthält 30 bis 32 Bogen, und der erste
      Band wird mit einer einleitenden Abhandlung über Platos
      Geist und Werke etc. von 12 bis 16 Bogen eröfnet, so wie die
      Uebersezzung selbst die gehörigen Einleitungen und Anmer-
      kungen erhält.

3,   Verpflichtet sich der Buchhändler *Friedrich Frommann* fürs
      erste nur zum Verlag <u>zweier</u> Bände, von denen der Erste *Oster
      Messe 1801.* und der Zweite *Michaelis Messe* desselben Jahres
      oder *Oster Messe 1802* erscheinen sollen! Der Absaz dieser bei-
      den Bände bis *Michaelis Messe 1802* soll dann die Fortsezzung
      oder den Schlus dieser Unternehmung entscheiden.

---

6   Bei dem Wasserzeichen handelt es sich um ein Posthorn in gekröntem Schild mit an-
    gehängter Dreipassmarke, darunter steht: »PIETER DE VRIES / & / COMP.«.

4,   Als Honorar zahlt der Buchhändler *Frommann* für den gedruck-
20   ten Bogen *median Octav 10 thlr Preuss. Art.* und zwar in der Art:

5,   Daß er in oder nach der *Oster Messe a. c: 100 thlr* auf das Honorar
des ersten Bandes *avancirt* und\\den Rest nach Vollendung
25   des Drucks dieses Bandes nachzahlt. Eben so werden von ihm
beim Anfange des Drucks des zweyten Bandes *100 thlr.* vorausgezahlt, und das übrige nach Vollendung des Drucks.

6,   Die einleitende Abhandlung zum ganzen Werck an der Spizze
des ersten Bandes, erhält die Einrichtung daß sie auch einzeln
30   ausgegeben werdenn kann! Dies geschieht also vom Verleger,
der dagegen die von ihr angefüllte Bogenzahl des ersten Bandes
mit *15. thlr Preuss. Art.* pro Bogen honoriret.

7,   *Friedrich Frommann* liefert Herrn *Friedrich Schlegel* die ihm
nötigen Bücher und zwar, die in Deutschland gedruckten mit
35   einem *Rabatt* von *15 proCent.* Der Betrag dieser Bücher wird
beym Honorar des zweyten Bandes erst abgezogen.

8,   Liefert der Buchhändler *Frommann* an Frey-Exemplaren
16 Exemplare
und zwar 8 auf gutes Pappier und 8 auf DruckPappier
40   Vorstehender Kontrackt ist von beyden Theilen zum Beweis ihrer
Billigung eigenhändig unterschrieben und untersiegelt.
Jena am. 29. Aprill. 1800.
Fried Frommann   Friedrich Schlegel

Der hier erstmals publizierte Verlagsvertrag markiert den endgültigen Entschluss zur Umsetzung einer Idee, die Friedrich Schlegel schon seit Jahren umtrieb. Bereits recht früh, noch während der Vorbereitung auf das akademische Studium Ende der 1780er Jahre, war Schlegel zu einem begeisterten Leser Platons geworden. Die erste Begegnung scheint dabei als eine Art Erweckungserlebnis gewirkt zu haben, infolgedessen der gerade Sechzehnjährige beschloss, sein Leben und Denken der Philosophie zu widmen. Entsprechend blieb die Auseinandersetzung mit Platon zeitlebens eine von Schlegels Hauptbeschäftigungen. Das wird auch durch die erhaltenen Quellen bestätigt. So finden sich nicht nur in Schlegels Briefen – schon seit den frühesten Jahren – zahlreiche

Anspielungen und Bezugnahmen auf Platon;[7] auch seine Notizhefte sind durchsetzt von Überlegungen, Exzerpten, Schemata und Versuchen über Platons Philosophie.[8] Darüber hinaus haben auch einige von Schlegels frühen Veröffentlichungen und Aufsätzen Platon beziehungsweise dessen Denken zum Inhalt: Darunter die Schrift *Über die Diotima*,[9] eine richtungweisende Rezension von Friedrich Leopold Graf zu Stolbergs *Auserlesenen Gesprächen des Platon* von 1797[10] sowie ferner die Studien zum klassischen Altertum und die großen Vorlesungszyklen der späten Jahre.

Die nicht zuletzt für die eigenen Arbeiten ständig wiederholte Lektüre ließ auch die Idee einer Übersetzung aufkommen. Im Januar 1796 wurden die Pläne, die, wie Schlegel schreibt, schon »lange der Gegenstand meiner Wünsche« waren, konkret.[11] Anvisiert wurden zunächst Einzelübersetzungen der »kleine[n] Plat[onischen] Gespräch[e]«, etwa des »Lysis, Charmides oder de[s] Laches«, aber auch von den »Gesetze[n]« und »der Republik des Plato« war schon die Rede.[12] Trotz intensiver Bemühungen scheiterten all diese Pläne letztlich, weil es Schlegel nicht gelang, einen Verleger zu finden, mit dem sich die weit ausgreifenden Pläne realisieren ließen. Dennoch gab er das Projekt nicht auf und verfolgte es besonders in den Jahren der Freundschaft mit Schleiermacher weiter. Dessen Erinnerungen zufolge machte ihm Schlegel 1798 in Berlin den Vorschlag, das platonische Gesamtwerk gemeinsam zu übersetzen:

Es muß schon Anno 1798 gewesen sein, als Friedrich Schlegel in unsern philosophirenden Unterhaltungen, in denen Platon nicht

---

7   Vgl. z. B. den Brief an August Wilhelm Schlegel, 27. Februar 1794. In: *KFSA* 23, S. 182–187, hier S. 184 sowie generell die Register der entsprechenden Briefbände der *KFSA*.

8   Vgl. die Register zu *KFSA* 18 und 19.

9   Vgl. *KFSA* 1, S. 70–115.

10   Vgl. *KFSA* 8, S. 38–40.

11   Friedrich Schlegel an Karl August Böttiger, 28. Januar 1796. In: *KFSA* 23, S. 277–278, hier S. 278.

12   Friedrich Schlegel an August Wilhelm Schlegel, 19. Januar 1796. In: Ebd., S. 247–277, hier S. 275 und derselbe an Karl August Böttiger, 28. Januar 1796. In: Ebd., S. 277 f.

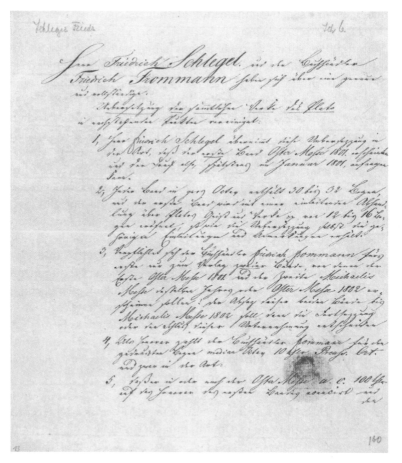

Klassik Stiftung Weimar (GSA 21/60, Bl. 13).

selten vorkam zuerst ganz flüchtig den Gedanken äußerte daß es
nothwendig wäre in dem dermaligen Zustande der Philosophie den
Platon recht geltend zu machen, und ihn deshalb vollständig zu
übersezen.[13]

---

13   Friedrich Schleiermacher an August Boeckh, Ende April bis 18. Juni 1808. In: Fried-
rich Daniel Ernst Schleiermacher: Kritische Gesamtausgabe. Hg. von Hans-Joachim
Birkner und Hermann Fischer (künftig mit der Sigle *KGA* zitiert). Bd. V.10,
S. 116–124, hier S. 117.

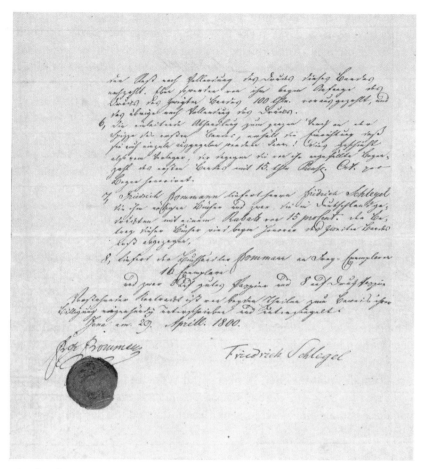

Klassik Stiftung Weimar (GSA 21/60, Bl. 13 Rs.).

Die Gemeinschaft mit Schleiermacher, der bald danach eingewilligt hatte, sich an dem Projekt zu beteiligen,[14] wirkte wie ein neuer Anstoß. Schlegel nahm die Beschäftigung mit Platon wieder auf und im engen Austausch mit Schleiermacher[15] entstanden philologische Untersuchungen

---

14   Vgl. *KGA* V.3, S. 101 f., hier S. 101.
15   Vgl. dessen Studienheft *Zum Platon* (in: *KGA* I.3, S. 341–375).

zur Echtheit der Dialoge und deren relativer Chronologie.[16] Das macht
deutlich, dass sich das Projekt inzwischen gewandelt hatte. Es sollte
nun nicht mehr nur um die Übertragung einzelner Dialoge gehen; an-
gestrebt wurde vielmehr eine *vollständige* Übersetzung des platonischen
Gesamtwerks.

Dass ein solches Unternehmen gerade auch am Ende des 18. Jahrhunderts seine Berechtigung hatte, zeigt schon ein flüchtiger Blick auf die
deutsche Platon-Rezeption jener Zeit.[17] Bereits zu Beginn des Jahrhunderts hatte Leibniz eine Wiederbelebung der platonischen Philosophie
gefordert.[18] Dennoch blieb das Interesse sowohl der Philosophie wie
auch der Philologie zunächst verhalten. Erst für die zweite Hälfte des 18.
Jahrhunderts kann eine verstärkte Beschäftigung mit Platon – unter anderem bei Hamann, Winckelmann, Mendelssohn und Kant – festgestellt
werden. Parallel dazu erschienen verschiedene Teilübersetzungen der
Dialoge und – 1781 bis 1787 – die sogenannte *Zweibrücker Ausgabe,* die
zum ersten Mal seit 1602 einen vollständigen griechischen Text enthielt
und durch die lateinische Übersetzung Ficinos ergänzt worden war.[19]
Angeregt nicht zuletzt durch diese neue Textgrundlage, auf die auch
Schlegel zurückgriff,[20] erreichte die deutsche Platon-Rezeption am Ende
des Jahrhunderts schließlich einen ersten Höhepunkt: In schneller Folge
entstanden zahlreiche Schriften und Abhandlungen zu verschiedensten
Aspekten des platonischen Denkens und Wilhelm Gottlieb Tennemann
legte 1792 bis 1795 ein vierbändiges *System der Platonischen Philosophie*
vor, das erstmals eine geschlossene Gesamtdarstellung der platonischen
Lehren bot.[21]

---

16   Zu den Ergebnissen dieser Studien zählen die später zusammengefassten und am
      8. Dezember 1800 an Schleiermacher übersandten *Grundsätze zum Werk Platos*
      (in: *KFSA* 25, S. 209–211.).

17   Für das Folgende vgl. Thomas Leinkauf: »Deutsche Klassik und deutscher Idea-
      lismus/Platon-Philologie im 19. Jahrhundert«. In: Christoph Horn u. a. (Hg.): *Pla-
      ton-Handbuch. Leben – Werk – Wirkung.* Stuttgart/Weimar 2009, S. 474–499.

18   Vgl. Max Wundt: »Die Wiederentdeckung Platons im 18. Jahrhundert«. In: *Blätter
      für deutsche Philosophie* 15 (1941), S. 149–158, hier S. 151.

19   Vgl. Platon: [*Opera*] *quae exstant graece ad editinem Henrici Stephani accurate
      expressa cum Marsilii Ficini interpretatione.* Hg. von Societas Bipontina. 12 Bde.
      Zweibrücken 1781–1787.

20   Vgl. *KFSA* 25, S. 330 f., hier S. 330.

21   Vgl. Wilhelm Gottlieb Tennemann: *System der Platonischen Philosophie.* 4 Bde. Jena
      1792–1795.

Es lag also durchaus nahe, die Diskussion um Platon durch eine bis dato noch immer fehlende vollständige Übersetzung der Dialoge ins Deutsche allererst zu fundieren. Hinzu kam Schlegels Anspruch, parallel dazu eine Deutung Platons zu entwickeln, die vor allem der Form und Darstellung seines Denkens Rechnung tragen sollte.[22] Und schließlich verband Schlegel mit alledem die Hoffnung auf eine entscheidende Bereicherung der zeitgenössischen philosophischen Debatten. Seine Übersetzung sollte nicht nur »den Foderungen des Philologen und den Erwartungen des Philosophen Genüge« leisten,[23] er verstand sie im Sinne einer *Reaktualisierung* des platonischen Geistes auch als Beitrag zur gegenwärtigen Philosophie des ausgehenden 18. Jahrhunderts.[24] So schrieb Schlegel an seinen ehemaligen Göttinger Lehrer Christian Gottlob Heyne, dem er von seiner Idee einer »vollständige[n] Uebersetzung des Plato« berichtet hatte: »Es scheint mir selbst für das Jetzige heilsam, dieses Beyspiel, wie man Philosophie mit den Musen verbinden kann, neu und allgemeiner faßlich aufzustellen«.[25]

Auf der anderen Seite stellte das so konzipierte, äußerst anspruchsvolle Unternehmen aber erhebliche Anforderungen nicht nur an die beiden Übersetzer, sondern auch an den Verleger. Vor diesem Hintergrund muss Schlegel es als Glück empfunden haben, als sich Anfang Februar 1800

---

22 In diesem Sinne hatte es bereits in Schlegels früher Rezension zu Stolbergs Platon-Übersetzung geheißen, man müsse »nicht einzelne Worte, sondern den Geist seiner [d. i. Platons] Lehren zu *erklären* versuchen« (Friedrich Schlegel: *Rezension der auserlesenen Gespräche des Platon, übersetzt von Friedrich Leopold Grafen zu Stolberg. 1797.* In: *KFSA* 8, S. 38–40, hier S. 39). In diesem Anspruch stimmte Schlegel, ohne dass er es wissen konnte, mit Goethe überein, der in seiner 1796 entstandenen, allerdings erst 1826 publizierten Rezension zu Stolbergs Übersetzung Ähnliches gefordert hatte. Vgl. Johann Wolfgang von Goethe: *Plato als Mitgenosse einer christlichen Offenbarung.* In: *Goethes Werke.* Hg. im Auftrage der Großherzogin Sophie von Sachsen (Weimarer Ausgabe). I. Abteilung. Bd. 41.2, S. 169–176.

23 Friedrich Schlegel: *Ankündigung der geplanten Übersetzung des Platon,* 21. März 1800. In: *KFSA* 3, S. 334.

24 Entsprechend fiel die Zeit der intensiven Auseinandersetzung mit Platon auch nicht zufällig in eben jene Monate, in denen Schlegel seine eigene philosophische Position erstmals in Form von akademischen Vorlesungen in Jena präsentierte. In ihnen versuchte Schlegel eine Summe seines frühromantischen Denkens zu ziehen, das in zentralen Punkten an Platon anknüpfte. Vgl. dazu Johannes Korngiebel: »Friedrich Schlegel's Sceptical Interpretation of Plato«. In: *Hegel and Scepticism.* Hg. von Jannis Kozatsas u. a. Berlin/Boston 2017, S. 165–183.

25 Friedrich Schlegel an Christian Gottlob Heyne, 16. März 1800. In: *KFSA* 25, S. 73. Ähnlich auch der Brief an Heyne, 27. April 1800. In: Ebd., S. 96.

plötzlich eine Möglichkeit bot, das ambitionierte Projekt tatsächlich zu realisieren. Schlegel, der Berlin verlassen hatte und Anfang September 1799 wieder nach Jena übergesiedelt war, berichtete Schleiermacher in einem Brief vom 3. Februar 1800 von dem Glücksfall:

> Denk Dir nur, eine neue Begebenheit! – Du weißt, ich bereite mich zur Luc[inde] im Plato vor. Da habe ich eben den Hippias, Phaedrus, Philebus, Gorgias, Protagoras gelesen und viel Betrachtungen darüber angestellt, nebenbey auch wie man ihn übersetzen soll, als der Frommann, aus Gelegenheit daß der Wagner, von dem Du ein PlatonLexikon unter meinen Büchern finden wirst, ihm eine Uebersetzung des Plato angetragen, mit mir darüber redet, weil er von Tieck vernommen, daß ich dasselbe wolle. – Er bekommt zu Zeiten Lust etwas Rühmliches zu unternehmen und seine Lust war denn auch dießmal so groß, daß er 2 L[ouis]d'ors und alle anderen Bedingungen (die uns jetzt sehr ersprießlich seyn würden) einging. Wie aber mit dem Volke nichts rechtes anzufangen ist, so kommt er eben, da ich Dir wegen der Gemeinschaftlichkeit dieses Unternehmens ausführlich schreiben will, wieder und meynt, wenn der Wagner, an den er desfalls geschrieben, nicht zurückträte, könnte er es nicht wagen, weil ihm diese Competenz immer viel rauben würde pp so mittelmäßig der Mensch auch seyn möchte.[26]

Über eine Verbindung zu Frommann konnte sich Schlegel tatsächlich freuen. Denn Frommanns Verlag, mit dem dieser 1798 nach Jena gezogen war, zählte zu den renommierten Verlagshäusern Deutschlands und verfügte über die Mittel, ein Großprojekt wie die geplante Platon-Übersetzung umzusetzen. Außerdem stand Frommann bereits seit Längerem mit der sich formierenden Gruppe der Romantiker in Kontakt. Schon in der Zeit vor seinem Umzug nach Jena ist ein erstes Treffen des Verlegers mit Friedrichs Bruder, August Wilhelm Schlegel, belegt.[27] Infolgedessen ergaben sich enge Kontakte zwischen den Romantikern und

26　Friedrich Schlegel an Friedrich Schleiermacher, 3. Februar 1800. In: *KFSA* 25, S. 57–60, hier S. 58.
27　Im Oktober 1796 reisten beide gemeinsam von Jena in Richtung Leipzig. Vgl. Erich Schmidt (Hg.): *Caroline. Briefe aus der Frühromantik.* Bd. 1. Leipzig 1913, S. 398 f., hier S. 398 sowie S. 399–401, hier S. 400.

Frommann, dessen Wohnung, zuerst noch im Haus Hinter der Kirche, später am Stadtgraben, zu einem wichtigen Treffpunkt innerhalb der Jenaer Geselligkeitskultur wurde. An die persönliche Bekanntschaft schlossen sich schnell auch geschäftliche Verbindungen an. So übernahm August Wilhelm Schlegel im November 1798 die letzte Korrektur des bei Frommann verlegten *Prinz Zerbino* von Ludwig Tieck[28] und ließ seine eigenen, bei Cotta verlegten *Gedichte* von *Frommann & Wesselhöft* drucken.[29] Darüber hinaus zeigte sich Frommann auch offen für die anderen Autoren des Kreises und verlegte in den folgenden Jahren neben weiteren Werken Tiecks[30] auch die *Beyträge* Ritters.[31] Besonders aktiv war er zudem als Drucker: So wurden Schellings *System des transcendentalen Idealismus,*[32] Fichtes *Friedrich Nicolai's Leben und sonderbare Meinungen*[33] und Brentanos *Godwi*[34] genauso bei ihm gedruckt wie der von Dorothea Veit verfasste und von Friedrich Schlegel herausgegebene Roman *Florentin.*[35] Nicht zuletzt kam Frommann im Frühjahr 1800 auch mit Schleiermacher in Berührung, dessen *Vertraute Briefe über Friedrich Schlegels Lucinde* er ebenfalls druckte, wobei Schlegel als Korrektor fungierte.[36]

---

28 Vgl. Edgar Lohner (Hg.): *Ludwig Tieck und die Brüder Schlegel. Briefe.* München 1972, S. 35.

29 Vgl. August Wilhelm Schlegel: *Gedichte.* Tübingen 1800.

30 Vgl. Ludwig Tieck: *Romantische Dichtungen.* 2 Bde. Jena 1799 f., ders.: *Poetisches Journal.* Heft 1. Jena 1800 und ders.: *Kaiser Octavianus. Ein Lustspiel in zwey Theilen.* Jena 1804. Tieck plante 1801 auch eine Übersetzung von Cervantes' *Galatea* und die Veröffentlichung der Werke des früh verstorbenen Freundes Friedrich von Hardenberg bei Frommann. Beide Projekte wurden allerdings nicht gemeinsam mit dem Jenaer Verleger realisiert.

31 Vgl. Johann Wilhelm Ritter: *Beyträge zur nähern Kenntniss des Galvanismus und der Resultate seiner Untersuchung.* 3 Bde. Jena 1800–1805 und ders.: *Darstellung der neuern Untersuchungen ueber das Leuchten des Phosphors im Stickstoffgas und der endlichen Resultate daraus für die chemische Theorie.* Jena 1800.

32 Vgl. Friedrich Wilhelm Joseph Schelling: *System des transcendentalen Idealismus.* Tübingen 1800.

33 Johann Gottlieb Fichte: *Friedrich Nicolai's Leben und sonderbare Meinungen. Ein Beitrag zur LitterarGeschichte des vergangenen und zur Pädagogik des angehenden Jahrhunderts.* Hg. von August Wilhelm Schlegel. Tübingen 1801.

34 Vgl. Clemens Brentano: *Godwi oder Das steinerne Bild der Mutter. Ein verwilderter Roman.* 2 Bde. Bremen 1801/02.

35 Vgl. [Dorothea Veit]: *Florentin. Ein Roman.* Hg. von Friedrich Schlegel. Lübeck/Leipzig 1801. Vgl. auch *KFSA* 25, S. 561, Anm. 6.

36 Vgl. [Friedrich Daniel Ernst Schleiermacher]: *Vertraute Briefe über Friedrich Schlegels Lucinde.* Lübeck 1800. Vgl. auch *KFSA* 25, S. 67–69, hier S. 69 sowie S. 95 und 443, Anm. 8.

Trotz dieser zahlreichen Verbindungen ist das Verhältnis Frommanns zu Friedrich Schlegel in der Forschung bisher kaum berücksichtigt worden. Zeugnisse privater Kontakte sind selten, sodass die Beziehung beider weniger intensiv gewesen zu sein scheint als diejenige Frommanns zu August Wilhelm Schlegel.[37] Der spätere Eindruck von Frommanns Sohn:»Friedrich Schlegel hatte wohl hauptsächlich geschäftliche Beziehungen zu meinem Vater«, scheint sich in Anbetracht der Quellenlage also zu bestätigen.[38] Zu diesen geschäftlichen Verbindungen zählte unter anderem Schlegels Einsatz für seine Freunde. So versuchte er bereits im Oktober 1799 bei Frommann die Publikation des Briefromans *Julie Saint Albain* von Ludwig Tiecks Schwester Sophie Bernhardi zu vermitteln.[39] In der Folge wurde Frommann in Verlags- und Druckangelegenheiten zu einem wichtigen Partner Schlegels. Darauf deuten verschiedene Projekte wie etwa der – heute verschollene – Druck von Schlegels Jenaer Habilitationsthesen vom März 1801,[40] die *Charakteristiken und Kritiken,* deren Drucklegung in Jena Schlegel im Winter 1800/01 überwachte,[41] und der

---

37   Zwar ist eine zum Jahreswechsel 1800/01 zusammen verbrachte Silvesterfeier genauso belegt (vgl. [Elisabeth Campe]: *Aus dem Leben von Johann Diederich Gries. Nach seinen eigenen und den Briefen seiner Zeitgenossen.* Leipzig 1855, S. 49) wie ein gemeinsamer Theaterbesuch in Weimar (vgl. *KFSA* 25, S. 120). Dabei fällt allerdings auf, dass Schlegel und Dorothea Veit meist nur vermittelt durch gemeinsame Bekannte Zugang zum privaten Kreis um Frommann hatten. Schon die ersten Kontakte zwischen Schlegel und Frommann scheinen durch August Wilhelm Schlegel angebahnt worden zu sein (vgl. Friedrich Schlegel an Caroline Schlegel, 20. November 1798. In: *KFSA* 24, S. 198–200, hier S. 200) und auch bei künftigen Besuchen vermittelte des Öfteren ein gemeinsamer Freund (vgl. z. B. Johanna Frommann an Friedrich Frommann, 18. Oktober 1799 [GSA 21/25,5]). Eine enge Freundschaft, wie Frommann sie zu vielen anderen seiner Autoren unterhielt, scheint sich – anders als die stereotypen Anreden in den zwischen beiden gewechselten Briefen vermuten lassen (vgl. *KFSA* 25, S. 253, 336 f., 346 und 359) – jedenfalls nicht entwickelt zu haben. Vgl. Frank Wogawa: »›Etwas theuer muß der Druck auf jeden Fall bey uns seyn‹. Die Frommannsche Verlagsbuchhandlung in Jena in der ersten Hälfte des 19. Jahrhunderts«. In: Werner Greiling und Siegfried Seifert (Hg.): »*Der entfesselte Markt*«. *Verleger und Verlagsbuchhandel im thüringisch-sächsischen Kulturraum um 1800.* Leipzig 2004, S. 177–217, hier S. 191 ff.
38   Friedrich Johannes Frommann: *Das Frommannsche Haus und seine Freunde 1792–1837.* Jena 1870, S. 25.
39   Vgl. *KFSA* 25, S. 7 f.
40   Vgl. ebd., S. 696, Anm. 3 und S. 710 f.
41   Vgl. ebd., S. LXI–LXIV und S. 534, Anm. 16.

Sonderdruck seiner darin enthaltenen Elegie *Herkules Musagetes*.[42] Den Hauptgegenstand der geschäftlichen Beziehungen zwischen Schlegel und Frommann bildete allerdings das gemeinsame Platon-Projekt.

Laut dem bereits zitierten Bericht hatte Frommann über Ludwig Tieck von Schlegels Interesse an Platon gehört und diesem daraufhin die Herausgabe der Übersetzung in seinem Verlag angeboten. Dabei dürften auch die persönliche Bekanntschaft und die räumliche Nähe – sowohl der künftige Übersetzer wie auch der Verleger planten, sich langfristig in Jena niederzulassen – eine Rolle gespielt haben. Hinzu kam, dass ein solches Projekt hervorragend in Frommanns Verlagskonzept passte, das sich vor allem durch griechische und englische Wörter-, Grammatik- und Schulbücher trug und die Philosophie wie Theologie als Themenbereiche favorisierte.[43]

Gleich in mehrfacher Hinsicht bot sich der in jenen Jahren finanzstarke Verlag Frommanns also als idealer Partner für Schlegels Platon-Projekt an.[44] Der anfängliche Konkurrent, Johann Jacob Wagner (1775–1841), ein ehemaliger Schüler Fichtes in Jena, der 1799 in Göttingen ein *Wörterbuch der Platonischen Philosophie* herausgegeben und Frommann das Angebot einer Platon-Übersetzung gemacht hatte, konnte offenbar schnell ausgestochen werden. Darauf scheint jedenfalls die Tatsache zu deuten, dass Schlegel und Frommann sich bereits Anfang März 1800 über die Details der gemeinsam geplanten Ausgabe verständigten. Schon am 10. dieses Monats konnte Schlegel Schleiermacher in Berlin mitteilen: »Ich habe mit Frommann auf zwey Bände den Vertrag geschlossen zu

---

42   Vgl. ebd., S. LXIV und 576, Anm. 15.

43   Vgl. Wogawa: ›*Etwas theuer muß der Druck auf jeden Fall bey uns seyn*‹ (s. Anm. 37), S. 184. Zudem verlegte Frommann klassische Werke wie Schneider-Saxos Überset-zung von Theophrasts *Charakteren* (Jena 1799) und Johann Diederich Gries' Über-tragung von Torquato Tassos *Befreytem Jerusalem* (4 Bde., Jena 1800–1803). Ein mit Schlegels Platon-Plänen vergleichbares Projekt war die zweibändige Übersetzung von *Terenz Lustspielen* durch den Theologen und Philosophen Christian Viktor Kindervater (Jena/Leipzig 1799). Zwar liegt zu diesem Projekt kein Verlagsver-trag vor, der Umfang der Bände, die je drei Übersetzungen auf 332 bzw. 306 Seiten umfassten, lässt sich aber mit dem Schlegel'schen Projekt vergleichen.

44   Frommann wies darauf hin, dass durch seine Betriebsamkeit in den ersten 12 Jah-ren des Verlags in Jena bis zu 20 Familien Unterhalt gehabt und er selbst in diesem Zeitraum über 120.000 Taler in Umlauf gesetzt habe (vgl. Wogawa: ›*Etwas theuer muß der Druck auf jeden Fall bey uns seyn*‹ [s. Anm. 37], S. 202).

10 r [Reichsthaler] für die Uebersetzung nebst den Anmerkungen und 15
r[th] für die Einleitung; deren erster Ostern 1801 erscheinen soll.«[45]

Die in diesem und anderen Briefen[46] genannten Vertragsdetails werden durch die hier publizierte Handschrift bestätigt. Sowohl die Angaben zum Honorar wie auch diejenigen zur Anzahl der vorerst geplanten
Bände und dem anvisierten Erscheinungsdatum stimmen mit dem Vertrag überein. Auch darüber hinaus liefert die Handschrift, die typisch für
das Verlagswesen jener Zeit zu sein scheint,[47] interessante Details. Unter
ihnen sind die Angaben zum Umfang der projektierten Bände von besonderem Interesse. Hervorzuheben ist zunächst die Tatsache, dass Schlegel –
begleitend zu den Übersetzungen der Dialoge – jeweils die »gehörigen
Einleitungen und Anmerkungen« plante (Z. 11 f.).[48] Schon aus seinen frühen Briefen geht hervor, dass diese Idee Wielands Übersetzung der Briefe
des Horaz zum Vorbild hatte.[49] Darüber hinaus sollte eine groß angelegte »Abhandlung über Platos Geist und Werke« (Z. 9 f.), die immerhin 12
bis 16 Bogen und damit zwischen 192 und 256 Seiten[50] umfassen sollte,
den ersten Band eröffnen.[51] In ihr wollte Schlegel die Ergebnisse seiner

---

45   Friedrich Schlegel an Friedrich Schleiermacher, 10. März 1800. In: *KFSA* 25, S. 67–69,
      hier S. 67.

46   Vgl. Schlegels Brief an Schleiermacher vom 5. Mai 1800, der einen Hinweis auf den
      »Contract« und den darin vereinbarten »Rabatt« auf Bücher, die zur Arbeit an der
      Übersetzung nötig seien, enthält (ebd., S. 104–107, hier S. 106). In Schlegels Brief
      an Frommann vom 1. März 1802 findet sich zudem die Angabe von »32 Bogen« als
      Obergrenze des Umfangs der Bände (ebd., S. 336–338, hier S. 337) und auch
      Schleiermacher referiert in einem Schreiben an seinen Verleger Georg Andreas
      Reimer vom 23. Juni 1803 einen Teil der Konditionen des Verlagsvertrags zwischen
      Schlegel und Frommann (vgl. *KGA* V.6, S. 399–402, hier S. 399 f.).

47   Vgl. die ähnlich gegliederten Verlagsverträge Frommanns, die im *Goethe- und Schil-
      ler-Archiv* (GSA 21/60) überliefert sind, sowie den in formaler Hinsicht ebenfalls
      vergleichbaren Vertrag, den Schlegel am 22. Januar 1802 mit dem Berliner Ver-
      leger Georg Andreas Reimer über »*vier dramatische Werke*« abschloss (*KFSA* 25,
      S. 709 f.).

48   Das sollte noch die Form sein, in der Schleiermacher seine Übersetzung ab 1804
      präsentierte.

49   Vgl. *KFSA* 23, S. 290 f., hier S. 291.

50   Das ergibt sich aus dem Oktav-Format, in dem die Bände – dem Vertrag zufolge –
      erscheinen sollten. Bei diesem wurde der Papierbogen dreimal gefaltet und somit
      in acht Blätter bzw. 16 Seiten gebrochen.

51   Auch darin folgte Schleiermacher später seinem Freund, obgleich seine Einleitung
      keine Charakteristik Platons im Schlegel'schen Sinne darstellte, die dieser im Stil
      der Rede »über die Mythologie, aber in größeren Verhältnissen, also historischer

jahrelangen Platon-Studien zusammenfassen und dabei auch die Probleme der Authentizität und relativen Chronologie der Dialoge behandeln. Aus der Ankündigung der geplanten Platon-Übersetzung in der *Allgemeinen Literatur-Zeitung* geht überdies hervor, dass er vorhatte, in der einleitenden Abhandlung auch der Frage nachzugehen, warum es »überhaupt und besonders jetzt, nach der Erfindung und Aufstellung der Wissenschaftslehre« nützlich, ja sogar notwendig sei, »das Studium dieses großen Autors, mit welchem das der Philosophie am schicklichsten angefangen und am würdigsten beschlossen wird, allgemeiner zu verbreiten«.[52] Insofern hätte die Abhandlung, die Frommann auch einzeln herauszugeben beabsichtigte, nicht nur eine ausführliche Darstellung von Schlegels Platon-Deutung beinhaltet, mit ihr wäre – gemäß Schlegels Anspruch – vermutlich auch ein ernstzunehmender Beitrag zur zeitgenössischen Philosophie entstanden.

Die durch die Abhandlung, die Einleitungen sowie die Anmerkungen ergänzten Übersetzungen hätten schließlich mehrere umfangreiche Bände mit jeweils 30 bis 32 Bogen, also 480 bis 512 Seiten, im Groß-Oktav-Format ergeben. Allerdings enthält der Vertrag keine Angaben darüber, wie viele Bände Schlegel und Frommann insgesamt planten und welche Dialoge die einzelnen Bände enthalten hätten. Aus seinen *Grundsätzen zum Werk Platons* geht aber hervor, dass Schlegel die platonischen Dialoge – entgegen der traditionellen Ordnung in neun Tetralogien – auf Grundlage seiner philologischen Untersuchungen in drei »Perioden« einteilte, deren erste *Phaidros, Parmenides, Protagoras, Euthyphron, Theages, Kriton* und *Phaidon* umfasste.[53] Da davon auszugehen ist, dass die Ausgabe zumindest zum Teil nach dieser relativen Chronologie, die Schlegel in Platons Dialogen auszumachen glaubte,[54] organisiert worden wäre, liegt der Schluss nahe, dass die Übersetzungen der genannten Dialoge den Beginn des Projekts bilden sollten. Diese Annahme wird auch durch Schlegels Briefwechsel bestätigt, aus dem hervorgeht, dass er sich – nach

---

und durchgearbeiteter« geplant hatte (Friedrich Schlegel und Dorothea Veit an Friedrich Schleiermacher, 1. Juli 1800. In: *KFSA* 25, S. 130–133, hier S. 132).

52 Schlegel: *Ankündigung der geplanten Übersetzung des Platon* (s. Anm. 23).

53 Vgl. *KFSA* 18, S. 526–530, hier S. 526. Vgl. auch die ähnliche Reihenfolge, von der Schlegel noch 1804/05 ausging (vgl. Friedrich Schlegel: *Die Entwicklung der Philosophie in zwölf Büchern*. In: *KFSA* 12, S. 107–323, hier S. 213).

54 Vgl. *KFSA* 25, S. 67–69, hier S. 68 f.

längerem Hin und Her – seit Herbst 1800 zuerst mit *Parmenides* und *Phaidon* beschäftigte, während Schleiermacher begann, den *Phaidros* und *Protagoras* zu übersetzen.[55] Es kann also vermutet werden, dass die ersten beiden Bände neben Schlegels umfangreicher Abhandlung diese vier Dialoge und vielleicht zusätzlich die genannten kleinen Gespräche umfassen sollten.[56]

Damit wird deutlich, dass schon mit dem Auftakt des Projekts ein gewaltiges Arbeitspensum vor Schlegel und seinem Mitübersetzer lag. Überraschend wirkt daher der Termin, den der Verlagsvertrag als Beginn des Drucks nennt: Dieser sollte »spätestens im *Januar 1801*« beginnen, damit der erste Band zur »*Oster Messe 1801*« erscheinen konnte (Z. 6 f.). Selbst wenn für den ersten Band neben der »Abhandlung über Platos Geist und Werke« lediglich die Übersetzungen von *Phaidros, Parmenides* und *Protagoras* geplant gewesen wären,[57] hätten Schlegel und Schleiermacher diese, zum Teil äußerst anspruchsvollen Dialoge, innerhalb kürzester Zeit übersetzen, einleiten und mit Anmerkungen versehen müssen, denn der Sommer 1800 verstrich, während die Übersetzer sich auf die konzeptionellen Grundlagen der Ausgabe verständigten. Hinzu kamen noch

---

55   Zu dieser Aufteilung vgl. schon: *KFSA* 25, S. 149, später u. a. auch: S. 173, 180, 190 f., 198, 223, 228 f., 246, 333 f. und 363 bzw. Schlegels später verfasste Einleitungen zu *Parmenides* und *Phaidon* (in: *KFSA* 18, S. 531–537) sowie die Hinweise auf die noch Windischmann vorliegenden Übersetzungen des *Phaidon* und *Euthyphron* (in: *KFSA* 19, S. 539). Im Falle der *Euthyphron*-Übersetzung konnte Hermann Patsch nachweisen, dass diese aller Wahrscheinlichkeit nach von Schlegels Schüler in der Platon-Forschung, Friedrich Ast, stammt (vgl. Hermann Patsch: »Friedrich Asts ›Euthyphron‹-Übersetzung im Nachlass Friedrich Schlegels«. In: *Jahrbuch des freien deutschen Hochstifts* 68 [1988], S. 112–127). Bei der Übersetzung des *Phaidros,* die Solger 1803 Schlegel zuschrieb (in: *KFSA* 19, S. 539), könnte es sich hingegen um Schleiermachers Übertragung dieses Dialogs gehandelt haben, die dieser am 14. März 1801 an Schlegel gesandt hatte (vgl. *KFSA* 25, S. 245 f.).

56   In diesem Falle ist wohl davon auszugehen, dass die Gesamtausgabe der Übersetzung mindestens sechs Bände umfasst hätte. In seinem Brief an Frommann vom 1. März 1802 kalkulierte Schlegel, dass die »ächten Dialoge[ ] des Plato nur *vier* solche starken Bände ausmachen« würden, die »unächten Dialoge« aber »in Supplementbänden folgen« sollten (*KFSA* 25, S. 336–338, hier S. 337). Schleiermachers spätere Ausgabe umfasste zwar ebenfalls sechs Bände, ordnete die Dialoge jedoch anders an als von Schlegel vorgeschlagen.

57   In diesem Fall hätte der zweite Band *Euthyphron, Theages, Kriton* und *Phaidon* umfasst. Vgl. *KFSA* 25, S. 267–269, hier S. 268.

die umständliche, gegenseitige Kontrolle,[58] die beide sich als Qualitäts-
sicherung des symphilosophisch geplanten Projekts auferlegt hatten,[59]
und die Arbeit an der einleitenden Abhandlung, die Schlegel größten-
teils allein übernehmen wollte.[60] Da davon ausgegangen werden muss,
dass er zum Zeitpunkt des Vertragsabschlusses kaum über umfangrei-
chere Vorarbeiten zur Übersetzung verfügte, hatte sich Schlegel folglich
zu einer enormen Vorleistung verpflichtet. Dieser Umstand überrascht
umso mehr, als die Platon-Übersetzung nur eines von Schlegels vielen,
zeitgleich zu organisierenden Projekten war. So arbeitete er parallel am
zweiten, nie vollendeten Teil der *Lucinde,* besorgte die Drucklegung der
Charakteristiken und Kritiken und bereitete die Vorlesungen vor, die er ab
Ende Oktober 1800 als Privatdozent der Philosophie in Jena hielt.

Der Grund dafür, dass Schlegel sich gegenüber Frommann auf ein so
überaus eng gestecktes Veröffentlichungsprogramm (der zweite Band war
laut Vertrag bereits für Ende September 1801, spätestens aber für Ostern
1802 vorgesehen) einließ, ist wohl in erster Linie in dem wirtschaftlichen
Erfolg zu suchen, den er sich von dem Unternehmen erhoffte. Dass diese
Hoffnung durchaus berechtigt war, belegen die Angaben, die der Vertrag
zu den vereinbarten Honorarzahlungen macht. Gemäß Abschnitt vier
verpflichtete sich Frommann dazu, für jeden Bogen 10 Preußische Taler an
Schlegel zu bezahlen. Das machte pro Band mindestens 300 bis 320 Taler,
wobei noch zu berücksichtigen wäre, dass Frommann für die Bogen der
einleitenden Abhandlung, die er auch gesondert drucken und verkaufen
lassen wollte, sogar 15 Taler zu zahlen bereit war. Mit dem ersten Band
der geplanten Ausgabe konnte Schlegel also auf bis zu 400 Preußische
Taler hoffen, wovon – Abschnitt fünf zufolge – 100 Taler *»avancirt«,* das
heißt vorausgezahlt, werden sollten, während der Rest »nach Vollendung
des Drucks« abzurechnen war (Z. 23 f.).[61] Insofern stellten die Konditionen
Frommanns ein solides, fest kalkulierbares Einkommen in Aussicht, wie

---

58 Umständlich war dieses Verfahren vor allem, weil die an verschiedenen Orten
   lebenden Übersetzer sämtliche nötigen Absprachen schriftlich über Briefe abwi-
   ckeln mussten, deren mitunter erhebliche Laufzeiten zusätzlich Zeit raubten.
59 Vgl. *KFSA* 25, S. 67–69, hier S. 67 f. und S. 104–107, hier S. 105.
60 Vgl. ebd., S. 67.
61 Dass die ersten 100 Taler am 27. Mai 1800 an Schlegel bezahlt wurden, belegt ein
   Abrechnungsbrouillon Frommanns (vgl. ebd., S. 710 f.).

es Schlegel Zeit seines Lebens nur selten hatte.[62] Hinzu kam die Vergünstigung, die der Verleger seinem Vertragspartner für alle für die Übersetzungsarbeit benötigten und »in Deutschland gedruckten« Bücher einräumte. Sie betrug *»15 proCent«* und wurde von Frommann konsequent umgesetzt (Z. 34 f.). Das belegt das 1803 geschlossene Abrechnungsbrouillon, das unter anderem eine Auflistung der Bücher enthält, die Schlegel über Frommann bezog – und zwar mit dem im Vertrag zugesicherten Rabatt.[63] Zu den Vergünstigungen zählten außerdem die 16 Freiexemplare, die dem Übersetzer laut Abschnitt acht des Vertrags zustehen sollten.

Im Ganzen erscheint der Vertrag also als ein durchaus faires, wenn nicht gar großzügiges Angebot des Jenaer Verlegers, das Schlegel, vor allem aufgrund seiner ständigen Geldsorgen, dankbar annehmen musste. Die verlegerische Vorsicht, die der ansonsten risikobereite Frommann im Falle Schlegels walten ließ,[64] wird einzig durch den dritten Abschnitt des

---

62   Dass Frommann seinen Autoren gute Honorare zahlte und dafür bekannt war, ergibt sich aus verschiedenen Quellen (vgl. z. B. *KFSA* 24, S. 198–200, hier S. 200). Als konkreter Vergleich kann ein im Dezember 1799 mit Christoph Wilhelm Hufeland geschlossener Vertrag über dessen *System der praktischen Heilkunde* (Jena 1800) dienen (GSA 21/60). Dieser beinhaltete folgende Konditionen: Das Buch sollte im Format *median Oktav* 28-zeilig gedruckt werden und eine Auflage von 2500 Stück erhalten, wovon 1000 Stück auf minderwertigerem Papier gedruckt werden sollten, um eine kostengünstigere Auflage zu ermöglichen und dem um 1800 üblichen Raubdruck entgegenzuwirken. Hufeland sollte pro Bogen »4 richtige Louis'dor«, also etwa 20 Taler, und 20 Freiexemplare erhalten. Das im Vergleich dazu niedrigere Honorar, das Schlegel bekommen sollte, ist wohl vor allem dadurch zu erklären, dass er – abgesehen von der besser bezahlten Abhandlung – statt eines originären Werks eine Übersetzung zu liefern versprach. Zu den komplexen Honorarverhandlungen und üblichen Zahlungen vgl.: Helga Schultz: »Der Verleger Friedrich Justin Bertuch als Kaufmann und Literaturpolitiker«. In: Gerhard R. Kaiser und Siegfried Seifert (Hg.): *Friedrich Justin Bertuch (1747–1822). Verleger Schriftsteller und Unternehmer im klassischen Weimar.* Tübingen 2000, S. 331–350, hier bes. S. 349 f. sowie Doris Reimer: *Passion & Kalkül. Der Verleger Georg Andreas Reimer (1776–1842).* Berlin/New York 1999, S. 211–252, hier bes. S. 219. Interessant scheint in dieser Hinsicht auch, dass Schleiermacher das Honorar Schlegels rückblickend als zu hoch einschätzte (vgl. ebd., S. 220).

63   Vgl. *KFSA* 25, S. 710 f.

64   Nach Frank Wogawa zeichnete sich Frommanns Unternehmermentalität auf Grundlage der sicheren Standbeine der religiös-theologischen Schriften und Lexika »durch die Aufnahme zukunftsträchtiger wissenschaftlicher und philosophischer Werke in das Programm« aus und war entsprechend durchaus auch risikobereit (ders.: ›*Etwas theuer muß der Druck auf jeden Fall bey uns seyn*‹ [s. Anm. 37], S. 204).

Vertrags belegt, in dem es heißt, dass der »Absaz« der beiden ersten Bände »die Fortsezzung oder den Schlus dieser Unternehmung entscheiden« soll (Z. 16 ff.). Friedrich Schlegel muss also, genau wie Schleiermacher, ein großes Interesse daran gehabt haben, dass die ersten beiden Bände der Platon-Übersetzung ein ökonomischer Erfolg würden.

Vor diesem Hintergrund seien abschließend einige Auffälligkeiten des Vertrags benannt. Denn nicht nur finden sich in ihm keine Angaben zur geplanten Druckauflage; es muss auch überraschen, dass – obwohl Schlegel zu diesem Zeitpunkt längst mit der tatkräftigen Unterstützung seines Berliner Freundes rechnen konnte und alle organisatorischen Schritte eng mit diesem abstimmte – der Name Schleiermachers in dem Vertrag an keiner Stelle erwähnt wird. Das größte Problem stellt sich allerdings bezüglich der Datierung. Wie bereits erwähnt, hatte Schlegel seinen Freund bereits am 10. März 1800 über den Vertragsabschluss mit Frommann informiert. Der hier publizierte Verlagsvertrag ist hingegen auf den 29. April 1800 datiert. Da eher unwahrscheinlich ist, dass Schlegel und Frommann eine ältere Abmachung neu verhandelten, weil sich in diesem Falle die Angaben in den Briefen nur schwerlich mit denen des Vertrags decken dürften, ist wohl davon auszugehen, dass es sich bei der vorliegenden Handschrift um die spätere Ausführung eines inhaltlich gleichlautenden Vorvertrags handelt, der kurz vor dem 10. März 1800 geschlossen worden sein muss.

Für diese Sichtweise spricht auch, dass Schlegel wenig später eine auf den »21. März 1800« datierte *Ankündigung der geplanten Übersetzung des Platon* in die *Allgemeine Literatur-Zeitung* einrücken ließ[65] – vermutlich vor allem, um etwaigen Konkurrenten den Wind aus den Segeln zu nehmen. Wie im Falle des Verlagsvertrags wurde Schleiermachers Name auch in dieser Ankündigung nicht erwähnt. Das führte zu ersten Irritationen, die sich verstärkten, als Schleiermacher sich seit September 1800 wiederholt vergebens bei Schlegel über die Fortschritte der Übersetzungsarbeiten erkundigte.[66] Während der Berliner Freund die Tätigkeit sofort aufgenommen hatte und bald erste Proben seiner Übersetzungen schickte,[67] hatte Schlegel bis Ende 1801 noch kaum etwas zu Papier

---

65 Schlegel: *Ankündigung der geplanten Übersetzung des Platon* (s. Anm. 23).
66 Einen allgemeinen Überblick zum weiteren Verlauf des Projekts geben: *KGA* I.3, S. XCVI–CVI und *KGA* IV.3, S. XV–XLIII.
67 Mitte März 1801 hatte Schleiermacher seine *Phaidros*-Übersetzung an Schlegel gesandt, der sie sogleich bei Frommann in den Druck gab. Vgl. *KFSA* 25, S. 245 f., 266

gebracht. Zu den beinahe regelmäßigen Ermahnungen Schleiermachers,[68] auf die Schlegel mit Vertröstungen und Entschuldigungen reagierte, trat bald auch Druck von Seiten Frommanns, der auf die im Vertrag festgelegten Fristen hinwies.[69] Aber auch als die schon mehrfach verschobenen Publikationstermine immer wieder verstrichen, konnte sich Schlegel – der im Sommer 1802 nach Paris übergesiedelt war und dort neue Aufgabenfelder gefunden hatte – nicht dazu überwinden, kontinuierlich an der Übersetzung zu arbeiten. Er stellte im Frühherbst 1802 zwar seine Einleitungen zu *Parmenides* und *Phaidon* fertig, die Arbeit an den Übertragungen selbst wurde allerdings nicht abgeschlossen. Das führte schließlich dazu, dass Schlegel, nach nochmaliger Fristverlängerung, im Mai 1803 von dem gemeinsamen Übersetzungsprojekt zurücktrat,[70] woraufhin Schleiermacher das Projekt mit einem neuen Verleger allein weiterführte.[71]

Obwohl Schlegel seine über Jahre hinweg verfolgten Pläne einer vollständigen Übersetzung Platons also letztlich fallen ließ, hörte er doch nie auf, sich mit Platon und dessen Schriften auseinanderzusetzen. Schon das kurze Intermezzo der Privatdozentur in Jena hatte ganz im Zeichen Platons gestanden: Sowohl Schlegels Probevorlesung *Vom Enthusiasmus oder der Schwärmerey* wie auch die Habilitationsdisputation *De Platone* gehörten in den Kontext der intensiven Beschäftigung mit Platon.[72] Einen ausführlicheren Überblick zu seinem Verständnis des griechischen Philosophen gab Schlegel schließlich in seinen Pariser Vorlesungen zur *Geschichte der europäischen Literatur* von 1803/04[73] und den

---

sowie *KGA* IV.3, S. XLVIII–LVII. Anfang Juni bekam Schlegel dann Schleiermachers Übertragung des *Protagoras*. Vgl. *KFSA* 25, S. 276 f., hier S. 277 sowie *KGA* IV.3, S. LXX–LXXIV.

68   Vgl. z. B. die besonders eindringliche vom 27. April 1801. In: *KFSA* 25, S. 267–269, hier S. 267 f.

69   Vgl. etwa dessen Brief an Schleiermacher vom 12. April 1802, in dem er über Schlegels »entschiedene ArbeitsScheu« klagte (*KGA* V.5, S. 377–380, hier S. 380).

70   Vgl. Schlegel an Schleiermacher, 5. Mai 1803. In: *KGA* V.6, S. 362–365.

71   Schleiermacher, der nicht an den Vertrag mit Frommann gebunden war, schloss einen neuen Kontrakt mit Georg Andreas Reimer und kündigte die Übersetzung am 12. November 1803 in seinem Namen an (vgl. *KGA* I.3, S. CIII–CVI sowie *KGA* IV.3, S. XXVII–XXXVI). Der erste Band erschien schließlich zur Ostermesse 1804.

72   Vgl. dazu Johannes Korngiebel: »Die Vorlesung als Medium der Kritik. Zu Friedrich Schlegels Jenaer *Transcendentalphilosophie* (1800/01)«. In: *Athenäum* 26 (2016), S. 275–309.

73   Vgl. *KFSA* 11, S. 3–137, hier S. 118–125.

Kölner Vorlesungen *Die Entwicklung der Philosophie in zwölf Büchern* von 1804/05.[74] Beide Partien, die in zentralen Punkten mit Schleiermachers Platon-Deutung übereinstimmen, gehen auf die Studien zurück, die Schlegel im Umfeld der geplanten Platon-Übersetzung betrieben hatte. Wenn das Hauptverdienst um den ›deutschen Plato‹ daher auch Schleiermacher gebührt, so ist dennoch daran zu erinnern, dass sich die darauf bezüglichen Grundideen und -einsichten dem Bemühen Friedrich Schlegels verdanken; dies kommt nicht zuletzt durch den Verlagsvertrag mit Frommann zum Ausdruck.

---

74 Vgl. *KFSA* 12, S. 107–480, hier S. 207–226.

Rezensionen

.·.

Christiane Klein: *Das Jenaer Romantikertreffen im November 1799: Dokumentation und Analyse. Nebst einer kritischen Edition des* Epikurisch Glaubensbekentniß *von Friedrich Wilhelm Schelling.* Heidelberg: Winter 2017. 302 S. € 45,00. ISBN 978-3-8253-6778-7

Mirta Devidi

Inwiefern ist es auf dem als ›Höhepunkt der Frühromantik‹ bezeichneten Jenaer Treffen tatsächlich zu einem unlösbaren Konflikt gekommen? Welche Bedeutung hatten persönliche und literaturpolitische Motive für das Auseinanderfall der Gruppe? In ihrer Monographie *Das Jenaer Romantikertreffen im November 1799: Dokumentation und Analyse* beantwortet Christiane Klein diese Fragen nicht nur anhand einer chronologischen Rekonstruktion der Ereignisse. Sie vergleicht auch erstmals die bei dieser Zusammenkunft vorgestellten Texte unter systematischen Gesichtspunkten: Novalis' *Die Christenheit oder Europa* und Schellings *Epikurisch Glaubensbekentniß Heinz Widerporstens*.[1] Ihr Ausgangspunkt ist einerseits die Annahme, dass sich ein programmatischer Dissens, der auf dem Treffen deutlich wurde, in den beiden Texten niederschlägt, sowie andererseits, dass ihre Veröffentlichung den eigentlichen Anlass für den Streit gab.

Christiane Klein bereitet im ersten Teil ihrer Arbeit die historischen Zeugnisse auf, in denen das berühmte Netzwerk – zwischen August Wilhelm Schlegel, Friedrich Schlegel, Caroline Schlegel, Dorothea Veit, Friedrich von Hardenberg, Ludwig Tieck, Friedrich Wilhelm Joseph Schelling und Friedrich Schleiermacher – thematisiert wird. Nach einer biographischen Skizze jedes Mitglieds der Strömung stellt sie

---

1   Die Arbeit *Das Jenaer Romantikertreffen im November 1799: Dokumentation und Analyse. Nebst einer kritischen Edition des* Epikurisch Glaubensbekentniß *von Friedrich Wilhelm Schelling* ist die überarbeitete Fassung der im Wintersemeter 2016/2017 an der Friedrich-Schiller-Universität Jena angenommenen Dissertation.

© VERLAG FERDINAND SCHÖNINGH, 2019 | DOI:10.30965/9783657792573_009

im zweiten Teil ihrer Arbeit das Jenaer Treffen detailliert dar. Aus diesen Skizzen lässt sich ein erster Eindruck des Beziehungsgefüges der Gruppe gewinnen, weshalb sie nicht zuletzt zum Verständnis des Konflikts beitragen. Als eine der möglichen Konfliktursachen werden Spannungen innerhalb der Gruppe ausgemacht, die sich einer historisch-soziologischen Perspektive erschließen – wobei die einzelnen Mitglieder u. a. als Individuen im »hoffnungstrunkenen Lebensalter« (S. 66) bezeichnet werden. Christiane Klein macht hierbei sichtbar, in welcher Hinsicht die ›symphilosophische‹ Interaktionsdichte der Gruppe zu persönlichen Streitigkeiten geführt hat beziehungsweise inwiefern der Jenaer »Symexistenz« eine angemessene »Wechselwirkung mit einer funktionierenden Öffentlichkeit« (S. 210) fehlte.

Der chronologischen Darstellung des Treffens (11.–14./15. November 1799) folgen Text- und Rezeptionsanalysen von Novalis' *Die Christenheit oder Europa* und Schellings *Epikurisch Glaubensbekentnis Heinz Widerporstens*.[2] Die beiden Texte werden nicht nur miteinander verglichen, sondern auch problemgeschichtlich sowie literatur- und editionskritisch untersucht. Dass Hardenbergs und Schellings Beiträge einen Konflikt ausgelöst haben, rekonstruiert die Verfasserin anhand von Briefen, in denen die Frage diskutiert wird, ob die Texte im *Athenaeum* gedruckt werden sollen. Die Rekonstruktion dieser Diskussion, die letztlich zuungunsten einer Aufnahme der beiden Texte entschieden wurde, erlaubt der Verfasserin einen Einblick in das mit ihnen verbundene Streitpotenzial.

Nach Ansicht der Verfasserin resultierte der Konflikt einerseits aus unvereinbaren Ansichten des ›Absoluten‹ und andererseits aus Missverständnissen bei der Aufnahme beider Texte. Dass sich der Konflikt zwischen Novalis und Schelling an der Darstellung des Absoluten entzündete, wird zunächst geschichts- und kulturpolitisch mithilfe eines Einblicks in die »Situation um 1800« (S. 106) plausibilisiert, um sodann anhand einer Gegenüberstellung des thematisch-semiotischen sowie sprachlich-inhaltlichen Zusammenhangs weiter untermauert zu werden. Nach einem aufschlussreichen Überblick über die Editionslage und

---

2 Vgl. Novalis: *Die Christenheit oder Europa*. In: Ders.: *Werke, Tagebücher und Briefe Friedrich von Hardenbergs*. Hg. von Hans-Joachim Mähl und Richard Samuel. Bd. 2. München/Wien 1978, S. 731–750, und Friedrich Wilhelm Joseph Schelling: *Epikurisch Glaubensbekentniß Heinz Widerporstens*. In: *Schellingiana rariora*. Hg. von Luigi Pareyson. Turin 1977, S. 86–97.

den jeweiligen Forschungsstand wird besonderer Fokus auf die Text- und Rezeptionsanalyse gelegt. Durch eine tiefgründige Auseinandersetzung mit dem Entstehungskontext ist es Christiane Klein gelungen, die ›Unbestimmtheit des Absoluten‹ als zentrales Thema beider Texte herauszuarbeiten.

Bekanntlich wurden um 1800 in Jena kontroverse Debatten über die Religion geführt, und zwar mit dem Anspruch, einen Lösungsvorschlag für die Krise des endenden 18. Jahrhunderts aufzuzeigen. Kurz vor dem Jenaer Treffen wurden Schleiermachers *Reden Über die Religion* veröffentlicht, wobei die bei der Zusammenkunft präsentierten Texte bei den Anwesenden womöglich den Eindruck erweckt haben, dass sich die literarische Strömung bald in eine christliche Richtung entwickeln würde. Um die damalige Krise zu bewältigen, verkündet Novalis in seinem Text das Modell eines religionsgestützten Friedens. Im Unterschied zu Novalis legt Schelling in seinem Gedicht hingegen eine naturphilosophische Welthaltung nahe und zielt dabei auf eine Einheit, die sich in der Natursymbolik offenbart. Indem er in der Bildlichkeit der Natur die einzig adäquate Vermittlungsform des Absoluten erkennt, bietet Schelling mit seinem Gedicht einen alternativen Lösungsvorschlag für den jeweiligen Zustand »fehlende[r] Einheit« (S. 206).

Den ersten Ergebnissen zufolge spielen der Glaube und der Absolutheitsanspruch sowohl in *Die Christenheit oder Europa* als auch in *Epikurisch Glaubensbekentniß Heinz Widerporstens* eine zentrale Rolle. Während bei Novalis der Absolutheitsanspruch in katholischer Gestalt erscheint, bezieht er sich bei Schelling auf die Natur, die, wie der Titel des Gedichts bereits andeutet, »sinnlich« ›erfasst‹ werden soll (S. 162). Die Nichtaufnahme von Novalis' und Schellings Texten steht nach der Verfasserin in direkter Verbindung mit der inadäquaten Rezeption von Seiten der Anwesenden beim Treffen. Insofern die Gruppe *Die Christenheit oder Europa* als »Tatsachenbericht« (S. 122) auffasste, verkannte sie die funktionale Qualität von dessen Mittelalterdarstellung. Eher als zu einem »Aufsatz im Sinne einer wissenschaftlichen Abhandlung« (S. 122) gehört Novalis' Text zu der »Gattung der Rede« (S. 114). Diesen Unterschied beschreibt Christiane Klein mit folgenden Worten:

> Wird die *Europa* ausschließlich als Aufsatz und nicht als Rede gehört oder gelesen, hat dies eklatante Deutungsunterschiede zur Folge: Ein Aufsatz [...] suggeriert [...] den Charakter einer gründlichen

und ausführlichen wissenschaftlichen Bearbeitung eines Themas. Diese Gattung leitet den Rezipienten an, die Mittelalterdarstellung als realhistorische Beschreibung zu rezipieren. (S. 122)

Da *Die Christenheit oder Europa* als wissenschaftliche Abhandlung und damit als eine »Geschichtsstudie« (S. 125) rezipiert wurde, zog das dort ›positivierte Mittelalterbild‹ Kritik auf sich. Als Gegenentwurf zu dieser Mittelalterdarstellung soll Christiane Klein zufolge der »eigentliche Philosoph des Absoluten«[3] sein Gedicht entworfen haben. Inwiefern Friedrich Schelling die »Situation des Romantiker-Treffens« (S. 148) in seinem *Epikurisch Glaubensbekentniß Heinz Widerporstens* poetisiert und das von Novalis favorisierte Mittelalter demaskiert, wird in der Studie anhand einer Untersuchung der intertextuellen Bezüge sichtbar gemacht.

Der Text *Epikurisch Glaubensbekentnis* wird im letzten Teil der Arbeit anhand vorhandener Fassungen als Situations-, als Rollen- und als Naturgedicht aufgefasst.[4] Daraus geht hervor, dass im Text vor allem eine als ›theoretisch‹ charakterisierte religiöse Lebensweise kritisiert wird, die keine »zuverlässige Erkenntnis« (S. 153) gewährt. Im Unterschied zu Novalis wird bei Schelling die Natur als der einzige Bereich anerkannt, in dem die Wahrheit vorherrscht. Seiner Ansicht nach ist »nur das wahrhaftig und wirklich [...] | Was man [...] mit den Händen betasten« (S. 197) kann. Nur die Natur kann den Protagonisten Heinz Widerporsten tatsächlich zu Poesie führen und ihm den Zugang zum Absoluten eröffnen.

Inwiefern Schelling mit seinem Gedicht einen Gegenentwurf zum Religionsverständnis der *Europa*-Rede entwirft, zeigt Christiane Kleins Analyse anhand der Bildlichkeit des Absoluten auf. Während Novalis auf das Absolute mit religiösen Bildern verweist und damit ein Idealbild zeichnet, das dazu dient, die Zukunftsutopie zu beglaubigen, stellt Schelling den religiösen Bildern Zeichen aus der Natur gegenüber. Insofern die Natursymbolik bei ihm als die einzig adäquate Vermittlungsform des Absoluten dargestellt wird, bietet sein Gedicht einen provokativen

---

3   Mehr dazu bei Rainer Kuhlen: »Absolut, das Absolute«. In: *Historisches Wörterbuch der Philosophie*. Hg. von Joachim Ritter. Bd. 1. Darmstadt 1971, S. 11–31.

4   Friedrich Wilhelm Joseph Schelling: *Epikurisch Glaubensbekentniß Heinz Widerpostens* (s. Anm. 2), und ders.: *Epikurisch Glaubenbekentniß* (Abschrift im Goethe- und Schiller Archiv).

Gegenentwurf zum Religionsverständnis der *Europa*-Rede, der folgerichtig Kritik auf sich zog.

Auf der Grundlage ihrer umfassenden Lektüre votiert die Verfasserin schließlich für eine bisher vielfach bestrittene und deshalb auf nicht ganz unproblematische Annahme: Das Auseinanderfallen der Gruppe lasse sich insofern auf die beiden Texte zurückführen, als sie den »Binnenkonflikt innerhalb der Romantik« (S. 207) widerspiegelten. Nach Ansicht der Verfasserin ist hier der Ausgangspunkt zum einen für eine christlich-akzentuierte und zum anderen für eine naturphilosophisch orientierte ›Romantik‹ zu fassen. Diese durchaus gewagte These ist allerdings das Ergebnis einer mit überzeugenden Beispielen begleiteten Text- und Rezeptionsanalyse sowie der bisher noch unveröffentlichten kritischen Edition des *Epikurisch Glaubensbekentniß Heinz Widerporstens*. Christiane Kleins Arbeit ist vor allem aufgrund ihrer gründlichen Einsichten in ein epochales Ereignis der deutschen Literaturgeschichte von Bedeutung für die Romantik-Forschung. Da sie die auf dem Jenaer Treffen präsentierten und kurz darauf schriftlich ausgearbeiteten Beiträge untersucht, liegt ihr Verdienst vor allem darin, neue methodologische und gattungsgeschichtliche Anknüpfungspunkte aufgezeigt zu haben.

Constantino Luz de Medeiros: *A Invenção da Modernidade Literária. Friedrich Schlegel e o Romantismo Alemão*. São Paulo: Iluminuras/UFMG 2018. 208 p. 9788573215748

Guilherme Foscolo

Sometimes, the first impressions of historical, philosophical, or artistic phenomena propagate themselves obstinately over long periods of time. There is nothing intrinsically negative about the weight of interpretative traditions, except of course their ossification. Regarding Early German Romanticism, the interpretation that relegates the movement to German Idealism became ossified – whether as an irrationalist undercurrent opposing *Aufklärung* or a reaction of poets and young philosophers to idealism, or as a fleeting aspect of the philosophical development that would culminate in Hegel's philosophy. The fact is that Early German Romanticism, not unlike Nietzsche, participated in and contributed to this "unfriendly welcome" by leaving behind a fragmented and unsystematic philosophical corpus which was allied to more widely received literary productions. These factors contributed to the dissemination of numerous misunderstandings that haunted Early German Romanticism. A skewed reading of the phenomenon on the part of Hegel himself, Heine and even Lukács only made matters worse. In Brazil, this ossified interpretation circulated, for instance, through Nicolai Hartmann's Portuguese translation of *Die Philosophie des deutschen Idealismus* and Anatol Rosenfeld's books *Texto/Contexto* and *História da literatura e do teatro alemães*. Then again, the efforts of contemporary interpreters such as Manfred Frank, Lacoue-Labarthe, Frederick Beiser, Ernst Behler and others, who were largely responsible for the proper reintegration of Early German Romanticism into systematic research, were followed in Brazil by the translations and research of Márcio Seligmann-Silva, Rubens Rodrigues Torres Filho, Márcio Suzuki and others. With "A invenção da Modernidade Literária," Constantino Luz de Medeiros partakes in this tradition, and offers the readers of Portuguese a thorough

© VERLAG FERDINAND SCHÖNINGH, 2019 | DOI:10.30965/9783657792573_010

introduction to Early German Romanticism and the literary modernity it inaugurates.

The book is divided in three main sections: history, critique and theory. In a way, and this seems to be the author's intention, the structure of the book mirrors the innovative approach to art criticism (the urge to merge history, critique and theory) put in motion by Friedrich Schlegel himself. The first section of the book aims to historically frame Schlegel's influences and the fundamental role of the two brothers (Friedrich and August Wilhelm) in assembling the constellation that would become Early German Romanticism. For those unfamiliar with the complexities of the romantic endeavor, this section of Luz de Medeiros' book makes a very good point of entry. This biographical section describes how, from the very early writings up to his lectures on the history of European literature, F. Schlegel departs from Kantian aesthetics and anticipates Hegel, claiming that the best art theory is contained in art history itself. It is somewhat striking how little attention is often given to the fact that Schlegel's revolutionary take on theory and history resonates all the way up to Marx, who famously enhanced it with his distinctive materialist twist. In the light of such far-reaching connections, this section of Luz de Medeiros' book could have developed F. Schlegel's theory of history at even greater length.

The second section of the book explores the different aspects of F. Schlegel's revolutionary project for literary criticism. "By the end of the eighteenth century," the author claims,

> in order to keep pace with the changes that have taken place in modern poetry, Friedrich Schlegel raises the question of the need for an aesthetic revolution in the activity of literary criticism. The dogmatic and normative criticism of his time could not comprehend the whole dimension of a literature that mixed genres, brought together poetry and philosophy, and even questioned criticism itself. As he makes clear in the essay he wrote about Goethe's *Wilhelm Meister's Apprenticeship,* the modern novel contains within itself its own criticism.[1]

---

1   Constantino Luz de Medeiros: *A Invenção da Modernidade Literária: Friedrich Schlegel e o Romantismo Alemão.* São Paulo 2018, p. 73.

Luz de Medeiros thus argues that F. Schlegel has a twofold take on art. On the one hand, as Walter Benjamin stated in his doctoral dissertation, *The Concept of Art Criticism in German Romanticism,* he introduces the idea of art as a medium of reflection. On the other hand, he exponentiates Schiller's and Goethe's ideas about art as a medium for aesthetic education and *Bildung.* Both aspects are, of course, interconnected: "by perfecting the artwork through his criticism", Luz de Medeiros claims, "the romantic expects to arouse man to sensibility and to form him rationally through art."[2] Also, Luz de Medeiros suggests Early German Romanticism's critical effort has the ambition of turning literary criticism into more than an addendum to the artwork. It should not only exponentiate the work, but stand on its own. Critique, in this sense, becomes the engine by which the self-reflexive impulse (of and beyond the artwork) is produced and reproduced.

The author traces this self-reflexive engine's blueprints back to Fichte's philosophical work. According to him, F. Schlegel soon realizes that this engine is the main feature of modern artworks, and names it romantic irony – "Schlegel calls this instance created by the effect of romantic irony, as art reflecting on its very condition, π^2 (poetry elevated to second power or poetry of poetry)."[3] Goethe's *Wilhelm Meister's Apprenticeship* and F. Schlegel's own *Dialogue on Poetry* are exemplary products of this self-reflexive aspect of romantic irony. Luz de Medeiros also identifies two other aspects of romantic irony: Socratic irony and philosophical irony. Socratic irony regards the skills of an author in making herself/himself present within the poetic structure of her/his own text (Cervantes' *Don Quixote* sets the example here). Philosophical irony, in turn, pertains to the friction between the drive for absolute communication and the limits of human communication. "This form of romantic irony," Luz de Medeiros goes on to explain, "points to the fact that both artistic creation and human creation itself, while encompassing unintelligible

2   Ibid., p. 76. Once again, it seems to me that *Bildung* as a process meets its materialistic underbelly in Marx, for whom "the *forming* of the five senses is a labor of the entire history of the world down to the present". See Karl Marx and Friedrich Engels: *Economic and Philosophic Manuscripts of 1844 and the Communist Manifesto.* Translated by Martin Milligan. New York 1988, p. 109.
3   Constantino Luz de Medeiros: *A Invenção da Modernidade Literária* (s. note 1), p. 92.

aspects (discussed by Schlegel in his essay *On Incomprehensibility*), are also not entirely controllable."[4]

Interestingly, Luz de Medeiros shows how F. Schlegel's move towards exponentiating literary criticism has its roots in Alexandria's *kritikoi,* the *diaskeuastas,* scholars who maintained and studied Homeric texts. In studying the *diaskeuastas,* F. Schlegel develops the idea that the artwork cannot dispense with its critique. Ultimately, critique aims at the completion of the artwork through critical-philosophical reflection. F. Schlegel has a name for this kind of critical production: "Through critical-literary characterization, the so-called *Characteristik,* Schlegel attempts to demonstrate the maxim that a critical-literary text must itself be a work of art."[5] Among the innovations of such a "characterization," the most outstanding is the need to criticize the work of art from the perspective of its historical and socio-political horizons. In order to do so, one must *inhabit* the artwork for a period of time – as F. Schlegel mentions in his characterization of Lessing.[6] A "characterization" in this sense, thus, connects history and theory to criticism. Luz de Medeiros' section proceeds to discuss F. Schlegel's characterizations of Goethe, Georg Foster, Boccaccio, and Lessing.

The third section of the book discusses theory in Early German Romanticism – the main thesis being that F. Schlegel considers the novel itself to be a kind of theory in motion. The modern novel, for F. Schlegel, is a materialization of the concept of romantic poetry – or, as Luz de Medeiros puts it, "the novel can be understood as the literary form in which Schlegel contemplates the possibility of concretizing this whole [modern] universe of mixtures, this machine of genres."[7] The thesis stems mainly from the famous 116. *Athenäumsfragment:*

> Romantic poetry is a progressive, universal poetry. Its aim isn't merely to reunite all the separate species of poetry and put poetry in touch with philosophy and rhetoric. It tries to and should mix and fuse poetry and prose, inspiration and criticism, the poetry of art and the poetry of nature; and make poetry lively and sociable,

---

4   Ibid., p. 93.
5   Ibid., p. 109.
6   Ibid., p. 118, note 40.
7   Ibid., p. 151.

and life and society poetical; poeticize wit and fill and saturate the forms of art with every kind of good, solid matter for instruction, and animate them with the pulsations of humor. It embraces everything that is purely poetic, from the greatest systems of art, containing within themselves still further systems, to the sigh, the kiss that the poetizing child breathes forth in artless song. [...] It alone can become, like the epic, a mirror of the whole circumambient world, an image of the age.[8]

The novel arises, therefore, as the favored literary form to accomplish this exercise of synthetizing the differences. Luz de Medeiros' thesis, in this sense, paves the way for an understanding of Early German Romanticism as a system or factory of experiments. From Novalis' *Heinrich von Ofterdingen* to Ludwig Tieck's *Der gestiefelte Kater* to F. Schlegel's *Lucinde* and *Dialogue on Poetry*, Early German Romanticism materializes its program. It should come as no surprise, therefore, that Lacoue-Labarthe and Jean-Luc Nancy, in their already classic book *The Literary Absolute*, dubbed Early German Romanticism "the first 'avant-garde' group in history"[9] – and in fact, Early German Romanticism is the first workshop of theoretical-literary, self-reflexive, *autopoietic* experimentation in history. This is the reason why Márcio Seligmann-Silva, in introducing Luz de Medeiros' book, can say that "one would not be wrong to see in these [Early German Romanticism's] ideas and in these thoughts the germ of our modernist anthropophagic movement, ironic, devouring and appropriating the 'other' as a means of (de)constructing the self."[10] The section ends with an exploration of the fragmentary form adopted by Early German Romanticism, mostly in its *Athenäum* and *Lyceum* collections, while also pointing to the influence of the fragments on the work of poets such as Baudelaire, Rimbaud, and Mallarmé. Luz de Medeiros' last paragraph perfectly synthetizes the general outlines and purpose of the book as a whole, which seeks to demonstrate how,

---

8   Friedrich Schlegel: *Lucinde and the Fragments*. Translated and introduced by Peter Firchow. Minneapolis 1971, p. 175.

9   Philippe Lacoue-Labarthe and Jean-Luc Nancy: *The Literary Absolute*. Translated by Philip Barnard and Cheryl Lester. State University of New York Press 1988, p. 8.

10   Constantino Luz de Medeiros: *A Invenção da Modernidade Literária* (s. note 1), book flap.

through essays, letters, novels and fragments, the Early German Romantic youth accomplished Friedrich Schlegel's ambition to make an aesthetic revolution in literary studies. Through the reciprocal approach to poetry and philosophy, criticism and literary creation, they renewed the discourses of literature, thereby inaugurating literary modernity.[11]

In this sense, the author not only introduces us to Early German Romanticism's many characters and intricacies, but also and foremost makes a case that our own literary modernity is inextricably connected to the theoretical, critical and artistic developments of this movement. Luz de Medeiros' book demands to be read by anyone interested in Early German Romanticism, its Brazilian reception and interpretative traditions, as well as by those more generally interested in modern literature, German philosophy, and art criticism.

---

11   Ibid., p. 194.

Ralf G. Päsler: *Ludwig Tiecks* Heldenbuch. *Texte und Materialien.* Stuttgart: S. Hirzel Verlag 2018 (*Zeitschrift für deutsches Altertum und deutsche Literatur.* Beiheft 27). 231 S. € 46,00. ISBN 978-3-7776-2691-8

Thomas Meißner

Den Zeitgenossen blieb Ludwig Tiecks umfängliche Auseinandersetzung mit Texten des deutschen Mittelalters weitgehend verborgen. Eine Ausgabe der *Minnelieder aus dem Schwäbischen Zeitalter* mit einem programmatischen Vorwort 1803, ein Fragment des *König Rother* in Achim von Arnims *Zeitung für Einsiedler* 1808 und schließlich eine unkommentierte Edition des *Frauendienstes* Ulrichs von Lichtenstein 1812 sind der gesamte sichtbare Ertrag seiner Mittelalterstudien, wobei wohl nur erstere Edition größere Beachtung fand. In der Forschung ist hingegen seit geraumer Zeit hinlänglich dokumentiert, dass den vielen Ankündigungen und Versprechungen in diversen Briefwechseln tatsächlich eine beachtliche Fülle an Abschriften, Bearbeitungen und Notizen gegenübersteht, ja dass fertige Manuskripte schlichtweg ungedruckt blieben und damit ihre zeitgenössische Wirkung nicht entfalten konnten.[1]

Nachdem Uwe Meves bereits 1979 Tiecks Bearbeitung des *König Rother* veröffentlicht hat,[2] schließt Ralf G. Päsler jetzt die Lücke, indem er auch die anderen Texte des *Heldenbuch*-Projektes ediert, vornehmlich die vollendete *Ravennaschlacht,* die dem Verleger Mohr 1816 vorgelegen hat. Anknüpfen kann er dabei an seine Magisterarbeit aus dem Jahr 1991 und einen Aufsatz von 1996, der deutlich gemacht hatte, wie intensiv sich

---

1 Vgl. nach wie vor v. a. Gisela Brinker-Gabler: *Poetisch-wissenschaftliche Mittelalter-Rezeption. Ludwig Tiecks Erneuerung altdeutscher Literatur.* Göppingen 1980. Zusammenfassend jetzt: Uwe Meves: »›Altdeutsche‹ Literatur«. In: Claudia Stockinger und Stefan Scherer (Hg.): *Ludwig Tieck. Leben, Werk, Wirkung.* Berlin/Boston 2011, S. 207–218.
2 Uwe Meves (Hg.): *Alt-Deutsche epische Gedichte. Großentheils zum erstenmahl aus Handschriften bekannt gemacht und bearbeitet von Ludwig Tieck.* Bd. 1. *König Rother.* Göppingen 1979.

© VERLAG FERDINAND SCHÖNINGH, 2019 | DOI:10.30965/9783657792573_011

Tieck in Rom mit den Handschriften der Vatikanischen Bibliothek aus-
einandergesetzt hat.[3]

Seine Edition umfasst die Texte *Die Schlacht bei Ravenna, Virginal,*[4]
Zwerg Laurin[5] und das Fragment *Der Kayser Ottnit,* das er anders als
Brinker-Gabler Tieck zuordnet (zur Begründung vgl. S. 24 f.). In der
Einleitung wird der philologische Befund erläutert und ein fundierter
Überblick über Tiecks Beschäftigung mit mittelalterlichen Handschriften und Bearbeitungstendenzen gegeben (S. 15–48); im Anhang finden
sich ebenfalls aus dem Nachlass edierte Notizen Tiecks, die seine Bibliotheksbesuche und intensiven Überlegungen zu Stofftraditionen und
-zusammenhängen belegen (S. 199–212).

Päsler unterscheidet drei Phasen von Tiecks Mittelalterstudien. Geht
es in einer ersten, frühen Phase um die Rezeption und Verarbeitung von
Volksbüchern (1792–1800), so in einer zweiten, gleichsam philologischen
um Bibliotheksbesuche und Handschriftenstudien (1801–1811). In einer
dritten Phase bis circa 1817 arbeitet Tieck mit den gesammelten Materialien weiter und beschafft sich weitere Literatur, bis er sein *Heldenbuch*-
Projekt schließlich fallen lässt (vgl. S. 16–18, 38 f.). Auch die Entstehung der
Bearbeitungen erstreckt sich wohl über viele Jahre. Im Falle der *Ravennaschlacht,* deren Grundlage eine Abschrift in der Vatikanischen Bibliothek
in Rom 1805/06 bildet, geht Päsler von einem dreiphasigen Entstehungs-
prozess aus, unmittelbar nach der Rückkehr aus Rom, in den Jahren um
1810 und schließlich 1814–16 (S. 22). Auch für *Zwerg Laurin* geht Päsler von
einer relativ späten Entstehungszeit circa 1811–14 aus (vgl. S. 22, 37), während *Dietrich und seine Gesellen* wiederum in zwei Etappen entstanden
zu sein scheint (vgl. S. 22). Das *Ottnit*-Fragment setzt Päsler hingegen früh
an (vgl. S. 22, 37 f.). Der Befund ist kompliziert und wohl auch nicht restlos zu klären; ein Gleiches gilt teilweise auch für die genauen Vorlagen

---

3   Vgl. Ralf G. Päsler: »›Nachrichten von altdeutschen Gedichten‹. Anmerkungen zu
    Ludwig Tiecks Handschriftenstudien in der Bibliotheca Vaticana«. In: *E.T.A. Hoff-
    mann-Jahrbuch* 4 (1996), S. 69–90.

4   Ein Titel der modernen Mediävistik, den Tieck selbst nicht verwendet hat, weshalb es
    etwas unglücklich ist, ihn der entsprechenden Edition voranzustellen; in seiner Über-
    sicht über Tiecks Bearbeitungen und Abschriften bezeichnet Päsler den Text auch als
    »Dietrich und seine Gesellen«, was der zeitgenössischen Rezeption näherkommt.

5   Auch diesen Titel hat Tieck selbst nicht verwendet, sondern er spricht vom »kleinen
    Rosengarten«.

Tiecks. Hilfreich ist daher auf jeden Fall Päslers Gesamtübersicht über Tiecks Abschriften und Bearbeitungen mittelalterlicher Texte, wobei auch ersichtlich wird, dass eben nicht mehr alle Handschriften erhalten sind (vgl. S. 39–43).

Hinsichtlich des Bearbeitungsgrades unterscheidet Päsler zwischen *Dietrich und seine Gesellen* und *Zwerg Laurin* auf der einen und *Ravennaschlacht* und *Ottnit* auf der anderen Seite. Weisen erstere einen geringen Bearbeitungsgrad auf, der Tiecks Präsentation in die Nähe einer Transkription rückt (S. 36 f.), so zeigen letztere einen starken Bearbeitungswillen (S. 30, 38). Dabei macht Päsler, ähnlich wie Meves hinsichtlich des *König Rother* und auch unter Rückgriff auf Tiecks *Minnelieder*-Vorrede, verschiedene Bearbeitungsstrategien Tiecks aus (vgl. S. 29–36). Neben der (Re-)Konstruktion einer vierversigen Strophe, der Vereinheitlichung von Metrum und Reim und der Anpassung von Rechtschreibung (Großschreibung!) und Interpunktion nimmt Tieck nicht unbeträchtliche Kürzungen vor, die die dramaturgische Dichte und den Fiktionalitätsgrad des Textes erhöhen. So werden zahlreiche Erzählerkommentare und -einschaltungen, aber auch Wiederholungen gestrichen. Anhand mehrerer Beispiele demonstriert Päsler eindrucksvoll Tiecks Gestaltungswillen und Feilen am richtigen Ausdruck (vgl. S. 34 f.). Dass die Semantik dabei teilweise vernachlässigt wird und Tieck bewusst oder unbewusst den historischen Abstand des Textes und den Bedeutungswandel mancher Wörter unterschätzt, betont Päsler ebenfalls. Tiecks Verfahren, eine Mischung zwischen »Umsetzung und Umdichtung« (S. 36), hat seinen historischen Ort in dieser Formationsphase der Germanistik zu Beginn des 19. Jahrhunderts und entspricht wohl auch seinen wirkungsästhetischen Absichten.

Leider kann man den Grad und Umfang von Tiecks Umformung und damit auch seine Eigenleistung als Leser nur unzureichend einschätzen, da Päslers Edition nur Tiecks Bearbeitung, nicht aber auch Tiecks Abschrift im Paralleldruck bietet. Dies mag aus editorischer Sicht verständlich sein, ist aber trotzdem bedauerlich. Immerhin erlaubt eine Strophenkonkordanz im Anhang einen Einblick in Tiecks Kürzungsstrategien bezüglich der *Ravennaschlacht* (S. 214–224); zudem bildet Tiecks Abschrift auch die wichtigste Grundlage für Friedrich Heinrich von der Hagens Edition der *Ravennaschlacht* 1825 und liegt damit – wenn auch mit Abstrichen – gedruckt vor. Es ist nicht ohne Ironie, dass, wie ein

Stemma im Anhang belegt (vgl. S. 213), Tiecks Fleißarbeit in der Vatikanischen Bibliothek 1805/06 die Grundlage gleich mehrerer Editionen bildet, während seine eigene, fertiggestellte Bearbeitung erst über 200 Jahre
später öffentlich zugänglich wird.

»Es lebt' in Sorgen Zwange Herr Diethrich Nacht und Tag, | Und trieb
das auch so lange daß er nichts anders pflag | Als starkes Leid und Sor-
gen, | Also trieb er's die Nacht bis an den Morgen.«, lautet der Anfang
der *Ravennaschlacht* in Tiecks Bearbeitung (S. 51). Hätte dieser Text 1816
seine Wirkung unter Tiecks Zeitgenossen entfalten können? Hätte man
Ausdrücke wie »sehre«, die »Helden gute«, »Konge« oder »Unmuß«
als reizvoll altertümliche Wendungen oder metrisch bedingte Dehnun-
gen zu schätzen gewusst? Das ist schwer einzuschätzen. Auf jeden Fall
darf man Tiecks Texteinrichtung, so fremd sie uns geworden ist, weder
an philologischen Standards späterer Zeit noch an moderneren Nach-
dichtungsversuchen messen, denn den Widerspruch zwischen umfangreichen philologischen Betätigungen einerseits (vgl. etwa seine Einsicht-
nahme in verschiedene Handschriften des *Nibelungenliedes*) und freiem
Umgang mit den mühsam zusammengetragenen Handschriften andererseits hätte er so nicht gesehen. »Ich hatte die Absicht, diese Gedichte
recht eigentlich *populär* zu machen, sie allen Classen von Lesern in die
Hände zu geben«, schreibt er 1810 an Friedrich Heinrich von der Hagen,
und acht Jahre später: »ich nehme mir mehr Freiheiten, und möchte gern
Leser aller Gattung für das Alterthum gewinnen«.[6]

Päslers gründliche Arbeit schließt eine Lücke in der Edition von
Tiecks Mittelalter-Projekten, zeigt nach Uwe Meves Edition einmal mehr,
dass sein von ihm oft angepriesenes *Heldenbuch*-Projekt weit mehr als
nur eine Chimäre war, und belegt schließlich exemplarisch, wie Vieles
auf philologischem Gebiet in punkto Tieck noch im Argen liegt beziehungsweise noch zu entdecken ist. Dass Tiecks Bearbeitungsmanu-
skript der *Ravennaschlacht* auf das Archiv des Stadtmuseums in Berlin
und die Staatsbibliothek Berlin verteilt ist, zeigt im Übrigen, dass auch
die Nachlasssituation, trotz der großen Staatsbibliotheksbestände und
deren Beschreibung durch Lothar Busch,[7] nicht immer ganz einfach ist.

---

6 Briefe vom 24. Dezember 1810 und 3. Februar 1818. In: Uwe Schweikert (Hg.): *Dichter
   über ihre Dichtungen. Ludwig Tieck.* Bd. 2. München 1971, S. 297, 302.
7 Vgl. Lothar Busch: *Der handschriftliche Nachlass Ludwig Tiecks und die Tieck-Bestände
   der Staatsbibliothek zu Berlin Preußischer Kulturbesitz. Katalog.* Wiesbaden 1999.

So muss man im Falle Tiecks wie schon seit Jahrzehnten Einzelarbeiten zusammentragen und für jede philologische Bemühung dankbar sein. Eine historisch-kritische Gesamtausgabe, dies zeigt die Edition einmal mehr, ist ein dringendes Desiderat der Romantikforschung, wird aber wohl für lange Zeit reines Wunschdenken bleiben.